KB245463

괄시

괄시

푸스 지음 | 한정은 옮김

2

푸르메

관시 2

개정판 1쇄 인쇄 2010년 12월 24일
개정판 1쇄 발행 2010년 12월 30일

지은이 | 푸스
옮긴이 | 한정은
펴낸이 | 김이금
펴낸곳 | 도서출판 푸르메
등록 | 2006년 3월 22일(제318-2006-33호)
주소 | 서울시 마포구 연남동 568-39 컬러빌딩 301호(우 121-869)
전화 | 02-334-4285~6
팩스 | 02-334-4284
전자우편 | prume88@hanmail.net
인쇄·제본 | 한영문화사

ISBN 978-89-92650-39-7 14820
ISBN 978-89-92650-37-3(전2권)

* 책값은 뒤표지에 표시되어 있습니다.

중국에서 사업하는 자의 비애이자 숙명은 바로

인맥과 관계 없이는 성장하기 어렵다는 것.

차
례

2

제 18장

법의 허점을 노려 큰돈을 벌려는 행동은 언제 폭발할지
모를 지뢰를 땅에 묻어두는 것과 같다.

출근을 하자마자 샤오예가 장중펑에게 이상한 전화가 몇 통 걸려왔다고 했다. 하나같이 빅토리빌딩 경매를 들먹이며 경매를 하지 않는 게 좋을 것이다, 그렇지 않으면 곤란한 일을 당할 것이라는 말을 하더라고 했다. 장중펑이 뭐라고 대답했느냐고 물었다.

"이 경매는 법원의 위탁을 받은 것이고 경매를 할지 말지는 법원이 결정하니까 무슨 문제가 있으면 법원에 가보라고 했어요."

장중펑은 '처음으로 마음에 드는 일을 했군' 하고 생각하며 웃었다.

"잘했어. 다음에도 그런 전화가 오면 그렇게 말해."

장중펑은 전화로 이 일을 쉬이에게 알렸다. 쉬이가 자기 쪽도 그런 전화를 받았다고 말했다.

"쉬 사장이 보기에 이게 무슨 일인 것 같은가?"

"어떻게 알겠습니까? 전화를 건 사람이 누구인지 모르는걸요.

제가 조사를 해봤는데 모두 공중전화를 이용했더군요. 이 지역을 사방팔방 돌아다니며 전화를 한 것 같습니다."

"이런 상황을 남구법원에 알렸나?"

"아직 알리지 않았습니다."

"그럼 언제 말할 작정인가?"

"지금 해도 괜찮겠습니까? 장 사장님께서 말하시면 어떻겠습니까?"

"자네가 하면 될 걸 복잡하게 이 사람 저 사람 나설 필요가 있나?"

"그럼 그렇게 하죠."

장중펑은 그 몇 통의 전화가 꺼림칙하게 느껴졌다. 샤오예로 하여금 발신자 전화번호 목록에 남은 번호로 다시 전화를 걸어보게 했는데 모두 공중전화였다. 도시 이곳 저곳을 다니면서 신분을 숨기고 전화를 거느라 꽤나 애를 쓴 것 같았다. 그들은 보이지 않게 숨어 있고 경매회사는 훤히 드러나 있는 꼴이었다. 이런 일은 경찰에 신고할 수도 없는 데다가 달리 어떻게 해볼 도리도 없어서 꺼림칙하기 짝이 없었다.

누가 경매회의 정상적인 진행을 방해하려는 것일까?

당연히 이 일과 이해관계가 있는 인물일 것이다.

궁다펑일까.

그의 머리에 처음으로 떠오른 인물이 그였다.

장중펑은 하나씩 제거해나가는 방법으로 다음과 같은 결론을 얻었다.

우선 〈동방자산관리공사〉가 이런 치졸한 짓을 할 리 없었다. 그들은 집행신청인이므로 경매가 끝나고 물건을 현금화하기만 하면 깨끗이 손을 털 수 있었다. 그들이 다른 생각을 갖고 있다면 정상적인 경로로 얼마든지 이를 반영할 수 있었다. 더욱이 옌뤄수이와 마량, 그리고 바오 변호사는 모두 장중평과 잘 아는 사이였고, 실제로 무슨 일이 있다면 직접 전화를 걸어왔을 것이다.

둘째는 피집행인이었다. 개발업체인 〈훙파부동산개발공사〉는 이미 빈껍데기뿐이고, 법인대표인 쥐다는 공안국이 지명수배중인 인물로서 생사조차 모르는 상태였다. 만약 그가 살아 있다면 이런 경거망동을 할 리가 없었다. 이런 짓을 한다면 그건 스스로 섶을 지고 불에 뛰어드는 꼴이었다. 이런 모험을 감행할 수도 감행할 필요도 없었다. 또한 만일 그가 문제를 일으키려고 마음먹었다면 1차 경매에서 벌써 일을 벌였을 것이다. 더욱이 이런 식으로 문제를 일으키는 것은 지나치게 졸렬해서 근본적으로 경매회의 진행을 중단시킬 수가 없었다. 무엇보다도 경매회의 개최 여부가 쥐다에게는 이미 아무 의미가 없었다. 빅토리빌딩은 이제 그가 덮어쓰고 있긴 하지만 〈중국은행〉의 돈으로 만든 껍질에 불과했다.

셋째는 빅토리빌딩을 인수하고 싶어하는 사람이었다. 분업원칙에 따라 입찰자 등록은 〈시대의 빛〉이 책임지고 있었다. 1차 경매공고가 나간 후에 한 사람도 등록을 하지 않았고, 지금 2차 경매공고를 한 지 사흘이 되었지만 아직도 등록을 한 사람이 없다고 했다.

장중펑은 아직 2차 경매의 최저가격을 모르고 있었다. 관례대로 계산한다면 1천만 위안 정도가 될 것이고 이 정도면 마땅히 입찰자의 마음이 동할 가격이었다. 입찰을 원하는 사람들은 지금 무슨 생각을 하고 있을까. 아직 이 프로젝트의 타당성을 계산하고 있거나 빅토리빌딩을 둘러싼 정황을 더 깊이 파악하기 위해 주변을 맴돌고 있을 것이다. 그들이 자신들의 구매의향을 드러내지 않기 위해 등록마감일 전까지 등록을 하지 않는 것은 이해할 만했다. 하지만 익명의 전화로 다른 입찰자의 등록을 중단시키려는 것은 있을 수 없는 일이었다. 경매회는 공개적이고 투명한 시장으로, 조건에 부합하는 입찰자라면 누구든 들어올 수 있다. 자신이 누구와 입찰경쟁을 벌이게 될지는 아무도 모르는 것이다.

남은 것은 궁다펑뿐이었다. 빅토리빌딩에 누구보다 관심을 가지고 있는 인물이 궁다펑이었다. 빅토리빌딩 경매와 가장 밀접한 이해관계를 가진 인물도 궁다펑이었다.

그는 벌써부터 자신의 돈 5백만 위안을 돌려받기 위해 발바닥에 불붙은 개구리처럼 사방으로 뛰어다니고 있지 않았는가. 언젠가 그는 궁다펑에게 가격경쟁으로 값이 올라가면 분배액수도 그만큼 커질 테니 몇몇 살 만한 사람을 찾아보라고 제의한 적이 있었다. 하지만 그의 귀에는 장중펑의 말이 들어오지 않는 것 같았다.

그는 이미 이번 경매를 쉬이의 회사에서 주관한다는 것을 알고 있고, 장중펑의 태도도 이미 알고 있다. 그 후부터 장중펑을 찾아오는 일도 없었고 심지어 고의로 그를 피한다는 느낌마저 들게 했다. 그렇다고 그가 손을 놓고 있지는 않았을 것이다. 장중펑 쪽에 가망이 없자 쉬이에게 붙으려고 했을 것이다. 쉬이가 장중펑 앞에서 궁다펑에 대해 하찮다는 듯한 태도를 취한 것도 돌이켜 생각해보면 오히려 두 사람이 이미 의기투합했다는 의미가 될 수 있었다.

또 한 가지 사실이 장중펑의 이런 생각을 뒷받침하고 있었다. 지금 쉬이가 선전에 가 있다는 것이었다.

조금 전에 쉬이에게 전화를 걸어서야 그가 선전에 갔다는 사실을 알았다. 어제 도착했고 모레나 되어야 돌아갈 것 같다고 했다. 이런 때에 선전에 무슨 일로 갔느냐고 묻자 그는 "예술품 경매도록 인쇄 때문에 왔습니다. 근처에 있는 몇몇 인쇄소를 돌아봤는데 질은 떨어지면서 가격이 만만찮아서요" 하고 대답했다.

장중펑은 이유가 억지스럽다고 느꼈다. 빅토리빌딩 경매가 코앞인 지금 그는 마땅히 회사에 앉아서 총지휘를 해야 했다. 도록인쇄야 다른 사람을 보낼 수도 있고 아니면 굳이 지금이 아니라도 상관없었다. 더욱이 상하이에 있는 경매회사와 같이 한다고 하지 않았던가. 상하이의 인쇄 품질이야 의심할 여지가 없고 게다가 두 회사가 의견 조율을 하기도 편하지 않은가. 이런 때에 선전에 가 있는 것은 어쩐지 고의로 피해 있는 것이란 생각이 장중펑의 뇌리를 떠나지 않았다.

이렇게 생각이 꼬리를 물고 이어지면서 그의 머릿속에 한 가지 윤곽이 그려졌다. 궁다펑이 정말로 경매회의 진행을 방해하려는 것이 아니라 고의로 나쁜 소문을 퍼뜨려서 다른 사람들이 입찰할 엄두를 내지 못하게 만들어놓고, 자신과 이미 이야기를 끝낸 그 타이완의 사업가(아니면 누구라도)로 하여금 최저경매가격으로 낙찰을 받게 하려는 게 틀림없었다. 이것은 당연히 궁다펑만이 할 수 있는 일이었다. 그러니 쉬이는 입찰자 확보에 열을 올리지 않고 궁다펑에게 맡겨놓은 것이리라. 밥상을 제 것으로 만들기 위해 밥에다 침을 뱉어서 다른 사람들이 먹지 못하도록 만들어놓으면 그 밥상은 자연히 자신의 차지가 될 것이라고 계산한 것이다.

지금까지 장중펑의 사업 원칙은 자신이 마땅히 벌어도 될 돈을 번다는 것이었다. 돈을 벌 때에는 반드시 합법적이어야 했고 어떠한 실수나 후유증도 남겨서는 안 되었다. 일이 순조롭게 진행될수록 실수는 더욱 용납되지 않았다. 절차상의 어떤 실수라도 경매 자체를 무효로 만들어버릴 수 있기 때문이었다. 법원의 시스템을 통해 진행되는 일은 어느 한 가지 문제가 전체를 뒤흔들 수가 있었다. 자칫 한 가지 일로 인해 그 법원에서 신뢰를 잃는 것은 물론이고 법원 내 모든 기관의 블랙리스트에 오를 수도 있었다. 수십만 위안을 벌기 위해 〈3D경매회사〉가 지금까지 이뤄놓은 네트워크 전체를 무너뜨릴지도 모를 위험을 감행할 수는 없었다.

보아하니 쉬이는 이렇게 생각하고 있지 않는 게 분명했다.

장중펑은 무슨 일이든 쉬이와 의논을 했지만 쉬이는 그렇지 않았다. 쉬이도 자신을 방어하기 위해서 혹은 그가 일을 제대로 하지 못했다는 사실이 알려질까봐 부득이하게 숨겨야 할 일도 있을 것이다. 장중핑은 이런 일들을 알면서도 모른 척하자고 생각했지만 지금은 갈수록 불안한 생각이 들었다.

그는 이전에 쉬이가 3D에 있을 때 다른 직원들과 했던 말이 떠올랐다. '무리의 우두머리가 될 수만 있다면 무리를 해치는 짓도 할 수 있다.' 이렇듯 비뚤어진 생각을 가진 인물이라면 시장경쟁의 압력 앞에서 얼마든지 위험천만한 짓을 감행할 수 있을 것이다. 게다가 무슨 문제를 일으킬지 모를 궁다펑이 있지 않은가.

이런 모든 장애를 극복하고 경매회가 예정대로 열린다 하더라도, 그들끼리 정말로 무슨 뒷거래가 있었다면 후에 이 일이 문제가 되지 말라는 보장이 없지 않은가. 만약 경매가 일단락된 후에 당사자가 여기저기 다니며 고발이라도 하면, 각급 법원이 안건추적제도를 통해 절차 하나하나를 조사할 것이다. 법의 허점을 노려 큰돈을 벌려는 행동은 언제 폭발할지 모를 지뢰를 땅에 묻어두는 것이나 마찬가지이다. 궁다펑은 밥 한 끼 대접한 일도 동네방네 떠들고 다니는 인물인데, 이런 그와 무슨 수작을 꾸미다가 자칫 남구법원이나 루빙마저 끌고 들어갈 위험도 있었다. 만약 이렇게 되면 3D는 가만히 있다가 똥물을 뒤집어쓰는 꼴이 될 것이다. 일단 무슨 문제가 생기면 3D가 쉬이와 선을 분명히 긋고 싶어도 그렇게 할 수가 없기 때문이다.

장중핑은 자신이 애초에 계획했던 협력 방식도 잘못되었다는 생각이 들었다. 경매주관사가 수수료를 5퍼센트 적게 가져가는 것이 타당한 결정이었을까. 이것이 객관적으로 쉬이를 정당하지 못한

길로 가도록 만든 건 아닐까.

　미국의 전대통령 카터가 기자들로부터 아름다운 여자를 보면 어떤 생각이 드느냐는 질문을 받았을 때, 그는 헛된 상상을 하기도 하고 어떤 때는 거칠게 행동하고 싶은 생각이 들기도 한다고 대답했다. 이것은 솔직한 대답이다. 모든 사람은 부자가 되고 싶어하고, 건강한 남자라면 아름다운 여자와 자고 싶다는 생각을 한다. 하지만 생각하는 것과 실제로 그렇게 행동하는 것은 별개의 문제이다. 카터가 강간범이 되지 않은 이유가 무엇이겠는가. 그는 해도 되는 일과 해서는 안 될 일을 알고 있었기 때문이다.

　장중펑이 법원 쪽에서 좋은 평판을 얻을 수 있었던 것도 일을 하면서 결코 억지를 부리지 않았고, 상대를 위해 늘 먼저 퇴로를 열어주었기 때문이다. 몇 년 동안 한솥밥을 먹은 쉬이도 그의 이런 점을 모르지 않을 것이다. 경솔한 인간은 사물의 양면을 제대로 보기 어렵다. 궁다펑이 바로 그런 부류였다. 그의 사고활동은 단선적이었고, 장중펑을 자신이 만든 막다른 골목으로 끌어들이려다가 실패하니까 지금은 쉬이 쪽에 붙어 있다. 쉬이가 냉정한 태도를 유지할 수 있을까. 쉬이는 아직 풋내기에 불과하다. 초보 운전자가 배워야 할 가장 중요한 기술은 브레이크를 밟는 것이라는 말처럼, 위험을 인식한 즉시 피할 줄 알아야 한다. 쉬이는 언제 브레이크를 밟아야 하는지 알고 있을까.

　당연히 이 모든 것은 장중펑의 짐작일 뿐이며, 어디까지나 만약이라는 생각으로 쉬이와 궁다펑에 대해 사고하고 내린 결론이었다. 아직 다른 어떤 가능성도 배제할 수 없었다. 따라서 그는 하루라도 빨리 쉬이를 만나서 상황을 분명히 파악해야 했고, 필요하다면 그를 윽박질러서라도 뒤에서 무슨 말이 오갔는지 털어놓도록 만들어야 했다.

장중펑은 다시 쉬이에게 전화를 걸어서 오늘 돌아올 수 있느냐고 물었다.

"무슨 일이십니까? 무슨 급한 일이라도 있습니까?"

"당연히 빅토리빌딩 건 때문이지. 자네에겐 급한 일이 아닌가보군?"

"빅토리빌딩 경매가 어떻다는 말씀이신지? 무슨 새로운 상황이라도 발생했습니까?"

장중펑은 전화로 여러 말을 하고 싶지 않았다.

"그쪽 일에서 몸을 뺄 수 있거든 가능한 빨리 돌아오게."

쉬이가 우물거리며 말했다.

"가능한 그렇게 해보겠습니다."

장중펑은 허우창펑과 만났을 때 익명의 전화 사건을 말해주었다. 하지만 자신이 짐작한 일에 대해선 입을 다물었다. 굳이 상황을 긴장시킬 필요가 없다는 판단에서였다.

"군대에서 얻은 습관인지, 나는 무슨 일에든 지나치게 고지식한 면이 있네. 다른 사람들이 뭐라고 하든 해야 할 건 꼭 해야 하지. 지금 상황으로 봐서는 누군가가 장난을 치고 있네. 흙탕물을 일으켜서 물고기를 잡아보려는 심산이겠지. 조심해야 하네. 내가 루빙하고 남구법원 집행국 쪽에도 말해두겠네. 경매가 열리는 날 법원 경찰을 더 많이 배치하라고 말이야. 나도 갈 것이고. 만일 상황이 발생하면 그때그때 의논하세."

허우창핑과 헤어진 후 그는 시대의 빛으로 갔다. 비서가 또 바뀌어 있었다. 역시나 미인이었다. 빅토리빌딩의 입찰자 모집 상황에 대해 묻자 쉬이의 비서가 말했다.

"두 분이 오시겠다고 말씀하셨지만, 아직 입찰보증금을 걸지는 않았습니다."

"듣자니 경매회를 못하게 만들겠다고 하는 전화가 몇 통 걸려왔다고 하던데?"

"네, 사람들이 상당히 거칠었습니다."

장중펑이 어떻게 거칠었냐고 묻자, 그녀가 "소리를 질러대면서 죽는 게 무섭지 않은지 어디 두고 보자고 했습니다" 하고 대답했다.

"이런 상황을 쉬 사장도 알고 있나?"

"알고 계십니다. 내버려두라고 말씀하셨습니다."

장중펑이 주변을 둘러보니 회사에 다른 직원은 없는 것 같았다.

"아가씨는 무섭지 않은가보군?"

"무슨 말씀이신지요?"

"전화를 건 사람들이 회사로 와서 난동이라도 부리면 말이오."

"아, 그럴 리가요?"

"내 생각에도 그렇소. 내가 보기엔 굳이 소문을 낼 필요도 없고,

회사 직원들 간에 이러쿵저러쿵할 필요도 없을 것 같은데. 어떻게 생각해요?"

쉬이의 비서가 웃으며 말했다.

"이러쿵저러쿵하고 싶어도 그럴 수가 없어요. 보세요, 모두들 밖에서 바쁘고, 저 혼자뿐인 걸요."

장중핑은 자기가 가고 나면 쉬이의 비서가 이 사실을 보고할 것이고, 쉬이가 무슨 오해라도 하면 오히려 좋지 않다는 생각이 들었다. 그는 쉬이의 회사 전화로 그에게 전화를 걸어서 근처에 일이 있어서 왔다가 회사에 잠시 들렀다고 말했다.

"장 사장님, 감사합니다. 말에 태워주시고 바래다주기까지 하시는군요."

옛날에 관가에서 하던 농담을 지금 상황에 갖다 붙이는 것이 적절하지도 않거니와 어쩐지 그가 들떠서 쓸데없이 말을 많이 한다는 생각이 들었다. 장중핑도 순간적으로 자신도 모르게 목소리를 높였다.

"익명으로 걸려온 전화로 봐서 일을 망쳐놓고 싶어하는 사람이 분명히 있네. 자넨 느긋한데 나만 초조해하고 있나보군. 내 말해두네만, 일이 생기면 자네가 모두 책임지게. 난 상관하지 않겠네."

쉬이가 곧바로 한풀 꺾인 태도로 웃으며 말했다.

"왜 그러십니까, 사장님. 제가 언제 사장님께 상관하지 말라고 했나요? 상관 안 하시겠다는 건, 설마 저 혼자 어둠 속을 헤매라는 말씀은 아니겠지요?"

청전에게 가는 길에 길가에 있는 약국 앞에 차를 세우고 임신 테스트기를 샀다. 어제 청전이 자고 있는 그의 목을 만지작거리면서 실눈을 뜨고 헤죽거리며 말했다.

"당신, 큰일 났어요. 한 달 넘게 아직 소식이 없어요."

"무슨 소식?"

"모르는 척할 거예요?"

청전의 집 앞에 막 도착했을 때 휴대폰이 울렸다. 그는 열쇠로 문을 열면서 휴대폰을 목에 끼고 전화를 받았다. 궁다펑이었다. 지금 만날 시간이 있느냐고 물었다. 장중펑은 거두절미하고 다짜고짜 하고 싶은 말부터 하는 궁다펑의 태도에 이미 익숙해져 있던 터라 그에게 급한 일이냐고 물었다.

"급할 건 없지만, 그럼 지금은 안 된다는 말입니까?"

"우리 회사로 오시죠."

궁다펑이 그러겠다고 대답했다.

"그럼 그렇게 하는 걸로 하죠."

"예예, 오후에 회사로 가겠습니다."

장중펑은 쉬이를 건드렸더니 반응이 오는 것인가 하는 생각이 들었다. 궁다펑이 무슨 말을 하는지 보면 알 일이었다.

청전과 함께 침대에 눕기가 무섭게 또다시 휴대폰이 울렸다. 청전이 화장대에서 휴대폰을 가져다가 폴더를 열어서 장중펑의 귀에 대주었다. 청전이 미소를 지으며 그를 보고 있었다.

방금 전에 청전이 소변검사를 했다. 임신을 알려주는 두 개의 붉은 선이 흐릿하게 나타났다. 청전이 기운을 차리기 시작했다. 장중펑의 무거워지는 표정이 그녀에게는 보이지 않는지 기뻐 어쩔 줄 몰라서 소리까지 내며 웃었다.

"내일 아침 일찍 다시 테스트해봐야겠어요. 그래야 분명히 알 수 있을 거예요."

그가 무슨 대단한 공을 세운 영웅이라도 되는 듯 청전이 정성스러운 눈길로 장중펑을 바라보았다. 장중펑은 내색을 하지 않았지만 전혀 기쁘지도 흥분되지도 않았다. 오히려 성가신 기분이 들었다.

"여보세요?"

휴대폰으로 장샤오루의 목소리가 들려왔다.

'샤오루가 어쩐 일이지? 이제 와서 왜 전화를 한 거지?'

"아, 잘 지냈어?"

"잘 지냈어요? 지금 바쁘세요?"

"음, 조금 바쁜데. 다음에 다시 연락하면 안 될까?"

"네⋯⋯. 그렇게 해요."

청전이 "누구예요?" 하고 물었다.

장중펑은 알 필요 없다고 말하려다가 너무 심하다는 생각이 들어서 아무렇지 않은 듯이 말했다.

"친구야, 고객."

"친구, 고객? 친구라는 말이에요, 고객이라는 말이에요?"

장중펑이 고객이라고 대답했다.

"고객? 정말로 고객이에요?"

"왜 그래?"

장중핑이 웃으며 물었다.

"평소에 전화 받을 때와 달라요. 방금 그 여자, 정말로 고객이에요? 고객이라면서 왜 말을 못하는 거예요?"

청전이 꼬치꼬치 물었다.

장중핑이 "고객이라니까" 하고 말했다.

"그러니까 그 여자와 아주아주 잘 아는 사이가 분명해요. 목소리를 듣자마자 누군지 알았잖아요. 누구라고 말해줄 필요도 없이."

"잘 아는 편이야. 그래서 어쨌다는 거야? 나에게도 사적인 공간을 좀 주면 안 될까?"

"관둬요. 고객이라면 왜 대놓고 전화를 받지 못해요? 왜 다음에 다시 연락해야 해요?"

"지금 당신하고 같이 있잖아. 방해 받고 싶지 않아서 그런 거야."

"아뇨. 우리가 같이 있을 때 당신이 받은 전화가 백 통도 넘어요. 왜 이번에만 방해 받고 싶지 않다는 거예요?"

"정말 왜 그래?

"왜 그러는 건 내가 아니고 당신이에요. 솔직히 말해요. 그 여자 누구예요?"

"그래그래, 다 지나간 일이야."

순식간에 청전의 눈에서 눈물이 후두둑 떨어졌다. 줄곧 한쪽 팔

을 베고 장중펑을 향해 옆으로 누워 있던 청전이 몸을 돌려 베개를
베고 천장을 바라보면서 입술을 깨물었다.

"결국은 인정하는군요."

청전이 나지막한 목소리로 말했다.

"내가 뭘 인정했다는 거야?"

청전이 무슨 말을 하는지 알면서도 장중펑은 모르는 체했다.

"그 여자와 섬씽이 있었잖아요."

"내가 누구와? 무슨 섬씽이 있었다는 거야?"

"방금 전화한 당신 애인이죠. 이미 지난 일이라면서요. 아무 일
도 없었다면 지나가고 말고 할 게 뭐가 있어요?"

"내가 지나간 일이라고 한 건 전화를 건 이 일에 대해 더 생각하
지 마라, 지난 일이라는 말이었어."

어떻게 입에서 그런 말이 튀어나왔는지 자신도 모를 일이었다.
자신이 생각하기에도 궁색하기 짝이 없는 변명이었다. 청전 앞에
서 샤오루의 전화를 받은 건 처음이었다. 자신의 임기응변 능력이
이렇게 형편없을 줄은 몰랐다. 임신이 그의 마음을 혼란스럽게 만
든 때문이었다. 그는 진정해야 한다며 스스로를 타일렀다.

"정말로 화났어?"

장중펑이 물었다.

그는 상황을 돌려놓을 방법을 생각하기 시작했다. 그는 청전 쪽
으로 몸을 돌려 누워서 눈물이 흘러내린 청전의 얼굴에 자신의 얼
굴을 갖다 대었다.

"됐어, 그만해. 우리 보배."

"왜 나를 그렇게 불러요?"

청전이 그를 보지도 않고 물었다.

"왜 그래. 너무 민감한 것 아니야?"

"내가 너무 민감한 거예요, 아니면 당신이 문제가 있는 거예요? 왜 그 여자와 다시 연락하려는 거예요? 말해요, 말해봐요."

청전이 그를 향해 울며 소리쳤다. 순간 벌떡 일어나 앉더니 그를 향해 달려들어 주먹으로 치고 때리기 시작했다. 분노에 어쩔 줄 몰라하는 두 눈에서 눈물이 멈추지도 않고 흘러내렸다.

장중평은 그녀가 두들겨 패는 대로 맞으면서 그녀에게 어떻게 말하면 좋을지 생각했다.

샤오루와는 이미 연락을 하지 않은 지가 오래인데, 지금 그녀가 무슨 일로 갑자기 전화를 걸어온 것일까. 빅토리빌딩 경매와 관련이 있는 것은 아니겠지.

"나는 당신만 사랑하고 당신만 그리워하는데, 밤이고 낮이고 머릿속에는 당신뿐인데, 당신은 아니라는 거잖아. 왜? 왜 그래?"

청전의 말이 옳았다. 그래, 왜 그런 거지. 어떻게 된 걸까. 샤오루와의 관계는 이미 지난 일이 아닌가. 방금 왜 그녀의 전화를 제대로 받지 못했을까. 그녀가 정말로 빅토리빌딩의 경매에 관해 이야기하려고 전화를 한 건지도 모르지 않는가. 궁다평이 이미 전화로 만나자고 하지 않았던가. 샤오루도 쉬이로부터 무슨 지시라도 받았을지 알 수 없는 일 아닌가.

이것은 당연히 자신을 위한 변명이었다. 고객. 샤오루가 자신의 고객이라고 말했는데 그러고 보니 정말로 그녀와 업무상의 관계가 있었다. 과거의 연인, 현재의 고객. 고객은 모든 것에 우선했다. 샤오루는 본래 전화로 감정을 표현하는 데에 능숙하지 못한 여자였고, 그녀의 고객 신분이 너무나 자연스럽게 자신과의 지난 관계를 가려주었을 터였다. 이렇듯 좋은 이유가 있었건만 그가 놓치고 만 것이었다. 일단 놓친 이상 다시 되돌리기 어려웠다. 이미 내뱉은 말을 다시 주워 담을 수는 없다.

"당신이 생각하는 그런 일은 전혀 없어."

"그럼 어쨌다는 거예요? 말해, 말해요."

문제는 어떻게 말을 해야 하는가이다. 덧칠을 하면 할수록 더 시커멓게 되는 것이 아닐까. 그와 청전은 서로를 향해 애틋한 마음이 더없이 깊어갔고 청전과의 관계에 그는 차츰 중독되었다. 그는 두 사람의 관계가 그렇게 지속되기를 바랐고 다른 사람이나 일들이 끼어드는 것을 원하지 않았다.

"그래, 그 여자와 이전에 분명히 그런 때가 있었어. 나는 마흔이 넘은 남자야, 몇 번 연애가 없었다면 그게 정상이야? 하지만 이미 끝났어. 그때는 당신이 없었을 때야. 정말이야."

"그렇지만 아직도 연락하고 있잖아요. 내가 언제 당신이 과거에 무슨 연애를 했는지 간섭한 적 있어요?"

"없었어."

"근데 이미 지나갔다면서 왜 아직도 연락해요? 나한테는 사랑한다고 해놓고 과거의 애인과 구질구질하게 연락하는데 내가 어떻게 당신의 진심을 믿어요? 난 우리 사이에 어떤 틈이나 질투심도 생기는 걸 바라지 않아요. 제발, 내 말 알아들어요?"

"맹세해. 그 여자와는 이제 정말로 아무 관계도 없어."

"그럼 왜 아직 연락하고 있는데요? 방금 전화를 받았을 때, 내가 옆에 없었으면 당신은 그 여자를 만나러 갔을 거잖아요?"

"어떻게 그래?"

"어떻게 그러냐고? 방금 당신이 직접 말해놓고 잊었어요? 내가 다시 말해줘요? 다음에 다시 연락하자고 했잖아요."

"그런 관계 같은 건 없어. 원수가 되어야 할 필요도 없고."

"당신들보고 원수가 되라고 말한 적 없어요. 난 그 여자와 아는 척하지 말라는 것뿐이에요. 그런 관계가 있었던 사람들이 만났다가 또 어떻게 되지 않는다고 누가 보장해요?"

"내가 보장해."

"당신이 보장한다고? 나를 속이려는 거군요. 이미 지난 일인데 다시 연락할 필요가 어디 있어요? 당신 그거 알아요? 당신이 밤에 일어나서 나 혼자 두고 가버리면 내 마음이 어떤지 알아요? 나도 여자예요. 난 당신보다 한참이나 어려요. 왜 나를 많이 사랑하고 아껴주지 않는 거예요? 난 당신의 애인이 될 수도 있고 정부가 될 수도 있고 첩이 될 수도 있고, 또 당당한 그 교수님에게서 당신을 빼앗겠다고 다투지도 않아요. 근데 당신은 나말고 다른 여자를 만들어요? 말해봐요!"

언제든 웃기만 하는 청전이었는데 그런 그녀에게 이런 고통이 있을 줄이야. 그녀의 말 한마디 한마디가 그의 가슴을 찔렀다. 그는 참을 수 없는 심정이 되어 그녀를 안았다. 그녀의 질책 앞에 그는 한마디도 할 수가 없었다. 청전은 젊고 건강하고 아름다웠다. 마땅히 밝고 따뜻한 사랑을 누려야 할 그녀를 자신이 이런 어둡고 내밀한 상황 속으로 끌어들인 것이다. 사랑이라는 명분으로. 하지만 이것이 과연 사랑일까. 아니면 이기적인 변명일까. 사랑은 주는 것이고 희생하는 것이라고 하지 않았는가. 나는 청전에게 무엇을 주었고 무엇을 희생했던가.

"왜 말을 안 해요?"

"미안해, 미안해."

"미안하다고 하면 그만이에요? 정말로 미안하다고 생각하면, 그 여자에게 전화해요."

"전화를 하라니? 무슨 전화를 하라는 거야? 뭐라고 말하라는 거야?"

"두 사람은 끝났다고 말해요."

"이미 끝났는데 말할 필요가 뭐 있어? 쓸데없는 짓을 왜 해?"

"쓸데없는 짓이라구요? 그 여자 마음을 다치게 할까봐 그러는 거죠?"

"그럴 필요가 없다는 거야."

"어째서 필요가 없어요?"

"만약 그 여자가 정말로 일이 있어서 나에게 연락했으면 어떡

해?"

"무슨 일로 연락한다는 거예요? 무슨 일이 있어서 연락했다고 생각하는 거군요. 그렇죠? 일이 있으면 도와줘야 한다는 거군요? 그 여자가 당신에게 치근덕거리면 도와줘야 한다는 거네요, 그렇죠?"

"아니야."

"아니면 전화해요."

"정말로 그럴 필요 없어."

"어째서 필요가 없어요? 난 필요가 있어요. 무척이나 필요해요. 당신이 내 생각을 한다면 전화해요."

"그건 다른 얘기야."

"어째서 다른 얘기예요?"

"그렇다니까."

"아뇨. 나를 위해서 우리를 위해서 그 여자에게 전화해요."

"……."

"왜 말을 안 해요? 말해요. 당신이 전화 안 하면 내가 해요. 내가 할까요?"

"당신이 한다고? 뭐라고 할 건데?"

"상관하지 말아요. 당신이 전화하든지 아니면 내가 전화해요."

"난 전화 못해."

"좋아요, 그럼 내가 해요. 기억해둬요. 당신이 동의한 거예요."

청전은 장중펑의 휴대폰을 귀에 가져가기 전에 귓가에 걸린 머리를 휙 쓸어 넘겼다. 마치 적진을 향해 달려가려고 준비하는 여전사처럼. 장중펑은 휴대폰을 빼앗아올까 생각했지만 분노에 찬 청전의 모습에 일종의 두려움마저 느꼈다.

"여보세요."

휴대폰 너머에서 다시 샤오루의 목소리가 들려왔다.

"방금 우리 그이에게 전화한 사람이죠?"

샤오루 쪽에서는 아무 소리가 없었다. 장중펑이 전화했다고 생각하고 전화를 받았다가 여자가 말을 하니까 약간 놀란 것이리라.

"그이 전화의 발신번호를 그대로 눌렀으니까 틀리지 않을 거예요. 내가 누구인지 말해줘요? 난 그 사람 아내예요. 무슨 일인지 나하고 얘기하시겠어요? 좋아요. 그쪽에서 말하지 않으니 내가 말하죠. 이후로 다시는 우리 그이 귀찮게 하지 말아요. 알겠어요? 부탁드릴게요."

제19장

남자는 직업을 잘못 택할까 두려워하고,
여자는 남자를 잘못 만날까 두려워한다.

장중펑은 두 시 40분에 회사에 도착해서 네 시가 넘어갈 때까지 기다렸지만 궁다펑은 나타나지 않았다. 세 시가 조금 넘어서 그의 휴대폰으로 전화를 해봤지만 전원이 꺼져 있었다. 이후에 다시 해보았지만 여전히 꺼져 있었다. 장중펑은 궁다펑의 생각이 바뀌었으며, 어쩌면 경매회 전까지는 그자를 보지 못하겠다는 생각이 들었다.

궁다펑이 마음을 바꾸었다면 그로서도 어쩔 수 없는 일이었다. 하지만 만나고 싶지 않거나 당장 무슨 일이 있어서 올 형편이 안 된다면 전화를 하면 될 것이고 휴대폰까지 꺼놓을 이유는 없었다. 입만 열었다 하면 형제 어쩌고 하면서 이런 식으로 나오다니. 충린의 말처럼, 그와 얽히지 않은 것을 다행으로 여겨야 했다. 큰일은 못할 인간이었다.

또 한 가지 그가 생각을 정하지 못하는 일이 있었다. 샤오루에게 전화를 해야 할지 말아야 할지 하는 것이었다. 청전이 샤오루에게 전화를 걸어서 예의바르게 말하기는 했지만 명료하고 똑부러진 그녀의 말 속에는 분명한 경고가 들어 있었다. 기자다운 말투를 유감없이 드러낸 것이다. 청전이 샤오루에게 한바탕 욕이라도 퍼부을까봐 걱정했었는데 뜻밖에도 그녀는 냉철하고 대담했다. 청전은 전화를 끊은 후 아무 말 없이 그를 한참 동안 바라보았고 장중펑도 말없이 그녀를 바라보았다. 그 순간 장중펑의 생각은 다른 곳에 가 있었다. 청전이 한 그 말은 탕원이 해야 할 말이었고 탕원만이 할 수 있는 말이었다.

"왜요, 마음이 아파요?"

"마음이 왜 아파?"

"당신 체면을 봐서 더 심한 말을 하지 않은 거예요. 이 전화가 마지막이겠죠? 내가 다시 또 다른 여자에게 이런 전화를 하도록 만들지는 않겠죠?"

청전의 전화를 받고 샤오루는 무슨 생각을 했을까. 장중펑은 청전과 있을 때 무슨 말이든 다 했다. 두 사람은 무슨 얘기든 다 할 수 있었다. 샤오루는 달랐다. 그녀는 내성적이고 조심스러웠으며 한번도 함부로 행동한 적이 없었다. 청전이 자신을 아내라고 말했으니 샤오루의 성격에 당연히 아내라고 말하는 여자에게 맞설 생각을 하지 않았을 것이다.

장중펑은 청전이 대단하다는 생각이 들었다. 몇 마디 말로 그와 샤오루가 다시 연락할 수 있는 길을 끊어놓은 것이다. 다시 무슨 얼굴로 샤오루에게 말을 건넬 수 있겠는가. 모든 유희에는 나름대로 불문율이 있는 법이다. 자기 마누라와의 언쟁도 알아서 처리하지 못하는 남자가 밖에서 무슨 일인들 알아서 하겠는가. 무슨 말을 한들 누가 꿈쩍이나 할 것인가.

장중펑이 샤오루와 반드시 연락해야 할 일이 있는 것도 아니었고 혹여 그렇더라도 이미 개인적인 동기 때문은 아니었다. 두 사람이 다시 만난다 해도 이미 예전 같지 않을 것임을 그는 잘 알고 있었다. 콘돔 사건과 그녀가 루빙과 함께 있는 모습을 본 것이 그의 마음속에서 심리적 장애를 일으켰다. 그와 루빙은 본래 친숙한 사이였지만 중간에 쉬이가 끼어들면서 관계가 조금 미묘해지기 시작했는데, 여기에 샤오루까지 끼어들면 더욱 복잡해질 터였다. 마음에 맺혀 있지만 드러내놓고 말할 수는 없는 일. 이런 일은 다른 무엇보다 쉽게 인간관계를 망쳐놓을 수가 있다. 루빙이 만일 샤오루와 자신의 관계를 알게 된다면 결코 유쾌해할 리가 없었다. 이런 일로 루빙의 심기를 건드린다는 건 전혀 그럴 만한 가치가 없는 일이었다. 그렇다면 어떻게 해야 할까. 가장 좋은 방법은 숨는 것, 샤오루를 피하는 것이었다.

하지만 문제는 오늘 낮에 샤오루가 왜 자신에게 전화를 걸었는지, 정말로 빅토리빌딩 경매와 관련이 있어서 걸었는지 궁금하기 짝이 없다는 것이었다.

가만히 생각해보면, 쉬이가 궁다펑과 빅토리빌딩에 얽힌 내막을 그녀에게 말했을 가능성이 크지 않았다. 만약 말했다면 쉬이는 아직 멀었다고 해야 할 것이다. 하지만 세상일을 누가 알겠는가. 샤오루와 쉬이가 모종의 사적인 관계라면? 쉬이가 샤오루를 이용해서 무슨 계략을 꾸밀 가능성은? 아니면 장중펑이 자신에 대해 지나친 오해를 할까봐 그녀를 통해 무슨 설명이라도 할 생각이었을까.

장중펑은 샤오루를 원망하고 싶지 않았다. 그녀를 이용하지 않았더라도 쉬이는 다른 방법으로 끼어들었을 것이다. 샤오루는 쉬이의 손에 쥔 바둑돌에 지나지 않았다. 당연히 그녀는 주체적인 능동성을 가지고 있는 바둑돌이었고, 쉬이가 놓는 대로 따라가면서도 자기 생각을 가지고 있을 터였다. 그녀가 쉬이의 일을 도와주기 시작했을 때, 그것이 장중펑에게 손해를 끼칠 수 있다는 사실을 몰랐을 수도 있었다. 그녀가 알았다 해도 어떻게 할 수 있었을 것인가.

경매자원은 누구든 돈을 내면 낚아올릴 수 있는 연못의 물고기처럼 공개된 자원이었다. 월급이라야 얼마 되지 않고, 아들도 병을 앓는 데다가 이혼한 여자에게 분명 쉽지 않은 유혹이었을 것이다. 짧은 시간에 큰돈을 벌 수 있는 기회를 마다할 수가 있겠는가. 장중펑이 청전과 심한 말다툼을 벌이던 시간에, 샤오루가 다른 사람과 무슨 스토리를 만들든 그가 상관할 바가 아니었다. 남자는 직업을 잘못 택할까 두려워하고 여자는 남자를 잘못 만날까 두려워한다는 옛말도 있다.

샤오루는 아름답고, 이혼한 여자였다. 이제 와서 그녀가 누구와 결혼을 하고 누구를 만나든 무슨 상관인가.

자신이 아니었다면 그녀가 경매라는 바다에 발을 들여놓지도 않았을 것이다. 이 바다에 발을 들여놓은 것이 그녀에게 잘된 것인지 잘못된 것인지 말하기는 어려웠다. 이 바다의 물이 그만큼 깊었고 헤아리기 어려웠다. 세상에는 단정하기 어려운 일들이 수없이 많다. 무슨 일이든 어느 각도에서 문제를 보는가에 달려 있다. 그것은 장중펑이 어찌할 수 있는 일이 아니었다. 하지만 두 사람이 함께 한 시간이 2, 3년이었고 함께 하는 동안 다정했고 즐거웠다. 샤오루가 지금 어떤 여자로 변했든 적어도 그는 그녀를 좋아했었고 그녀는 그가 애틋하게 여긴 좋은 여자였다는 사실을 인정했다.

그가 샤오루에게 전화를 하지 못하는 이유가 하나 더 있었다. 청전이었다. 청전은 시아위와 너무나 많이 닮았다. 너무나 자연스럽게도 그는 청전이 그에게 다시 찾아온 첫사랑이라고 생각했고, 하늘이 그에게 내린 은혜, 일종의 숙명이라고 여겼다. 공교롭게도 그에 대한 그녀의 사랑은 어떠한 이익을 바란 것이 아닌 그저 장중펑한 사람만을 죽도록 사랑하는 것이 전부였다. 자신을 위해 아무것도 상관하지 않고 아무것도 두려워하지 않는 그녀를 두고 다른 생각을 할 수가 없었다.

청전의 질투가 그토록 크리라고는 생각하지 못했다. 이에 그는 크나큰 만족감을 느꼈지만 한편으로는 한 줄기 두려움이 그의 가슴을 찔렀다. 이치는 너무나 간단했다. 여자가 질투하는 것은 당연히 남자가 마음에 있기 때문이다. 그녀의 마음속에 그가 아무런 무게감도 갖지 못하는 존재라면 그녀가 질투할 리가 있겠는가. 그토록 유순하고 고분고분했겠는가.

질투심의 근원은 남자를 독점하고 싶은 심리이다. 질투하는 사람에게 이것은 크나큰 고통이며, 수도 없이 많은 여자들이 바보 같은 짓을 하는 것도 결국 이 질투를 참지 못해서이다. 여자가 상처를 받았다고 느끼면, 그것은 혼자 어두운 구석에 앉아 핥아서 치유될 수 있는 상처가 아니며 반드시 어떤 방식으로든 그 상처를 준 사람에게 그것을 되돌려주려고 한다. 이렇게 함으로써 자신을 질투심에 사로잡히게 만든 그 사람에게 관심과 경고를 동시에 보내는 것이다.

장중펑은 청전이 다치게 하고 싶지 않았다. 더 정확하게 말하자면 그녀가 샤오루의 일로 인해 다치는 것을 원하지 않았다. 아내가 있는 남자를 일편단심 사랑하는 것만으로도 이미 그녀는 충분히 상처받고 있는 셈이었다. 당연하겠지만, 그와 청전의 사랑으로 인해 누구보다 큰 상처를 입을 사람은 탕원이다. 하지만 청전은 언제나 끊임없이 상처를 받고 있었다. 잘못된 시간에 잘못된 사람을 사랑하게 되었고, 그 남자는 지금까지 그녀에게 어떠한 희망이나 약속도 준 적이 없는데 그 상처가 작은 것일까. 더구나 상처를 입고도 늘 참아야 하고 누구에게도 하소연할 수 없다. 사람들은 그녀가 마땅히 당해야 할 것을 당하고 있으며 그것은 자초한 상처라고 말할 것이다.

하지만 샤오루에게 전화를 해야 할까 말아야 할까 하는 생각이 머릿속에 떠오르자 어떻게 해도 그 생각을 떨칠 수가 없었다. 장중핑은 몇 번이고 마음속으로 그녀와 분명히 선을 그은 것이 맞느냐고 되뇌었다. 두 사람의 애정에 정말로 이렇게 마침표를 찍고 마는가. 지금껏 한번도 충실한 남편이었던 적이 없었던 너 장중핑이 이제 와서 충실한 애인이라도 되겠다는 건가.

장중핑은 마침내 혼란스러운 자신의 마음을 눌렀다. 이미 샤오루에 대해 분수에 맞지 않는 생각을 던져버린 이상 일과 관련된 문제라면 얼마든지 대범해도 상관없을 터였다.

만일 샤오루에게 전화를 한다면 휴대폰이 아닌 사무실 전화를 이용할 것이다. 청전에 대해 마음이 편치 못했기 때문이다. 청전에게 샤오루와의 관계를 이야기한다는 것은 쉬운 일이 아니었다. 관련된 인물도 너무나 많았다. 허우샤오핑의 서예작품을 경매에 내놓는 데 필요한 수속을 샤오루에게 부탁했던 일이나 수영장에서 우연찮게 만났던 일도 그랬다. 이런 이야기까지 할 필요가 없었다.

그것은 허우창핑과 루빙을 끌어들여야 할 뿐 아니라 일종의 자기부정이나 마찬가지였다. 자신의 과거의 행동들이 일종의 의도적인 기만으로 받아들여지는 것과 단순히 선의의 거짓말로 이해되는 것 사이에는 분명 차이가 있다. 탕원을 속이는 것은 어쩔 수 없다하더라도 청전에게는 그러고 싶지 않았다. 만약 그랬다가는 청전과의 관계가 근본적으로 변질될 것이므로.

남은 것은 기술적인 측면의 문제, 다시 말해서 그가 '아내'의 일로 샤오루에게 미안하다고 해야 할 것인가 말 것인가 하는 문제였다. 마땅히 사과를 해야 했다. 두 사람 사이에 있었던 일에 다른 사람이 개입하도록 만들어서는 안 되었다. 까놓고 말해서 청전도 샤오루와 다를 것이 무엇인가. 무슨 자격으로 샤오루에 관해 말하라며 윽박지른단 말인가. 다행히도 샤오루는 이 사실을 모르고 있었고 참을성 있게 입을 다물어주었다. 만약 두 사람이 막돼먹은 여자들처럼 언성을 높이고 싸웠다면 개도 실소할 일이 아니겠는가.

억울한 쪽은 샤오루일 것이다. 당연히 두 사람의 부적절한 관계가 분명 아내를 자처하는 사람에게 상처를 주는 일이었고, 따라서 그녀가 어떻게 나오든 지나치다고 할 수가 없다. 하지만 손바닥도 마주쳐야 소리가 나는 법이다. 따지고 들자면 아내를 자처하는 사람에게는 전혀 책임이 없을까. 그리고 장중핑이 샤오루에게 사과를 한다면 자신의 이름으로 해야 할까 아니면 아내의 이름으로 해야 할까. 사과를 하는 목적은 또 어디에 있는가. 또 샤오루가 어떻게 생각할까. 두 사람의 관계가 이로 인해 오히려 더 복잡하게 얽히는 것은 아닐까.

조용할 날이 없는 것이 세상이고 괴로움이 없는 인간이 없다고 했던가. 아무것도 아닌 일이 이렇듯 복잡해지다니 하고 생각하며 장중핑은 전화를 걸기로 결정했다. 만약 샤오루가 먼저 낮의 일을 꺼내지 않으면 그도 모르는 체 넘어가리라 생각했다. 청전이 전화에다 대고 장중핑의 아내라고 말했고, 샤오루가 탕원을 본 적도 없고 목소리를 알 리도 없으니 내심 마음이 불편할 것이다. 따라서 샤오루가 먼저 이야기를 꺼낼 가능성은 그리 많지 않았다. 더욱이 그 '아내'가 남편 몰래 자신에게 전화를 걸어서 그가 이 일을 모르고 있다고 생각할 수도 있었다.

뜻밖에도 샤오루의 전화기가 꺼져 있었다. 그는 샤오루의 전화번호를 잘못 누른 줄 알고 이전에 발신자번호로 찍힌 샤오루의 번호를 한번 더 눌러보았다. 전화번호는 틀림이 없었다. 전원이 여전히 꺼져 있었다.

장중펑은 한숨을 내쉬었다. 샤오루에게 전화를 거는 것이 어쩔 수 없이 해야만 하는 숙제처럼 여겨졌는데 이제 그 상대방의 이유로 인해 그냥 넘길 수 있다는 생각이 들자 조금은 홀가분해지는 기분이었다. 하지만 또 다른 문제가 곧바로 고개를 들었다. 궁다펑의 휴대폰도 꺼져 있고 샤오루의 휴대폰도 꺼져 있다. 이 둘 사이에 무슨 연관이 있는 걸까. 단순한 우연일까.

장중펑은 자신도 모르게 쉬이에게 부아가 치밀었다. 이 자식이 도대체 무슨 꿍꿍이를 꾸미고 있는 걸까. 전화를 한번 걸어볼까. 이 자식 전화기도 꺼져 있진 않겠지.

그는 결국 쉬이에게 전화를 걸지 않았다. 쉬이가 무슨 수작을 부리든 이미 마음의 준비를 하고 대응해야 할 한계선을 그어둔 이상 조용히 지켜보리라 작정했다.

청전이 임신을 했다.

청전은 이 이야기를 할 때 장중펑의 눈을 뚫어져라 보며 그의 반응을 살폈다. 그는 내심 마음이 무거웠지만 애써 표정을 자제했다. 며칠 전에 생리를 하지 않았다는 그녀의 중얼거림에 장중펑은 심장이 움츠러드는 듯했다. 어제 임신 테스트를 해본 청전이 테스트 결과가 선명하지 않다고 말했고 이어서 걸려온 샤오루의 전화로 인해 두 사람의 신경이 온통 전화로 쏠리고 말았다. 그가 아침 일찍 청전의 집에 들어서자마자 청전이 이 소식을 말해주었다. 새벽같이 테스트를 해본 모양이었다.

청전의 말을 듣고도 그는 어쩐지 믿기지가 않았다. 믿기지 않는 것이 아니라 청전의 판단이 틀렸을 것이라는 요행을 바라는 심정이었다고 하는 것이 더 정확했다.

"틀림없어요. 이것 봐요."

임신 테스트기가 티슈에 싸인 채 화장대 위에 놓여 있었다. 그녀는 그것을 들고 설명서에 나와 있는 실례를 손가락으로 가리키며 그에게 보여주었다.

더할 나위 없이 뚜렷하게, 맹인이 아닌 바에야 보이지 않을 리가 없는 붉은 선이 뚜렷하게 드러나 있었다.

"어서 옷 입어."

"왜요?"

"병원에 가봐야지. 병원에 가서 정식으로 검사를 받아보자. 요즘은 가짜 약이 많아. 테스트기도 가짜일지 모르잖아."

"그럴 필요까지 있어요?"

"정말 너란 여자, 어떻게 해야 좋을지 모르겠어."

장중펑의 속마음이 곧바로 그녀에게 전달되었는지 청전이 "왜 그래요. 당신, 안 기뻐요?" 하고 물었다. 마침 생각에 빠져서 얼마간 말이 없던 장중핑은 청전이 묻는 말에 정신을 차리며 웃었다.

"아니야. 기뻐."

"거짓말하지 말아요. 우리 그러기로 했잖아요. 무슨 일이든 마음속에 담아두지 말고 모두 말하기로 했잖아요."

장중핑은 어떻게 대꾸해야 좋을지 마음이 산란했다. 청전의 마음을 가라앉혀야겠다는 생각에 "정말로 아무것도 아니야"라는 말만 했다.

이때 휴대폰이 울렸다. 쉬이였다. 선전에서 이제 돌아온 모양이었다. 비행기에서 방금 내렸다며 어디에서 만나면 좋겠느냐고 물었다. 장중핑은 잠시 머뭇거리다가 오후에 만나면 안 되겠느냐고 물었다. 쉬이가 흔쾌하게 괜찮다고 말했다.

장중핑의 전화가 끝나기를 기다렸다가 청전이 말했다.

"그럼 병원은요?"

"당연히 가야지. 아침에 아무것도 안 먹었지? 아무것도 먹지 마. 혈액검사를 해야 할지도 모르잖아."

진료 신청을 했다. 검사항목은 소변검사였고 혈액검사는 할 필요가 없었다. 결과는 마찬가지였다. 양성반응. 청전이 임신을 했다.

차에서 청전이 그에게 기대며 말했다.

"그렇게 굳은 표정 짓지 말아요. 여보."

그가 그녀를 보며 애써 웃음을 지었다.

"당신, 평소에 그렇게 사람들을 쳐다봐요?"

"무슨 말이야?"

"당신이 나를 보는 시선이 3분의 1밖에 안 돼요."

장중펑이 웃으며 말했다.

"어떻게 그렇게 나눠서 봐?"

"난 그렇게 나눠요. 내 말은 나를 주시하는 강도를 말하는 거예요. 3분의 1의 시선은 참지 못하겠다는 것을 나타내고, 3분의 2는 정이 가득 담겨 있다는 것이고, 3분의 3은 눈에 생기가 없이 멍청하다는 걸 말해요."

장중펑은 하는 수 없이 3분의 2의 기준에 맞기를 바라며 청전을 바라보며 미간에 힘을 주었다.

"됐어요, 됐어. 차라리 우는 게 낫겠어요."

청전이 그를 웃기려고 한 말이었지만 장중펑으로서는 아무래도 웃을 수가 없었다. 그는 속으로 자신을 나무라고 있었다. 어째서 그렇게 부주의했을까. 청전은 무슨 생각을 하는 걸까. 설마 아이를 내세워서 자신을 몰아붙이려는 것은 아니겠지.

"왜 그래요, 당신? 내가 당신 아이를 낳는 걸 원하지 않아요?"

"그럴 리가 있어?"

"그럴 리가 왜 없어요? 음, 난 다 생각해뒀어요. 일은 벌써 그만됐으니, 이렇게 시간만 지나면 아이가 태어날 거예요."

집에 도착하자 청전이 옷을 벗었다. 옷을 벗으면서 장중펑을 바라보았다. 그녀의 행동이 어딘지 과장스러웠다. 장중펑은 그녀가 자신이 늘 하는 행동을 흉내내고 있다는 것을 알았다. 옷을 벗을 때 그는 늘 목덜미를 들고 한꺼번에 벗곤 했다.

조급하게 서두르는 그의 모습이 자신을 사랑하는 분명한 증거라고 생각하는 듯, 청전은 가늘게 웃음 띤 눈으로 흡족하게 장중펑을 바라보았다. 청전은 예민하게도 그가 자신에게 시선조차 주지 않는다는 것을 느끼고는 "뭐예요?" 하며 불만스레 입을 삐죽 내밀었다.

장중펑은 그제야 시선을 돌리며 말했다.

"아무것도 아니야."

"왜 아무 말도 안 해요?"

장중펑은 잠시 생각하다가 "당신에게 할 얘기가 있어" 하고 말했다.

"당신이 나한테 무슨 말을 하려는지 알아요. 그러니까 옷부터 벗어요. 우리 서로 솔직하게 바라봐요. 응? 여보?"

장중펑이 "그래" 하고 대답했다.

청전은 장중펑을 향해 누운 채로 그의 손을 잡았다. 그녀의 손은 무척 부드러웠지만 장중펑의 손은 왠지 모르게 굳어 있었다.

"오늘 당신 손이 예전 같지 않아요. 딱딱하게 굳어 있어요."

장중펑은 자신의 손이 여전히 그대로라는 것을 보여주려는 듯이 재빠른 손놀림으로 그녀의 가슴을 움켜잡았다. 청전이 소리를 질러댔다. 정말로 아파서 그러는 것인지 아니면 기분이 좋아져서 그러는 것인지 알 수 없었다. 장중펑의 두 눈이 천장을 뚫어져라 응시하고 있었다. 입술은 힘을 빼기만 하면 마치 수도꼭지처럼 물이 쏟아져 나오기라도 할 듯 힘껏 다문 채로.

청전은 시종 그를 보고 있었다. 그는 말이 없었고 그녀도 말이 없었다. 그녀를 움켜잡았던 그의 손은 그렇게 그대로 있었다. 그녀는 손톱으로 그의 가슴에 이리저리 선을 긋다가 가끔 자기 입술을 깨물다가 그의 가슴에 입을 맞추고는 다시 원래의 자세로 돌아가서 그를 바라보았다.

장중펑이 간혹 고개를 돌려 그녀를 바라보면 그녀가 눈을 깜박거리며 그를 바라보고 있었다. 그녀의 입술이 움찔거렸는데 그것은 말을 하려는 것이 아니라 자신의 마음이 무척 홀가분하고 즐겁다는 것을 보려주려는 것이었다.

두 사람은 그렇게 한참을 있었다. 장중펑은 오늘은 왜 전화도 안 오는 것일까 생각했다. 청전은 그가 나간 후에야 자신의 휴대폰을 켰고 두 사람이 같이 있을 때에는 꺼두었다. 청전의 이런 사소한 행동이 장중펑에게는 작은 감동이 되었다. 그녀가 마음속 깊이 자신을 생활의 전부로 여기고 있다는 것을 확인시켜주는 것 같았다.

임신이 아니었다면 얼마나 좋았을까. 하필이면 임신이란 말인가. 임신을 하면 어떻게든 처리해야 할 문제들이 따라온다. 어떻게 해도 피할 수 없는 일이 되고 만다. 장중펑은 어떻게 해야 할지 당연히 알고 있었지만, 문제는 청전을 설득할 수 있는가 하는 점이었다. 좋아서 어쩔 줄 모르는 그녀에게 어떻게 입을 열 것인가.

청전이 더이상 못 기다리겠다는 듯이 배시시 웃으며 말했다.

"나한테 할 이야기가 있다고 했잖아요? 무슨 얘기를 할 준비를 하는 거예요? 아직 생각이 덜 끝났어요? 어떻게 입을 열기가 애 낳는 것만큼이나 힘들어요?"

하필이면 아기를 낳는다는 말을 하다니 생각하며 장중펑은 마음이 산란해졌다. 하지만 짜증을 낼 수는 없었기에 그녀를 바라보며 목소리를 가다듬고 말했다.

"애를 낳는다는 말, 그게 여기 갖다 댈 말이야?"

"왜, 어째서요? 누가 당신한테 그런 말을 하면 안 된다고 하기라도 했어요? 나보고도 하지 말라고 하게. 난 말하고 싶으면 말할 거예요. 하고 싶으면 한다구요. 어쩔 거예요?"

"어쩌는 건 아니고."

청전이 다시 배시시 웃으며 말했다.

"난 당신이 이렇게 침울해 있으니까, 재미있다는 생각이 들어요. 당신, 이전에 이렇게 심각한 얼굴이었던 적이 없었잖아요. 심각하기 놀이하는 중이에요?"

"내가 미울 거야."

"내가 왜 당신을 미워해요? 말해요. 우린 늘 이랬잖아요. 말 못할 게 뭐가 있어요? 말해봐요. 마음속에 있는 생각을 말해봐요."

장중펑은 어떻게 말해야 할지 입이 떨어지지 않았다. 청전이 다시 말했다.

"이것 봐요. 기회를 줘도 말도 안 하고, 내 마음대로 할 거예요. 그때 후회하지 마세요."

장중펑이 "바보 같은 짓 하지 마" 하고 말했다.

"내가 좋아요, 안 좋아요?"

"당신은 어때?"

"난 아주 좋아요, 여보. 난 정말로 좋아요. 당신이 이전에 만났던 여자들이 당신을 좋아한 걸 다 합친 것보다도 당신을 좋아해요. 내가 아이를 지우기를 바란다는 걸 알고 있어요. 하지만 입을 못 열고 있죠. 입을 열었다가 비열한 사람이 될까봐, 내가 당신을 조롱할까봐 무서워하고 있어요. 그리고 내가 당신한테 무슨 말썽이라도 일으킬까봐 걱정하고 있어요. 그렇죠? 솔직히 말해서 지금 이런 생각을 하고 있잖아요. 아니에요?"

장중펑은 몸을 돌려 청전을 바라보다가 팔을 뻗어 안았다.

"내 말이 맞죠? 치, 인정하세요."

"무엇을 인정할까?"

"당신이 나를 안은 건 내 말이 맞다는 것을 인정하는 거예요. 그렇죠?"

장중펑은 그녀를 향해 눈을 찡긋했다.

"바보. 당신이 침울해 있으면 나도 싫어요. 우리가 같이 있을 때 난 당신을 행복하게 해주고 싶어요. 그날, 당신 생일 때 난 그렇게 소원을 빌었어요. 당신처럼 나쁜 사람이 왜 이렇게 복이 많은지 모를 일이에요. 말해봐요."

장중펑은 다시 그녀를 힘주어 안았다.

"당신은 정말 좋은 여자야. 착한 아이 같아."

청전이 한숨을 내쉬며 말했다.

"꼭 내가 말을 꺼내야 말을 하고."

"나의 보배, 나의 사랑스러운 보배. 당신은 어쩌면 이렇게 착하지?"

"됐어요, 새빨간 거짓말. 당신 마음 알아요. 그러니까 아이를 지울게요. 근데 그냥 한번 말해봐요. 당신, 정말로 내가 당신 아이를 낳는 걸 바라지 않아요?"

장중펑은 순간적으로 정신이 번쩍 드는 기분이 되어 청전을 힐끗 보았다. 청전은 영리한 여자였고 방금 몸을 움찔하는 그를 느낌으로 알아챘다. 그녀는 그가 무슨 말을 할지 두려운 듯 재빨리 말했다.

"아니에요, 오해하지 말아요. 그래도 희망이 있는지 당신을 시험해보려는 게 아니에요. 지금 이런 상황에서, 지금 우리 둘의 관계에서 아이를 낳는 건 불가능하다는 걸 알아요. 이런 것들은 난 아무렇지 않아요. 당신이 아니라고 하면 나도 마음대로 하지 않을 거예요. 당신을 곤란한 지경에 빠뜨리지 않을 거예요. 당신에게 선택하라고 하는 건 너무 심하잖아요. 당신이 고통스러워하는 걸 원치 않아요. 게다가 내가 이길 가능성이 얼마나 될까요?

당신 알아요? 정말로 당신을 사랑해요. 미치도록 사랑해요. 당신을 잃을지도 모를 위험을 자초하고 싶지 않아요. 정말이에요. 그렇게 못해요. 그러니까 방금 아기를 지운다고 말한 건 진짜예요. 손톱만 한 거짓도 없어요. 그렇지만 알고 싶어요. 우리 아이를, 아주 영리하고 예쁜 아이를 낳는 거예요. 유치원에서부터 여자 꽁무

니를 쫓아다니는, 아니 여자애들이 쫓아다니고, 나중에 더 멋있고 훌륭하게 자라나겠죠. 손짓이며 행동이 당신을 쏙 빼닮아서 셀 수 없이 많은 여자애들이 그 아이를 쫓아다니는 걸 생각해봐요. 당신 생각해본 적 있어요?"

생각해본 적이 있든지 없든지 그저 고개를 끄덕이거나 가로저으면 될 일이었다. 청전이 그냥 이야기해보자고 했으니까 생각해본 적이 있는지 없는지 그 자체는 중요한 일이 아닐 터였다. 하지만 장중펑은 고개를 끄덕일 수도 가로저을 수도 없었다. 그는 청전의 결정이 진심이며 그녀가 마음대로 하지 않을 것이라고 믿었다. 지금 원하는 대로 하기에는 상황이 허락해주지 않았다. 그런 결정을, 그와 자신이 부딪힐 장애와 득실을 이미 생각해보았다고 그녀도 말했다. 그녀의 말대로라면 그의 고통을 덜기 위해 그녀는 곧 수술대 위에 오를 것이었다.

하지만 사람의 생각이란 언제든 변할 수 있는 것이다. 만약 그가 아들을 갖고 싶고 우리의 아들을 갖는 문제를 생각해본 적이 있다고 말한다면, 그것은 두 사람 사이에 공통된 소원이 생기는 셈이었다. 두 사람의 생각이 일치하기만 한다면 어떻게 할 것인가는 방법상의 문제에 불과하다. 비록 생각을 하는 것과 생각을 실천하는 것 사이에 큰 거리가 있기는 하지만, 여자들이 흔히 중요하게 생각하는 것은 남자의 태도이다.

청전은 자신의 태도로 인해 원래의 생각을 바꿀까? 기왕에 방법상의 문제인 이상, 한 사람이 해결할 수 없으면 두 사람이 같이 해결하면 될 일이다. 상황이 이런데 고개를 끄덕여도 될까. 고개를 끄덕이는 것은 원점으로 되돌아오는 것이나 마찬가지가 아닐까. 하지만 고개를 끄덕이지 않는다면 어떻게 될까.

청전이 아이를 유산시키겠다고 하는 것은 그를 위해 희생하겠다는 생각에서 비롯된 결정이다. 여자는 남자를 사랑하면 그를 위해 어떤 어리석은 행동도 할 수가 있다. 하지만 어리석은 행동을 하는 여자는 바보 같은 여자다. 사랑을 위해서라면 어떤 위험이라도 감내할 수 있다 해도 어리석은 짓을 한다면 현명하지 못한 것이며 위험하기까지 하다. 이런 사랑을 하는 여자는 사람을 두렵게 만들 뿐이다.

사랑의 목적은 고통이나 파괴가 아니며, 기쁨과 생명을 위한 것이다. 따라서 청전의 결정은 이성적인 것이었다. 조금의 주저함도 없이 자신의 고통으로 그의 걱정을 지워주기로 마음먹음으로써, 그의 마음을 내리누르던 압박감을 순식간에 날려 보내주었다.

방금 그가 팔을 뻗어 그녀를 안은 것은 그녀의 말처럼 그녀에 대한 감사와 기특하다는 생각 그리고 약간의 미안함의 표시였다. 그녀의 말은 그로 하여금 더욱 그녀를 사랑한다고 느끼게 만들었다. 남자가 여자를 사랑한다는 것을 증명하는 방법이 그녀를 아내로 취하는 것이라면, 여자가 남자를 사랑한다는 증거는 그의 아이를 낳아주는 것이다. 이것은 여자가 생각할 수 있는 최상의 애정표현 방식이다. 여자가 남자를 곤혹스럽게 만들지 않기 위해서 아이를 지우기로 결정했다면, 그것은 그 남자를 위해 자신을 기꺼이 희생하겠다는 의미이다.

지금, 이기심이라곤 없는 이 여자가 기대할 수 있는 것은 약간의 위로가 고작인데, 고개를 가로저어 아니라고 할 만큼 장중펑 너는 냉정한 인간이었던가.

"왜요? 입을 열기도 그렇게 어렵더니, 고개를 젓거나 끄덕이는 것도 어려워요?"

장중펑이 고개를 끄덕일 수도 가로저을 수도 없는 것은 이 질문 자체가 너무나 무겁고 심각해서 내키는 대로 대답할 수가 없기 때문이었다. 하지만 청전이 기어이 말해보라고 한다면 어떻게 할 것인가. 유일한 방법은 어떻게 해서든 아무렇게나 이야기해도 좋은 분위기로 바꾸어서 시시껄렁한 웃음으로 난처한 상황을 벗어나는 것뿐이다. 하지만 과연 이렇게 해도 될 것인가.

그는 자궁을 긁어내는 것이 어떤 것인지 알고 있었다. 좀더 적나라하게 말해서 그것은 혈육을 떼어내는 것, 몸에서 가장 민감한 부분으로부터 핏줄을 떼어내는 것이다. 자기밖에 모르는 바보 같은 여자가 자신을 위해 이렇게 몸의 일부를 떼어내는 고통을 감수하려고 한다는 생각이 들자 고통이 밀려왔다. 어떻게 이런 그녀 앞에서 어물쩍하게 행동한단 말인가.

장중펑은 두 손을 뻗어 그녀의 조그만 가슴을 받쳐 들고 가만히 들여다보았다. 그러다가 갑자기 와락 그녀를 자신의 가슴 안으로 품어 안았다. 청전이 까르르 웃으며 말했다.

"깨물어달라구요? 좋아요. 깨물어줄게요. 나를 답답하게 한 대가로 정말로 깨물어줄 거예요."

장중펑의 품에서 빠져나온 청전이 웃음기를 거두며 손을 뻗어 그의 얼굴을 쓰다듬으면서 나지막하게 물었다.

"왜 그래요, 당신?"

"미안해. 정말로 미안해."

청전이 입술을 삐죽 내밀면서 굳어버린 웃음기를 누그러뜨리며 말했다.

"나보고 바보라고 하더니 당신이야말로 진짜 바보예요. 설마 모범적인 남편이라는 칭호까지 달라고 조르는 건 아니겠죠?"

그가 청전을 힘주어 껴안으며 말했다.

"미안해. 내 마음이 얼마나 아픈지 모를 거야."

"당신의 마음이 어디에 있어요? 어딘지 만져봐요."

"여기야."

"이게 뭐예요? 살뿐이잖아. 당신, 나를 사랑해요? 정말로 나를 사랑해요?"

"정말로 사랑해. 정말로 사랑해. 이런 너를 어떻게 사랑하지 않을 수 있겠어?"

그들은 달콤한 노래에 맞춰 춤을 추듯 따뜻하고 느릿하게 사랑을 나누기 시작했지만 마지막 순간에 이르러서는 도저히 억제할 수 없는 광포한 격랑에 휩싸였다. 청전은 언제나처럼 숨이 넘어갈 듯이 소리를 질렀고 손가락으로 장중펑의 등에 붉은 자국을 만들었다. 장중펑은 나중에 청전이 멍하게 자신의 등을 바라보는 것을 보고는 거울을 비춰보고야 알았다. 청전은 잘못을 저지른 아이처럼 연신 어떻게 하면 좋으냐고 말하며 안절부절 못했다.

장중펑이 "뭘 어떻게 해?" 하고 물었다.

"교수님에게 어떻게 말할 거냐구요?"

"집사람이 보면 고양이가 그랬다고 해야지, 뭐. 오늘 어떻게 된 거야? 힘이 넘치던걸."

그들의 이야기가 어쩔 수 없이 다시 임신으로 옮겨갔고 두 사람은 많은 이야기를 나누었다. 청전이 단호하게 말했다.

"이 일로 당신이 마음 쓸 필요 없어요. 난 괜찮다고 했잖아요."

장중펑이 "그렇지만……" 하고 말끝을 흐렸다.

"정말로 괜찮아요. 상황을 모두 잊고 다른 사람 일인 것처럼 이야기해봐요. 학술 세미나하듯 말예요, 네?"

"왜 그렇게 해야 하지?"

"조금 멀리 내다봐요. 당신과 나의 관계가 더 가까워지잖아요."

"말하고 싶지 않아."

"그럼 내가 말할게요. 당신이 나를 달랠 때 말투처럼 할게요. 알았죠?"

"왜 그래야 되는데?"

"그래야 해요."

청전이 장중펑의 말투를 흉내내며 말했다.

"지금은 아직 아이가 태어나기 전이잖아. 우리 아이를 어떻게 낳을지 이야기해보자구. 아이는 뱃속에서 날마다 자라나서 조금씩 작은 손발이 생겨. 그 작은 손발이 어떻게 생겼냐 하면 말이야. 작은 나뭇가지 같지. 출산 때가 가까워오면, 이게 얼마나 크냐 하면, 건강한 임산부라면, 예를 들어 내 키와 엉덩이 정도라면…….."

"'나'라는 말은 하지 말고 얘기해."

"알았어요. 태아의 체중을 말하는 거야. 3.6킬로그램에서 4킬로그램까지는 정상이라고 할 수 있고, 이게 넘어가면 정상이라고 하긴 좀 어렵지. 여기에 양수나 다른 걸 합치면 크기가 이만하지. 좁은 산도로 나와야 하는데, 그 크기가 엄청나게 차이가 나서 코끼리가 뱀 구멍을 빠져나오는 것과 같다고 해야 할걸.

정말 신기해. 아이 머리를 생각하면 현기증이 나. 머리가 크거든. 정말 소름이 끼칠 정도야. 요즘이야 제왕절개수술이 있으니 배를 길게 갈라서 태아를 꺼내기만 하면 되니까 아이를 낳을 때 그렇게 아픈 것도 아니지. 하지만 배에 이만한 상처가 생기는데 얼마나 아프겠어? 그리고 수술 흔적은 어쩌고? 나처럼 상처가 잘 낫지 않는 사람, 그래 좋아. 나란 말은 빼자구. 내 말은 그러니까 긴 수술 흔적이 사라지지 않는다는 거야. 이후에 성생활에서 남편의 만족감에 영향을 미칠까? 어떨 것 같아?"

장중펑이 대답했다.

"약간은 영향이 있을걸? 자연분만은 더 심각해. 만약 회복이 제대로 안 되면 이후에 성생활이 밋밋해지거든. 뱀장어가 대해를 돌아다니는 것 같은 기분일 수도 있어."

청전이 장중펑을 손바닥으로 찰싹 때리더니 계속 말을 이었다.

"아이를 낳고 나서는 어떠냐고? 먹여줘야지, 안아줘야지, 한밤중에 아프면 병원에 달려가야지, 온갖 예방접종을 받아야지, 일이 한두 가지가 아니야. 그리고 행여 옷을 많이 입히면 답답할까, 적게 입히면 감기 들까, 정말 어려워. 백일이 지나 돌이 되고 하루가 다르게 자랄 거야. 방바닥을 기어다니고 엄마라고 부를 줄도 알고 비틀비틀 걸음마를 떼는 걸 보면 힘들었던 건 온데간데없이 흐뭇하기만 하겠지. 하지만 이건 부부 두 사람이 같이 아이를 키울 때 하는 얘기고, 우리 같이 이런 관계에서는 엄마 노릇 하기가 장난이 아니야."

장중펑은 아무 말 없이 청전이 하는 말을 들었다. 그는 그녀가 어떻게 말하는지 잠자코 듣기로 마음먹었다.

"둘째 마누라를 둔 남자가, 그러니까 두 여자를 거느린 남편이 어떻게 둘째 마누라가 낳은 아이의 아버지로서 책임을 다할 수가 있겠느냐고. 그 남자에게는 이미 아내와 아이가 있는데 어떻게 동시에 둘째 마누라의 남편이자 아이의 아버지가 될 수 있냐는 거야. 따라서 둘째 마누라가 아무리 그 남자를 사랑한다 해도 남자가 동의하기 전에 아이를 낳는 것은 한 가지 결론 밖에 없어. 바보, 바보 멍텅구리라는 거야."

청전은 차분한 말투로 문제를 분명하게 짚었다. 장중펑이 나라는 말을 하지 말라고 했지만 이야기가 결국 자신에게 연결되지 않을 수 없었다. 그의 요구를 받아들여 다른 사람의 일처럼 이야기했지만 여전히 그 속에는 자신이 들어있었다.

충린의 말대로라면 장중펑의 가정 구조는 전형적인 일가양제였다. 탕원의 연간수입이 정부 공무원의 합법적인 수입보다 두세 배 많았다. 이는 사업을 하는 남편에게 있어 집안 걱정 없이 사업에 집중할 수 있게 하는 든든한 버팀목이라 할 수 있었다. 결혼 전에도 그랬지만 결혼 후에도 장중펑의 애정생활이 깨끗한 백지였던 적이 없었다. 사업을 시작한 후 더욱더 물 만난 고기처럼 일년 내내 꽃이 피고 졌다. 하지만 그게 무슨 대수이겠는가. 문제는 그가 어떤 사람이냐가 아니라 다른 사람의 눈에 그가 어떻게 비치는가 하는 것이었다.

그는 자신이 책임감 있는 남편이라고 생각했다. 그는 성공적으로 탕원의 마음속에 좋은 남편이라는 이미지를 심어주었고, 새로운 여자에게 눈이 멀어서 가정을 깨뜨리는 짓 같은 건 결코 하지 않았다. 그리고 아버지로서 샤오위에 대한 그의 사랑은 조금의 이기심도 없는 순전한 사랑이었다. 샤오위의 마음속에서 그는 아이의 온갖 요구들을 만족시켜줄 수 있는 사랑 많은 아버지였다.

만약 어느 날 갑자기 이런 아버지가 변했다는 걸 안다면 샤오위는 어떻게 될까. 이혼가정이 아이의 마음에 끼치는 영향이 얼마나 큰지는 매스컴을 통해 익히 보아서 알고 있다. 샤오위가 집을 나가서 인터넷에 빠져 지내고, 다른 사람의 꾐에 빠져서 몸을 망치고 술집으로 팔려가는 상상 따위는 생각하기도 싫다. 0퍼센트의 가능성이라도 샤오위에게 그런 일이 일어나게 할 수는 없다. 절대로.

장중펑의 이런 생각에는 두 가지 허점이 있었다. 하나는 끝까지 세상을 속일 수는 없다는 것, 다시 말해서 언젠가는 탕원이 알게 될 것이라는 점이었다. 두번째는 그의 이런 형이상학적인 사고 속에 청전이 빠져 있다는 사실이었다. 청전이 이렇게 빠뜨려도 될 사람인가.

"당신, 왜 아무 말도 안 해요? 무슨 생각을 하고 있어요? 마음속으로 이 여자 정말 골치 아프다고 생각하는 거 아니에요?"

장중펑이 "아냐" 하고 말했다.

"아무것도 모르는 척할 거예요? 자꾸 그러면 미워할 거예요."

"나를 미워해도 돼. 하지만 절대로 내가 당신을 미워하도록 하진 말아줘."

"우리 못난이가 말은 엄청 잘한다니깐. 이런 얘기를 해도 골치가 아프다거나 그렇지 않은가봐요?"

"골치 아프긴. 이건 학술적인 문제잖아. 근데, 우리 아가씨는 아는 게 왜 이렇게 많아? 마치 교수라도 된 것 같아."

"그놈의 교수는. 요즘 인터넷이나 잡지에 없는 게 어디 있어요?"

왜 하필 교수라는 말을 입 밖에 냈을까 하는 생각에 장중펑은 웃으며 말했다.

"거칠기도 하셔라."

"뭐라구요? 내가 거칠다고 했어요? 당신이야말로 거칠어요. 살인범."

장중펑이 황급히 조심스런 어투로 말했다.

"기억해둬. 낙태수술이 아이를 지우는 것이라고 말하는 건 과학적인 근거가 없는 소리야. 절대로 그렇게 생각하지 마. 지우는 것은 아이가 아니라 수정란이거나 배아야. 이 구분은 아주 중요하다구. 안 그러면 마음의 병이 될 수 있어. 게다가 그런 말을 들으니까 정말로 살인범이 된 것 같잖아."

"이번엔 봐줄게요. 하지만 장중핑 씨, 잘 들어둬요. 내가 당신에게 아들을 낳아줄 거라는 사실. 난 교수님보다 스무 살이나 어리니까 얼마든지 기회가 있어요, 무서울 게 뭐가 있겠어요?"

"무슨 짓을 하려는 거야?"

"놀랐어요? 무서워하지 말아요. 당신이 놀라서 성불구가 되는 건 나도 바라지 않아요. 당신이 정말로 그렇게 되면 난 어떡하라구요? 내가 당신에게 아들을 낳아준다고 한 건 두 가지 상황하에서예요."

"어떤 두 가지 상황?"

"하나는 당신이 더이상 나를 사랑하지 않는다는 사실을 알게 되었을 때, 당신은 '귀중한 씨앗'을 전해주는 것 말고는 아무 상관도 없는 사람이 될 때에요. 내 인생에 한 생명을 키우는 것도 우리 관계에 기념을 남기는 일이 될 거예요. 두번째는 언젠가 그날이 오기를 기다리는 거죠. 우리의 생각이 통하는 날, 당신도 원하는 때 말이에요. 당신에겐 딸 하나뿐이잖아요. 당신이 절대로 아들을 갖고 싶어하지 않을 거라고 단정할 수 있어요?"

장중핑은 그녀의 말을 들으면서 입을 열 엄두가 나지 않았다. 심지어 숨도 쉬기 어려웠다. 이런 문제는 당연히 말로 토론할 수도 결론을 내릴 수도 없는 일이었다.

"당신이 지금 무슨 생각을 하고 있는지 알아요. '이 바보 같은 여자가 지금 미친 소리를 하고 있구나' 하고 생각하겠죠. 당신이 그랬잖아요. 사랑의 보증기간은 7개월이고 어쩌면 이 바보 같은 여자의 격정이 언젠가는 지나갈 테니 그때 모든 문제가 해결될 것이라고 생각할지도 모르죠. 내 말 맞죠? 이봐요, 장씨. 당신은 내 밥이에요. 내가 어떻게 죽도록 당신을 사랑하는지 잘 봐둬요."

"그럼 내기하면 되겠군."

"사람이 이렇다니까. 말에 진심이라곤 눈곱만큼도 없다니까. 내가 이미 결정했다는 걸 알고는 달콤한 말을 쏟아내다니. 이제부턴 아는 체도 안 할 거야."

"내가 할 수 있는 말은 똑같아. 당신이 나를 아는 체하지 않아도 좋아, 하지만 난 당신을 아는 체할 거야. 당신이 어떻게 나오는지 볼 거야."

"내가 어떻게 뭘 할 수 있겠어요? 당신이 이렇게 막무가내인 줄은 몰랐어요."

"난 당신이 나에 대해 한 말에 동의하지 않아. 무례하게 행동하는 것도 마음이 따뜻한 것처럼 행동하는 것도 모두 마음이 켕긴다는 뜻이야."

"마음이 켕기는지 아닌지는 당신이 잘 알겠죠. 적어도 나는 당신이 이 일을 나처럼 신중하게 생각해보지 않았다는 걸 알아요. 솔직하게 말하죠. 이 아이, 아, 아니죠. 당신의 말대로라면 이 수정란

혹은 배아를 내가 감히 원할 수 없는 이유는 하나뿐이에요. 알아요?"

"뭔데?"

"내 생각에 칭텐주에 있을 때 임신이 된 것 같아요. 배란일 측정기를 가지고 가지 않았어요. 그 며칠 동안 너무나 즐거워서 난 아무것도 생각하지 않았어요. 저 사진들 속의 바보 같은 여자가 얼마나 행복해하고 있는지를 봐요."

"사진 속의 못생긴 남자도 얼마나 행복했는지 몰라."

"칭텐주에서 술을 마셨잖아요. 기억해요? 당신도 마시고 나도 마셨죠. 당신 정말로 운이 좋아요. 마음을 푹 놔도 돼요. 이 아이를 지울 거예요. 당신에게 바보아들을 낳아줄 순 없으니까. 무슨 교수씩이 아니어도 건강한 아이를 낳아서 키워야 한다는 것쯤은 알아요."

제 20 장

사람이 죽으면 말이 안 되는 일도 말이 되게 바뀌는 것,
이게 바로 중국이다.

장중펑은 오후에 불현듯 쉬이에게 전화를 해봐야 한다는 생각이
들었다.

"장 사장님 죄송합니다. 오늘 오후는 안 될 것 같습니다."

"무슨 일인가? 내일이 경매잖나?"

"예, 알고 있습니다. 그런데 일이 좀 생겼습니다. 저우원녠이 죽
었습니다."

"저우원녠?"

"제 친구입니다. 이렇게 하면 어떻겠습니까. 제가 저녁에 다시
전화를 드리겠습니다."

쉬이는 이렇게 말하고는 장중펑의 대답을 기다리지도 않고 전화
를 끊었다.

쉬이에게 무슨 일이 일어난 거지? 구실을 대며 만나는 걸 피하
는 것은 아닐 테지. 저우원녠이란 인물은 또 누굴까. 쉬이와 각별

한 관계인 모양이군. 그렇지 않고야 이런 중요한 시기에 그 사람을 구실 삼을 리가 없지.

장중펑이 의문스러운 것은, 설명을 해줘도 될 일에 다급하게 말을 받는 것도 그렇고 말이 채 끝나기도 전에 전화를 끊어버린 쉬이의 행동이었다. 그렇다고 장중펑은 조급해하는 인상을 줄 것 같아서 다시 전화를 할 수도 없었다. 사실 시대의 빛은 경매주관사이고 3D는 협력사이니 조급한 심정이어야 할 쪽은 오히려 쉬이였다.

저우원녠이란 인물은 도대체 누구란 말인가. 그와 쉬이는 무슨 관계일까. 장중펑은 누구에게든 알아봐야겠다는 생각이 들었다. 장중펑은 충린을 떠올렸다.

장중펑은 충린의 사무실로 전화를 걸었다.

"저우원녠이 누구인지 혹시 아나?"

"저우원녠? 어느 법원인데?"

충린이 되물었다.

"나도 몰라. 듣자니까 죽었다는데."

"성 국토국의 새로 부임한 국장 같은데? 부임해온 지 보름도 안됐는데. 뭐야, 죽었다는 거야?"

"아니, 아니. 나도 몰라. 그러니까 자네한테 물어보는 거잖아. 무슨 일인가 해서."

"난들 알겠어? 그래, 자네 집에 기자 있잖아. 거기 물어보지 그래?"

청전은 일찌감치 잠에서 깨어 있었다. 장중펑의 눈이 자신을 바

라보는 것을 보더니 고개를 한번 젖히고는 벌떡 일어났다. 그러고
는 테이블 위에 놓인 노트북을 켰다.

시사 뉴스 프로그램 속에서 단번에 저우윈녠에 관한 기사를 찾
아냈다.

사냥꾼이 사냥을 당하다. 국장, 멧돼지 농장에서 하늘나라로.

그 멧돼지 농장은 도심에서 2, 30킬로미터 떨어진 곳에 위치해
있었다. 처음에는 싱가포르 업자가 임대하여 젖소를 키우던 곳이
었다. 후에 경마장을 하려고 했지만 정부의 허가를 받지 못하여 야
생동물원으로 바뀌었고 지금은 멧돼지를 포함하여 사자, 호랑이,
코끼리, 기린, 악어 등 야생동물을 기르고 있었다.

그 사건은 언뜻 우연한 일인 것처럼 보였다. 방향 전환 능력이
떨어지는 멧돼지는 정면에서 한번 내달려오기 시작하면 목표물이
갑자기 옆으로 피해도 스페인의 투우처럼 원래 내달리던 방향으로
곧바로 달려간다고 한다. 또한 멧돼지는 야성이 강하고 난폭할 뿐
아니라 두 개의 송곳니라는 강력한 공격무기를 가지고 있다. 다소
시적이기까지 한 기사 제목이 붙어 있었지만 사건 내막은 사실적
이고 직설적으로 소개되어 있었다. 그가 달려오는 멧돼지를 미처
피하지 못하고 받혀서 6, 7미터 앞으로 나뒹굴었는데 장파열로 출
혈이 심해서 구급차가 당도하기 전에 이미 사망했다고 적혀 있었
다.

기사는 이 야생동물원의 이색적인 자연풍광을 소개하는 데 더 많은 지면을 할애하고 있었다. 청전도 호기심이 동하는 것 같았다.

"매스컴에서 한바탕 떠들겠군요."

장중펑도 며칠 전에 청전에게 함께 멧돼지 사냥을 가자고 말했었는데 이런 끔찍한 일이 일어날 줄은 몰랐다.

"그 야생동물원을 취재한 적이 있어요. 그때도 관람객이 썩 많진 않았는데 이번에 된서리를 맞겠네요."

장중펑이 고개를 저으며 말했다.

"꼭 그렇지만도 않을걸. 돈 몇 푼 물어주면 그걸로 끝이야. 그 사람들은 아마 안에서 입은 손실을 밖에서 만회하려고 들 거야."

"어떻게 만회한다는 거예요?"

"이 기회를 적극적으로 활용하려고 들걸? 내 말이 안 믿어지면 내기를 해도 좋아. 머잖아 인터넷에 이런 글이 올라올 거야. 제목은 '자연으로 돌아가서 스릴을 만끽하자.' 뭐 이런 식으로. 심지어 저우윈넨이 사고를 당한 지점에 기념비를 세워놓고 사람들이 기념사진을 찍을 수 있게 만들어놓을지도 모르지."

"그런 것까지 생각을 하다니…… 무서워요."

"무슨 뜻이야?"

"당신 말이 맞을 것 같다구요. 얼마 안 있으면 야생동물원이 유명세를 타겠군요."

"그런데 무섭다는 말은 뭐야?"

"그럼 안 무서워요? 죽은 사람의 가족들이 얼마나 슬프고 가슴

아프겠어요? 그런데 당신도 그렇고 장사꾼들은 온통 돈 벌 궁리만 하잖아요."

"그렇게 말하면 억울하지. 이런 일이 일어나면 본래 웃는 사람도 있고 우는 사람도 있는 거야. 내가 예를 하나 들어볼까?"

"말해봐요."

"야생동물원의 사장이 곧 부딪힐 골치 아픈 문제가 있지. 바로 어떻게 배상하느냐야. 사람이 죽었고, 게다가 그 사람이 사회적 지위가 있는 사람이거든. 만약 보험에 들어두었다면 좀 낫겠지만 그렇지 않다면 약간의 출혈을 감수해야겠지.

몰래 웃을 사람은 저우원녠의 밑에 있던 부국장들이야. 사람이 죽었으니 자리가 공석이 되었고, 그럼 누구든 한 계단 올라갈 수 있는 기회가 생긴 셈이잖아. 하늘이 준 기회라고 해야겠지.

당연히 기뻐할 수 없는 사람들이 있지. 바로 저우원녠의 측근인데, 지금까지 그 사람 덕분에 순조롭게 올라왔을 텐데 이제 다른 주군을 찾아야겠지. 정부 시스템이라는 게 본래 이래. 줄을 잘못 서면 안 된다는 말이지. 다른 줄에 가서 서려고 해도 그 사람이 반드시 받아주리라는 보장도 없을 텐데, 좀 안됐군.

만약 저우원녠이 청렴한 공무원이었다면, 어떻게든 뒷구멍을 파보려고 하던 사람들이 그동안 그 양반 때문에 들이밀지 못했던 안건들은 이제 빛을 볼 희망이 생긴 셈이지. 반대로 저우원녠이 뒤가 구린 사람이었다면 상황이 더 복잡해질 테지. 그 양반 덕분에 콩고물 한 줌이라도 먹어보려던 사람들이 얼마나 가슴을 치겠어? 지금까지 쏟아부은 노력이 모두 물거품이 되었으니 아마 기가 막히겠지. 기득권을 누리던 집단들은 희비가 교차할 거야.

어때, 상황이 상당히 복잡하지? 저우윈녠의 직위와 신분을 간단히 분석하면 그렇다는 말이야. 이외에도 그 양반이 가졌던 또 다른 신분과 사회적 역할들이 있겠지. 그와 관련을 맺고 있던 사람들은 아마 만감이 교차할 거야. 상황이 이런데 장사꾼들이 머리를 좀 굴리기로서니 뭐라고 할 순 없지."

"그럼 당신을 나무라서는 안 된다는 말이군요?"

"어느 정도는 그래. 어쨌든 조심해야겠다는 생각이 드는걸. 무슨 일만 생기면 나를 끌고 들어가니 말이야."

"이제 뭘 좀 아는군요."

장중펑은 하고 싶은 말이 더 있다는 듯 다시 말을 이었다.

"서양의 학자들은 확실히 세상을 정확하게 보는 것 같아. 우리가 방금 한 이런 분석, 그러니까 한 가지 사소한 일이 전체에 영향을 미치는 이런 현상을 그들이 뭐라고 하는지 알아? '나비효과'라고 해. 《혼돈학》이라는 책을 보면, 브라질에서 나비 한 마리의 날갯짓이 미국 텍사스 주에서 토네이도를 발생시킬 수 있다는 거야. 표면적으로는 아무 관련이 없는 사건에 내재적인 관계가 존재할 수 있다는 거지. 심오하면서도 시적인 분석이지."

"내가 왜 당신을 사랑하는지 알아요? 뚱딴지 같은 말을 해도 당신이 하면 그럴듯하게 들려서예요."

"머리에 든 게 많다는 뜻 아니겠어? 하지만 나를 너무 우러러보진 말아줘. 뚱딴지같다는 말의 의미를 바꿔야 할지도 모르니까."

"누가 우러러본데요? 꿈도 야무지셔."

청전과 이야기를 나누던 중에 장중핑은 마음속에 담아두었던 문제 하나를 해결했다. 그건 쉬이가 왜 자신과 만나려고 하지 않는 것인가에 대한 대답이었다. 설립된 지 얼마 되지도 않은 쉬이의 회사가 국토국의 프로젝트를 따내지 않았는가. 그건 저우위녠이 국토국 국장으로 부임한 시점과 거의 일치했다.

곧이어 장중핑의 머릿속에 새로운 생각이 떠올랐다. 이 생각은 그의 마음을 시큰하게 했지만 그렇다고 청전 앞에서 표를 낼 수는 없었다. 끊임없이 새로운 글과 사진들이 올라오는 인터넷 속에서 마침내 저우위녠의 사진을 찾아냈다. 장중핑은 단번에 그를 알아보았다. 머리에 기름을 발라 반지르르하게 빗어 넘기고, 깡마르고 빈틈없어 보이는 인상에 코에는 콩알만 한 사마귀가 있었다. 쉬이의 첫번째 예술품 경매회에서 공교롭게도 그가 허우샤오핑의 글씨 두 점을 낙찰받았다. 당시에 그는 스무 살이 갓 넘어 보이는 젊은 이와 같이 샤오루의 옆에 앉아 있었다.

샤오루?

나비효과 이론을 아는 사람이라면 당연히 이런 연상을 놓칠 리가 없다. 쉬이를 위해 일하는 샤오루가 나중에 저우위녠을 알게 되지 않았을까. 전적으로 가능한 추론이었다. 그렇지 않고서야 저우위녠이 왜 그만한 돈을 들여 글씨 두 점을 샀겠는가. 미치지 않고서야.

몇 년이 흐른 후 샤오루는 자신의 입으로 장중펑의 추측이 사실이라고 시인했다. 샤오루는 이미 뉴질랜드 화교를 만나서 이민을 준비하고 있었다. 머나먼 타국으로 떠나기 전에 장중펑과 마지막으로 만나고 싶다면서 연락을 해온 것이었다.

햇살이 화사하게 빛나던 오후, 여전히 그녀가 살던 작은 거실에 서였다. 집안의 장식은 그렇게 많이 달라지지 않았고, 부모님을 위한 이민 수속이 완료될 때까지 그녀의 부모님이 임시로 이곳에 와서 살 것이라고 말했다. 샤오루는 자신의 새로운 남편에 대해 더 말하고 싶어하지 않았고, 무엇이든 못할 게 없을 만큼 돈이 많은 사람이라고만 했다. 그날 샤오루는 돈에 대한 자신의 생각을 털어놓았다.

"돈이 없다는 것이 어떤 것인지 쓴맛을 본 사람이라면 가식적으로라도 돈에 대해 고상한 척할 수가 없어요. 돈을 좋아하느냐 그렇지 않느냐는 군자와 소인배를 나누는 기준이 아니에요. 이 사회가 그렇잖아요. 남자다운 당당함과 품위의 80퍼센트는 그가 가진 재산과 부에 의해 유지되고 드러나더군요."

이런 말이 샤오루의 입에서 흘러나오는 것이 장중펑으로서는 조금도 이상하게 생각되지 않았다. 그는 그녀가 자신의 결혼에 대한 변명을 하는 것이라는 생각이 들었다.

"말해봐요. 그 사람을 사랑하오?"

샤오루가 빙긋 웃었다.

"나한테 무척 잘해줘요. 그것으로 충분해요. 남자가 돈을 버는 것은 결국 여자에게 쓰기 위해서예요. 그 사람이 나를 마음에 들어 한 건 내 운이에요. 사랑이라는 것, 이 말은 남자들이 우려먹을 수 있을 때까지 우려먹는 말이죠. 여자의 사랑은 한 번뿐이에요. 여자에게는 사랑보다 더 중요한 게 있어요."

샤오루의 거실에 피아노 한 대가 새로 공간을 차지하고 있었는데 그로 인해 작은 거실이 더 비좁아 보였다. 장중펑은 몇 년 전까지 애인이었던 여자와 이런 이야기를 하는 게 다소 우스꽝스럽게 느껴져서 곧바로 말을 받았다.

"맞는 말이오. 결혼하지 않은 사람이 사랑이니 정이니 하는 거지. 결혼을 앞둔 사람은 결혼 얘기만 하고. 대개는 적당한가 적당하지 못한가 하는 문제를 더 많이 따지니까."

샤오루가 보일 듯 말 듯 고개를 흔들더니 입을 내밀며 웃었다. 장중펑은 그녀를 바라보며 자신이 처음으로 그녀의 집에 와서 붉은색 여자용 실내화로 갈아 신고, 마치 침입하듯이 그녀의 발등을 희롱했던 일을 떠올렸다. 눈 깜짝 할 사이에 몇 년이 흘러가버렸다.

장중펑의 눈이 피아노 위에 놓인 작은 원목 액자로 옮아갔다. 샤오루의 사진이었다. 사진 속의 배경이 야생동물원이라는 것을 알수 있었다. 장중펑이 입을 열기 전에 몸을 돌리고 서있던 샤오루가 먼저 당시에 떠들썩했던 그 사건에 관한 이야기를 꺼냈다. 얼굴빛도 어조도 마치 그녀가 우연히 보게 된 소설에 관해 이야기하는 것처럼 평온하고 담담했다. 샤오루는 손으로 액자를 집어들며 그 사진이 바로 그날 찍은 것이라고 말했다.

"내게 무척 잘해줬어요. 그때 그의 아내는 이미 교통사고로 죽은 후였고, 그래서 우리는 반쯤 공개된 사이였죠. 그런 일이 일어날 줄은 꿈에도 몰랐어요."

장중펑이 저우원녠이 죽은 이유를 묻자 샤오루가 고개를 저었다.

"이 일은 지금까지도 잘 모르겠어요. 그때 난 화장실에 갔었고, 돌아와보니까 그 사람은 벌써 받혀서 엎어져 있었어요. 사실 난 그 사람에 대해 아는 게 별로 없었어요. 그는 마치 수수께끼 같은 남자였어요. 야생동물원 사장을 포함해서 당시에 같이 있던 사람들이 모두들 위험하다고 말렸다고 하더군요. 그런데 그 사람은 마치 귀신한테 홀린 사람처럼 말을 듣지 않았다고 했어요."

"공무원이었던 사람이 그런 행동을 하다니 약간 이해가 안 되는군. 저우원녠이 지나치게 치기 어린 사람이었든지 아니면 감정적인 성격이었든지, 그도 아니면 말 못할 사정이 있었겠지."

샤오루의 큰 눈이 그를 물끄러미 바라보더니 곧바로 액자를 제자리에 올려놓았다. 샤오루는 고개를 숙인 채로 미안하다고 말했다. 그러고는 고개를 들며 여린 미소를 지었다. 오른쪽 볼에 보조개가 깊이 드러났다.

이야기가 다소 무거운 방향으로 흘러가는 바람에 자신이 장중펑을 만나자고 했던 이유와 멀어졌다고 생각했던지 샤오루가 입을 열었다.

"사실 그냥 당신을 한번 만나보고 싶었어요. 그거 알아요? 그 경매회가 나의 생활을 철저하게 바꿔놓는 시작이 되었다는 거."

"나도 그런 생각 했었소. 하지만 이런 얘기를 해도 될지 모르겠군."

"좋아요. 얘기하지 마세요."

그는 언젠가 청전이 샤오루에게 전화를 했던 이야기를 했다.

"얘기하지 말아요. 그 일은 정말로 잊었어요. 아주 재미있는 일이었어요."

"지난 일이니까 재미있다고 생각되는 거겠지."

"그녀가 대담하다는 말을 하는 게 아니에요. 당신을 무척 사랑하는구나 생각했어요."

장중핑이 웃으며 말했다.

"당신은, 당신은 나를 사랑했었소?"

"이 말은 나도 물어봐야겠군요. 당신은, 당신은 나를 사랑했어요?"

"그래. 이 질문은 확실히 대답하기가 어렵군. 사랑한다고 말하지만 가슴에 사랑이 없는 사람이 있는가 하면, 사랑하면서도 사랑한다는 말을 하지 못하는 사람도 있지. 또 사람마다 사랑에 대한 해석이 다르기 때문에 무엇이 사랑인지 몰라서 사랑한다는 말을 하지 않는 사람도 있을 수 있고."

"그러니까 이런 이야기는 아무 의미가 없다는 말이군요."

"그래. 내가 당신에게 잘못 물어본 것 같군. 당신 앞에 무릎을 꿇고 손등에 입을 맞추며 남자다운 저음으로 미안하다고 말해야 되나? 관두는 게 좋겠군. 이 바지가 상당히 고급인데 무릎에 구멍이라도 나면 안 되니까."

샤오루가 웃었다.

"당신이 그렇게 가난한 사람인 줄은 몰랐어요."

"그래, 난 아주 가난한 사람이오. 하지만 옛날에 우리가 같이 있을 때 늘 예의바르게 행동했잖소."

"당신은 가난하지도 예의바르지도 않았어요."

장중펑이 쾌활하게 웃으며 말했다.

"그렇군. 당신을 처음 만나자마자 곧바로 예의를 잊어버렸군."

"그때 당신이 내게 무척 잘해줬다는 거 알아요. 많이 고마워요."

"그렇게 말하면 나도 당신에게 고마워해야지."

"그럼 우린 비긴 셈이군요."

그녀가 얕은 한숨을 토하며 이어서 말했다.

"사실, 그때 난 그런 생각을 했었어요. 그때 난 당신이 가정에 대한 관념이 무척 강한 사람이라고 생각했어요. 여자는 그런 남자를 마음속으로 존경해요. 그리고 한편으로 그런 남자로부터 보호받는 다른 여자를 부러워하죠."

"지금도 난 가정에 대한 관념이 무척이나 강하오."

"그래요?"

장중펑은 갑자기 샤오루의 체취가 훅 하고 끼쳐오는 듯한 느낌이 들었지만 그녀는 여전히 그 자리에 꼼짝 않고 서있었다. 이해할 수 없는 이 느낌은 장중펑에게 나중까지도 여전히 신비롭게 남아 있었다. 하지만 이 느낌은 두 사람을 곧장 침대로 향하게 했다. 그것은 몇 년 전 두 사람이 처음으로 사랑을 나누었던 때를 연상시키면서도 그때와는 전혀 다르게 전개되었다. 샤오루가 장중펑의 손길이 닿을 필요도 없이 스스로 옷을 벗었다. 태연하게 옷을 벗으면서 그녀가 말했다.

"안심해요. 난 깨끗해요. 출국하기 전에 모든 성병검사를 받았는데 모두 오케이였어요."

예상치 못한 그녀의 말에 그가 피식 웃으며 말했다.

"그럼 당신은 나를 믿는다는 뜻인가. 나도 깨끗하다고 말이오?"

"몰라요. 나도 몰라요."

이렇게 말하며 그녀는 그를 침대 위로 밀어뜨렸다.

사랑을 나눌 때 그들은 처음으로 상대방을 또렷하게 바라보았다. 그녀를 처음 만났던 때와 비교해도 샤오루의 얼굴에는 세월의 흔적이 거의 남아 있지 않았다. 여전히 아름답고 윤기가 흐르는 피부와 출산한 흔적을 찾아보기 어려운 단단한 아랫배는 그녀의 나이를 단언하기 어렵게 했다. 그 순간, 그녀는 자신의 모든 것을 열어놓고 있었다. 장중펑은 이전에 고속도로 톨게이트에서 통행료를 징수하던 그녀와, 곧 뉴질랜드로 떠날 테지만 지금 격정에 몸부림치는 그녀 중 어느 쪽이 진짜 샤오루인지 알 수 없었다.

침대 위에서 열에 들뜬 샤오루의 모습은 청전을 떠오르게 했다. 하지만 샤오루는 그가 다른 곳에 생각을 돌릴 틈을 주지 않았다.

마치 발정이 난 젊은 암컷처럼 그에게 달려들었다. 말할 수 없는 고통을 참는 듯 그녀의 얼굴이 일그러졌는데, 그 모습이 그에게 아찔한 어지러움을 느끼게 할 만큼 아름답고 도발적이었다.

그녀는 그를 전적으로 압도하며 끝없는 쾌락의 피안으로 이끌어갔다. 이전에 침대에서 소리를 지르는 일이 거의 없었던 그녀는 지금 한껏 환희에 찬 비명을 질러대고 있었다. 샤오루의 숨이 넘어갈 것 같은 신음소리 속에서 그는 차츰 파도에 밀려 부드러운 모래밭 위로 안착한 듯 기진맥진하게 녹아내렸다.

헤어질 때 그들은 현관에서 가만히 포옹을 했다. 한동안 그렇게 안고 있던 두 팔을 천천히 풀면서 장중핑이 말했다.

"이제 다시 만날 기회가 정말로 많지 않겠지. 어쩌면 이게 마지막일지도 모르고. 당신에게 무슨 축복을 빌어줘야 하지? 잘 가라고 해야 하나?"

"고마워요. 당신도 행복하세요. 나도 당신에게 축복을 빌어줘야 할 텐데. 음, 무슨 말을 해야 할지, 나도 건강하고 잘 있으라고 말할게요."

미준공 상태인 빅토리빌딩의 경매가 오전 열 시 쯔진빌딩 7층의 회의실에서 진행된다는 공고가 붙었다. 쉬이가 남구법원 쪽 사람들을 데려오고 장중핑은 허우창핑을 데려오기로 했다. 무척 활기차 보인다며 장중핑이 먼저 허우창핑에게 인사를 건넸다. 그가 호탕하게 웃으며 말했다.

"내가 언제는 안 그렇던가? 우리 집사람은 이 법복이 머잖아 나의 피부가 되고 말 거라고 하더군."

이렇게 말하며 그는 몸을 구부려 차에 올라타려고 했다. 이때, 한 할머니가 황급히 정문을 들어서더니 뭐라고 소리를 지르면서 그를 향해 비닐봉지를 쥔 손을 흔들었다. 허우창펑이 몸을 도로 빼며 무슨 일이냐고 물었다.

"큰일 났소. 큰일 났소. 선상님 안사람이 시장 담벼락에 깔렸소."

시장 쪽으로 난 길이 너무 비좁아서 차가 진입할 수 없었다. 하는 수없이 장중펑은 허우창펑과 함께 급히 차에서 내려 시장을 향해 뛰어갔다. 사람들이 벌써 시장 쪽으로 달려가고 있었고, 길 양편으로 삼삼오오 무리를 지어 웅성거렸다. 머잖은 곳에서 구급차가 요란한 소리를 내며 달려왔다.

심각한 사고였다. 시장 바닥에서 장사를 하던 상인 세 명이 압사했고, 장을 보러 왔다가 사고를 당해 중상을 입은 사람이 다섯 명이었다. 다행히 허우창펑의 아내와 다른 서너 명은 경상을 입었을 뿐이어서 허우창펑은 놀란 가슴을 쓸어내렸다.

장중펑과 허우창펑은 좌우에서 그녀의 팔을 부축하고 시장을 걸어 나왔다. 장중펑이 병원까지 태워다주려고 하자 허우창펑이 마다했다. 그의 아내는 불안한 기색이 여전히 가시지 않은 얼굴로 팔을 저으며 연신 괜찮다고 했다.

"중요한 일을 코앞에 두고 있지 않는가. 가서 잘 살펴야지. 여기는 내가 처리하면 되네."

그의 아내도 장중핑을 향해 애써 웃음을 지어 보이고는 다시 자기 남편을 보며 고개를 끄덕였다. 장중핑이 지갑을 열어 돈을 꺼내려고 하자 허우창핑이 "자네, 돈이 그렇게 많은가" 하며 급히 막아섰다. 장중핑이 무슨 말을 해야 할지 몰라서 어정쩡하게 있자 허우창핑이 그의 어깨를 두드리며 말했다.

"내가 본래 말을 대놓고 하는 사람이 아닌가. 너무 괘념치 말게. 어서 가서 일보게. 나는 여기 있어야겠네."

사고 현장을 떠난 장중핑은 자신의 행동이 바보 같았다는 생각이 들었다. 훤한 대낮에 돈을 주겠다고 덤볐으니 받을 사람이 누가 있겠는가. 그는 허우창핑의 아내가 다행히도 많이 다친 것 같지는 않으니 저녁에 그의 집으로 다시 가봐야겠다고 생각했다.

허우창핑의 아내 일로 적잖이 시간을 지체한 그는 차를 급하게 몰았지만 젠궈로(路)에서 다시 차가 밀리기 시작했다. 주변도로가 확장되면서 교통사정이 크게 좋아졌기 때문에 교통사고가 난 경우가 아니라면 평상시에는 거의 막히지 않는 길이었다. 그날 젠궈로의 교통체증이 곧 진행될 경매회와 관련이 있다는 사실을 그가 알 턱이 없었다.

30여 명의 사람들이 젠궈로를 막고 있다가 급히 현장에 출동한 교통경찰관들에 의해 해산되었다. 사방으로 흩어진 사람들은 잠시 후에 아직 철거되지 않은 채 남아 있던 공사용 발판을 이용하여 빅토리빌딩 3층으로 기어올라갔다. 그리고 흰 천에 붉은색과 검은색으로 글씨를 쓴 플래카드를 펼쳐서 내걸었다. 그 위에는 "나의 피 같은 돈을 돌려 달라"라는 붉은색 글귀와 "우리도 밥 먹고 살고 싶다"는 검은색 글귀가 쓰여 있었다. 국유기업의 노동자들이 길을 점거하고 내거는 플래카드와 달리 그 플래카드는 누구를 향해서 외치는 소리인지 다소 모호했다. 국유기업 노동자들은 플래카드에 부패하고 무능한 누구누구라고 분명하게 명시하는 것이 일반적이었는데, 이는 전적으로 문화대혁명 시절의 구호와 대자보의 잔존이었다.

인도 위에는 어느새 많은 사람들이 몰려서 무슨 일인지 서로에게 물어보며 웅성거리고 있었다. 일상에 지루해하던 사람들은 무슨 일이 터졌다는 것을 알자 큰 구경거리라도 생긴 듯 바라보았다. 도심에서는 차의 경적을 울리는 것을 금하고 있었지만 운전기사들은 고의로 짜증스레 경적을 울려대기 시작했고, 교통경찰관들의 엄격한 수신호에도 아랑곳하지 않았다.

교통경찰관들은 도로를 점거하려 했던 무리들이 어디로 사라졌는지 모르고 있다가 그들이 도로 바깥에 있는 건물을 기어오르는 것을 보고는 더이상 내 알 바 아니라는 듯이 곧바로 본연의 임무로 고개를 돌렸다. 건물에 횡단보도가 있는 것도 아니고 차선이 그어져 있거나 신호등이 있는 것도 아니니 교통경찰관이 신경 쓸 일이 아니었다. 그들을 다시 도로로 끌어내리지 않는 한 그들이 상관할 필요는 없었다.

이제는 사관반이 나설 차례였다. 사관반이란 '사무안전관리반'

의 약칭인데, 여러 기관이 공동으로 인원을 차출하여 설립한 일종
의 상설임시기관이었다. 주로 실직한 노동자와 농민들이 사전에
신고를 하지 않고 거행하는 군중집회 같은 돌발 사태에 대응하는
것이 이들의 주된 임무였다.

장중펑이 걱정하던 일이 마침내 일어나고 말았다. 그는 쉬이에
게 전화를 걸어서 빅토리빌딩에 무슨 일이 벌어진 것인지 알아보
라고 말했다.

"무슨 일이 있습니까?"

"무슨 일이 있냐고? 사람들이 거리를 점거하려고 시도하더니 이
제는 빅토리빌딩에 올라가 있어."

한참을 아무 대꾸도 하지 않더니 쉬이가 입을 열었다.

"장 사장님, 근데 제가 있는 이쪽으로 먼저 좀 오셔야겠습니다."

장중펑은 회사로 전화를 해서 직원을 불러다가 빅토리빌딩 쪽의
상황을 캠코더로 찍어두라고 해야겠다고 생각했다.

쉬이가 선전에서 돌아온 이후 두 사람은 줄곧 만나지 못했다. 본
래 어제 저녁에 쉬이가 전화를 하기로 했지만, 그는 열 시 반이 되
어서야 전화를 걸어와서는 다급한 목소리로 내일 이야기하면 안
되겠느냐고 말했다.

"국토국의 저우윈녠의 일로 그러나?"

쉬이는 장중펑의 말투에서 그의 심기가 좋지 않다는 것을 느끼
고는 한참 이리저리 둘러대다가 말했다.

"실은 저우 국장님은 제 외숙이십니다."

장중펑은 '아!' 하는 한 마디 외에 다른 대꾸할 말을 찾지 못했다.

　쯔진빌딩에서는 장중펑이 예상치 못한 더 큰 소동이 벌어지고 있었다. 사실은 딱히 소동이라고 할 수도 없었다. 로비 안에 백여 명의 사람들이 빅토리빌딩에 내걸었던 플래카드에 쓰인 구호와 동일한 글귀가 쓰인 흰색 티셔츠를 입고 무리를 지어 앉아 있었다. 로비를 지나다니는 사람들의 눈길이 쏠린 가운데, 두 사람이 손에 인쇄물 한 다발을 들고 엘리베이터 앞에 서서 사람들에게 경매회에 참가하러 왔냐고 묻고는 그렇다고 대답하면 인쇄물을 한 장씩 나눠주었다. 건물 경비원들은 아예 손을 놓고 있었다. 건물 경비원들이 상부로부터 지시를 받은 것인지 아니면 로비를 차지하고 앉은 사람들과 모종의 묵계라도 있었던 것인지는 알 수 없으나, 그들이 기물을 파손하지 않는 한 그냥 내버려두기로 마음먹은 것 같았다.

　장중펑이 쉬이의 사무실로 들어섰을 때, 안에는 이미 사람들이 와서 앉아 있었다. 남자 한 명과 처음 보는 여자 한 명이었는데, 쉬이가 자기 회사의 부팀장이라고 소개했다. 동방자산관리공사의 마량도 와서 조용히 앉아 있었다. 장중펑이 들어가서 인사를 건넸다.

　장중펑이 쉬이의 어깨를 두드리며 잠깐 보자는 눈짓을 했고, 두 사람은 사무실 안에 딸린 작은 방으로 들어갔다. 장중펑이 입을 열었다.

　"지금 상황이 어찌된 건가?"

　어젯밤에 잠을 못 잤는지 쉬이의 눈가가 거뭇거뭇해 보였다. 장중핑은 저우윈녠과 쉬이의 관계를 떠올리며 한두 마디 위로의 말을 먼저 건네야 했다는 생각이 들었다. 하지만 다시 말을 꺼내기도 그렇고 해서 관두었다.

"어제 회사에 올 시간도 없이 그쪽 일을 보느라 한숨도 못 잤습니다. 이게 어찌된 영문인지 저도 모르겠습니다."

"남구법원 쪽 사람들은 데려왔나?"

"방금 선 국장과 통화를 했는데 전투경찰을 파견할 수 없다고 합니다. 어젯밤에 법원에서 범인 두 명에 대한 심리가 있었는데 그 범인들이 도주를 했답니다. 법원이 지금 발칵 뒤집혀서 올 수 있을지 모르겠다고 했습니다."

쉬이가 그를 힐끔 보더니 다시 말을 이었다.

"허우 법관님은 오셨겠지요? 사장님께서 모셔오기로 하셨잖습니까?"

"방금 그쪽에서 오는 길이네. 허우 법관이 차에 막 오르는데 법관 부인이 시장에서 다쳤다는 소식이 왔지 뭐야. 시장에서 사고가 났는데 세 명이 죽었다더군. 하지만 허우 법관이 오든 안 오든 그게 중요한 일이 아니지. 안건이 이미 남구법원 쪽에 인계된 이상 마땅히 남구법원이 직접 책임을 져야 하잖나."

"그야 그렇죠. 남구법원의 선 국장이 직접 이 안건을 맡았으니까요. 이곳 상황과 빅토리빌딩의 상황을 모두 말했더니 연락을 기다리라고 했습니다."

"중급법원의 류 국장 쪽은? 그 양반한테도 보고를 해야 하지 않나?"

"전화를 했는데 사무실에도 없고 휴대폰도 꺼져 있어서 연락을 못했습니다."

"입찰자들 상황은 어떤가?"

"등록한 입찰자는 다섯 명이고 모두 입찰보증금을 걸었습니다. 두 명은 벌써 와 있습니다. 근데 지금 회의실을 흰색 티셔츠를 입은 사람들이 차지하고 있어서 말입니다. 도대체 이 사람들이 어디에서 왔는지 모르겠습니다."

"자넨 정말 어떻게 된 일인지 모르는가?"

쉬이가 고개를 들어 장중펑을 보더니 애써 웃으며 말했다.

"정말로 모릅니다. 저도 머리가 어지러울 지경입니다."

장중펑은 '경매주관사는 네가 원해서 맡은 것이다. 상황이 이 지경이 되도록 모르겠다는 말만 하느냐. 몇 번이나 의외의 상황이 발생할 수 있다고 말했는데 그때마다 듣는 둥 마는 둥 하고 심지어 며칠씩 선전에 가지를 않나, 일이 터져도 이게 무슨 일인지 종잡을 수가 없다니 그게 말이 되는 소리냐?'는 말들이 목구멍까지 넘어왔다.

하지만 지금은 시시비비를 따질 때가 아니라고 생각하며 애써 감정을 억눌렀다. 여지없이 시간이 흘러가는 지금, 경매회가 정식으로 시작되기 전에 모든 문제를 적절하게 해결해야 했다. 두 회사의 책임자가 이 일을 두고 언쟁을 벌이는 것은 소용이 없는 일일뿐더러 자칫 경매회를 무산시키는 결과를 가져올 수도 있었다.

"자넨 이 사람들이 어느 쪽 사람들이라고 보나?"

"줴다 쪽 사람들이 아닐까요? 모르겠습니다."

이렇게 말하며 그는 어깨를 으쓱해 보였다. 마치 바보라도 된 것처럼 말하는 쉬이의 태도에 장중핑은 화가 치밀었다. 줴다가 누구인가. 공안부로부터 지명수배를 받고 있는 범죄자가 아닌가. 쉬이가 정말로 자신이 모르는 무슨 음모를 꾸미고 있는 것인가, 아니면 머리가 나쁜 것인가. 장중핑은 그의 이런 말을 들으면서 내심 쉬이의 속셈을 짐작했다. 이런 상황이 터지고 나니까 그가 은근슬쩍 책임을 떠넘기기 위해 자신을 이 사건의 해결사로 삼으려는 것이었다. 말인즉슨, 아무 것도 모른다는 식으로 나옴으로써 자신의 주관 경매사로서의 역할을 퇴색시키고 장중핑으로 하여금 전면에 나서서 상황을 수습하도록 만들려는 것이었다.

여기까지 생각이 미치자 장중핑은 한결 누그러진 말투로 궁다펑이 보낸 사람들이 아니냐고 단도직입적으로 물었다. 쉬이가 고개를 들어 장중핑을 보더니 말했다.

"그럴 리가요?"

장중핑이 피식 웃으며 말했다.

"무슨 근거로 그럴 리가 없다고 말하는가?"

"궁다펑은 경매낙찰금에서 일부를 받으려고 기다리는 사람인데 문제를 만들 리가 있겠습니까?"

"어떻게 그렇게 확신하는 겐가?"

"일종의 직감이죠. 궁다펑이 일을 시끄럽게 할 이유가 없다는 생각입니다. 경매회가 열리지 못하면 그 사람에게 전혀 득이 될 게 없으니까요."

"그런가? 그 사람과 이야기를 해본 거로군?"

"아닙니다. 제가 그 사람과 무슨 이야기를 했겠습니까?"

"그 사람과 이야기를 해보지 않고 어떻게 그 사람 마음을 알겠나? 분명히 말하는데, 궁 사장이란 사람은 절대 아무 생각도 없는 멍청한 인물이 아니야. 오히려 생각이 아주 많은 사람이지. 다만 그 생각이란 것들이 현실과 맞지 않아서 실현되기 어려울 뿐이지."

쉬이는 고개를 숙인 채로 아무 대꾸도 하지 않았다.

"궁 사장 한 사람이야 대수로울 게 없지만 누군가 뒤에서 어설프게 그 사람을 움직이고 있는 게 아닐까 신경이 쓰여. 하지만 이 문제는 잠시 미뤄두기로 하지. 자네도 알다시피 시간이 없어. 경매회는 어쩔 생각인가?"

"그건 당연히 위탁법원의 말을 따라야지요. 법원이 열라고 하면 여는 것이고 열지 말라고 하면 중단시킬 수밖에요."

"자네 말이 틀리진 않네만 아주 정확한 것도 아니네. 사람들이 이미 입찰보증금을 걸어놓은 이상 일방적으로 경매회를 중지시키는 건 일종의 계약위반이야. 법에서 정한 특수 상황이 발생한 것이 아니고는 말이야. 열라고 하면 열고 말라고 하면 말아도 되는 게 아니란 말이지. 쉬 사장은 어떻게 생각하나?"

쉬이는 고개를 끄덕이기만 할 뿐 아무 말도 하지 않았다.

"방금 내가 도대체 어떻게 된 일이냐고 재삼 자네에게 물어본 이유는 이것이 우리가 회피할 수 있는 문제가 아니라는 사실, 그리고 반드시 법원에서 정확한 판단을 할 수 있도록 보고를 해야 하는 문제이기 때문이야. 하지만 무척 유감스럽게도 자네는 전혀 아는 게 없군. 법원에서 어떻게 된 일이냐고 물으면 어떻게 말할 생각인가? 그때도 모르겠다고 할 생각인가?"

놀라는 듯한 기색이 쉬이의 얼굴을 스쳐지나갔다. 장중펑은 자신이 방금 한 말의 무게를 쉬이가 스스로 가늠해볼 수 있도록 의도적으로 한참 동안 말없이 그를 바라보았다.

이때 장중펑의 휴대폰이 울렸다. 빅토리빌딩 쪽으로 보낸 직원이었다. 빅토리빌딩을 에워싼 사람들이 갈수록 많아졌고 기자까지 왔다고 말했다. 장중펑은 계속 그곳에서 상황을 예의주시하다가 새로운 상황이 발생하면 알려달라고 지시했다.

장중펑이 전화를 끊는데 누군가 밖에서 문을 두드렸다. 쉬이가 문을 열자 조금 전에 소개받은 여자와 그 뒤로 제복을 입은 경찰관 두 명이 서 있었다. 그들이 신분증을 쉬이의 눈에 들이밀며 말했다.

"이곳 파출소에서 나왔습니다. 쯔진빌딩 로비에 사람들이 몰려와 있는데 이곳에서 하는 경매회와 관련이 있다는 신고가 들어왔습니다. 어떻게 된 일인지 설명해주시겠습니까?"

"그 사람들은 우리가 부른 사람들이 아닙니다. 우리도 그 사람들이 해산하기를 학수고대하는 입장입니다."

쉬이가 두 경찰관들과 이야기를 하는 동안에, 장중펑은 여직원을 한쪽으로 불러서 얼른 고급 담배 두 보루를 사오라고 말했다.

그녀는 자신의 상관인 쉬이를 힐끔 보며 허락을 기다리기라도 하듯 머뭇거렸다.

"어서 갔다 와요. 돈은 나중에 내가 주겠소."

장중펑이 말했다.

"경매는 일종의 집회활동입니다. 경매회사가 경매장의 질서에 대해 책임을 져야 하고, 경매활동으로 인해 불안한 상황이 발생하면 즉시 저희에게 보고를 해서 가능한 신속하게 문제를 제거해야 합니다."

경찰의 말에 쉬이가 대답했다.

"우리가 어떻게 제거합니까? 만약 경매회를 못 열면 우리도 피해자입니다. 그 사람들이 소란을 피우면 경찰에서 잡아가면 될 거 아닙니까."

장중펑은 쉬이의 말투가 틀렸다는 생각에 얼른 그의 팔을 잡아당기고는 두 경찰관을 보고 웃으며 말했다.

"저는 이 경매회의 협력사로 참여한 장중펑입니다. 두 분을 놀라게 해서 면목이 없습니다. 속히 건물 경비원들과 연락해서 상황이 악화되지 않도록 조처하겠습니다. 저희도 이 사람들이 몰려온 이유를 조사하고 있는데 약간의 실마리를 찾았습니다."

두 경찰관은 쉬이에게 자초지종을 따져보자는 어조로 강경하게 나오다가 장중펑의 말에 목청을 가라앉히며 말했다.

"방금 이 양반이 우리보고 사람을 잡아가라고 했는데, 어떻게 잡아가라는 겁니까? 그 사람들이 기물을 부순 것도 아니고. 신고전화

가 안 들어왔으면 몰라도 신고전화를 받은 이상 우리도 손을 놓고
있을 수가 없습니다. 만약 정말로 문제가 벌어지면 그냥 놔뒀다고
우리가 옷을 벗을지도 모른다는 얘깁니다."

"일은 경매회로 인해 생긴 것이니 정말로 큰일이 벌어지면 저희
가 당연히 책임을 져야죠. 30분 정도만 시간을 주면 안 되겠습니
까? 그 안에 저희가 해결을 하겠습니다. 두 분께서도 가시지 말고
여기 앉아 계시지요. 만일 무슨 상황이 발생하면 즉시 조치를 취하
기도 용이하지 않습니까."

두 경찰관은 잠시 상의를 하더니 그렇게 하겠다며 고개를 끄덕
였다. 쉬이가 직원을 시켜 그들을 접대실로 안내하게 했다.

"쉬 사장 생각에는 어쩌면 좋겠나?"

"이런 상황이 벌어질 줄은 생각지도 못했습니다. 장 사장님께 솔
직히 말씀드리면 저는 좀 두렵습니다. 우리가 같은 배를 탄 상황이
니 무슨 일이 생기면 모두에게 이로울 게 없습니다. 장 사장님께서
전면에 나서주시면 안 되겠습니까?"

"상황이 아주 다급하게 됐네. 기자들이 이미 빅토리빌딩에 와 있
고 경찰도 와 있네. 신속하게 행동해야 하니까 임무를 분담하는 게
좋을 거야. 방금 내가 담배 심부름을 보냈는데 담배를 사오면 남자
직원을 시켜서 경찰관들에게 갖다주라고 하게. 또 경비 사무실에
연락해서 로비의 상황을 잘 지켜보도록 요청해놓게. 방금 회의실
에도 불청객들이 들어와서 차지하고 있다고 했지? 이 사람들이 그
대로 있으면 정말로 무슨 일이 벌어질 수도 있으니까, 우선 회의장

으로 사람을 보내서 아무 일도 하지 말고 입찰자들을 안심시키라고만 지시하게. 충돌이 발생하면 안 된다고 주의를 주고."

장중펑은 알았다며 몸을 일으키는 쉬이에게 잠깐 기다리라는 눈짓을 했다.

"조금 전에 소개해준 부팀장이라는 사람들은 궁다펑을 만난 적이 있나?"

쉬이가 없다고 말했다.

"그래 잘됐군. 자넨 가서 일러준 대로 하게."

잠시 후 쉬이가 돌아오자 장중펑이 말했다.

"그럼. 이제 궁다펑이 등장할 차례가 됐군."

"그 사람이 어디 있습니까?"

"내 생각이 틀림없다면 경매회 회의장에 앉아 있을 거야."

"어떻게 아십니까? 정말로 궁다펑이 수작을 부리고 있다고 생각하십니까?"

"나만 그렇게 생각하는 건가? 쉬 사장도 아는 일 아닌가?"

"제가 어떻게 알겠습니까? 지금에야 알게 된걸요. 농담이시겠죠?"

"그래?"

"정말입니다. 저는 절대로 모릅니다. 맹세하라면 맹세하겠습니다."

쉬이가 펄쩍 뛰었다.

"그럴 필요까지는 없고. 나야 당연히 쉬 사장이 모르고 있기를 바라네. 만약 자네가 알고 있다면 궁다평과 결탁을 했다는 뜻이 되지 않는가? 당연히 쉬 사장이 모르고 있어야지. 그래야 일이 훨씬 간단해질 테니까."

장중펑은 작은 방에서 나와 쉬이의 책상 위에 놓인 전화기로 궁다펑의 휴대폰에 전화를 걸었다. 두두두 세 번 신호음이 울리자 그쪽에서 전화를 받았다. 이쪽에서 아무 말도 하지 않자 궁다펑이 어디서 급히 나오다가 전화를 받았는지 큰소리로 말했다.

"쉬 사장님이십니까?"

장중펑이 쓴웃음을 지으며 말했다.

"쉬 사장이 아니라 장 사장이오, 장중펑. 궁 사장 어디에 계십니까?"

궁다펑이 잠시 말이 없다가 다시 큰소리로 말했다.

"우린 지금 경매회장에 있습니다. 와, 시끌벅적합니다."

"궁 사장께선 시끌벅적한 걸 좋아하지 않습니까? 쉬 사장 사무실로 좀 오시겠습니까?"

"장 사장께서 저를 보자시는데 가야죠. 곧 올라가지요. 근데 곧 경매회 시간인데 아무 일 없겠지요?"

"설마 무슨 일이 생기기를 기대하신 건 아니겠지요? 전화는 그만 됐고 어서 올라오시죠."

"쉬 사장, 궁다펑하고 다 같이 이야기를 한번 해보지 않겠나?"

쉬이는 장중펑이 회사전화로 궁다펑에게 전화를 하리라고는, 그리고 궁다펑이 상대가 누군지 제대로 알기도 전에 쉬 사장이냐고 떠들어댈 줄은 전혀 예상치 못한 모양이었다.

"아무래도 장 사장님께서 그 사람하고 이야기하는 게 나을 것 같습니다. 만약 장 사장님 예상대로라면, 세 사람이 이야기하는 건 좀 그럴 것 같습니다. 사장님께서 그 사람과 가까우시니 그 사람을 조용히 설득해보십시오. 세 사람이 같이 있으면 그 사람이 죽어도 아니라고 나올 수도 있으니까요. 그렇지 않습니까?"

장중펑이 쉬이를 보며 웃었다.

"맞는 말이군. 쉬 사장이 나서기 그렇다면 내가 이야기하지."

장중펑은 쉬이와 같이 나오다가 마량이 앉아 있는 것을 보고 그에게 웃으며 말했다.

"마 실장. 정말 미안하네. 좀 어수선한 것 같구만."

마량은 장중펑과 같은 대학을 졸업했는데 장중펑보다 10여 년 후배였다. 낚시를 함께 갔던 날 두 사람은 형님 동생 하기로 합의를 보았다. 동방자산관리공사에서 일한 지 얼마 안 되어 그런지, 그는 자신이 마 실장으로 불리는 것에 아직 익숙하지 않은 듯했다. 장중펑이 그를 마 실장이라고 부르는 것은 그의 직무나 직급과는 무관했고, 다만 그의 직업적인 신분에 대한 일종의 존중의 뜻을 담은 것이었다.

"전 지금까지 실제로 경매회를 본 적이 없고 텔레비전으로 본 게 전붑니다. 아주 재미있다고만 여겼는데 이렇게 살벌하리라곤 생각지도 못했습니다. 장 사장님, 쉬 사장님, 오늘 무슨 일이 있는 건 아니겠죠?"

"일이 생길지 안 생길지는 아직 모르지. 자네 말이 맞아. 경매회는 작은 전쟁터지. 자네가 본 장면은 아직 표면적인 것에 불과해. 잘 처리할 수 있을 거야. 그렇지 않은가 쉬 사장?"

어제 저녁에 정말로 잠을 못 잤는지 쉬이는 손가락으로 관자놀이를 누르고 있다가 장중펑의 말에 황급히 "네네" 하고 대답했다. 장중펑이 다시 마량을 보며 말했다.

"자네가 본 이런 소란은 경매회에서 있어서는 안 될 일이야. 아무것도 모르는 까마귀 떼들이 울어대는 꼴이지. 진정한 전투는 경매회에서 번호판을 들어올릴 때야. 그때가 바로 총성 없는 전쟁이라네."

장중펑이 다시 마량에게 옌 사장님은 회사에 계시느냐고 묻자, "이곳 상황을 보고 곧바로 사장님께 보고를 드렸습니다. 사장님께서도 예상치 못한 상황인지라 지금 이리로 오고 계십니다" 하고 대답했다.

"그래. 잘됐군. 옌 사장님께서 오시면 그때 다시 이야기하세."

"예예. 다른 일부터 보십시오."

"장 사장님, 선 국장님께 다시 전화를 할까요?"

쉬이가 물었다.

"우선 좀 기다리세. 빅토리빌딩에서 소란을 일으킨 배후인물이 누군지도 모르고 사람들이 아직 이 건물 안에서 말썽을 피우고 있어. 관할 파출소가 이 일을 알고 있지만 아직 상부에 보고를 하지는 않은 것 같네. 이건 무엇을 말하느냐? 사무안전관리반이 남구법원 쪽으로는 상황조사를 아직 시작하지 않았다는 의미일세. 그랬다면 선 국장이 이미 경매회를 중단시켰을 거야. 당연히 이건 우리에게 불리한 상황일세. 우린 이 시간차를 이용해서 속히 궁다펑이 끌고 온 사람들을 해산시키고 상황을 종료시켜야 해."

"장 사장님께선 궁다펑이 경매회를 못하게 하려고 이 모든 사단을 만들었다고 확신하시는군요?"

"쉬 사장, 난 그렇게 말하지 않았네. 궁다펑은 경매회를 중단시키려고 하는 것이 아니라 여기에서 쇼를 하고 있는 거야. 목적은 다른 입찰자들이 경매회에 참가하지 못하도록 하는 데 있지. 그 친구는 불장난이 심하면 경매회가 법원에 의해 중지될 수 있다는 걸 모르는 거지. 어리석은 인간."

장중펑은 여기까지 말하다가 입을 다물었다. 마량이 앉아 있는 앞에서 이런 말을 해서는 안 된다는 생각이 든 그는 마량에게 양해해달라고 말하고는 쉬이와 함께 다시 안으로 들어갔다.

"쉬 사장. 정말 모르겠나? 궁다펑이 우리보다 입찰자들의 심리를 더 훤히 들여다보고 있어. 안전하지 못한 일에 사람들이 손을 대겠나? 입찰자들은 되도록 저가에 물건을 낙찰받기를 바라지만 그보다 더 바라는 것은 안전이야. 그렇지 않다면 아무리 값이 싼들 무슨 소용이겠나? 골치 아픈 문제가 생기면 돈, 시간, 노력이 끝도 없이 들어간다는 것 정도는 누구나 알고 있어.

궁다펑이 머리를 굴린 거지. 이렇게 하면 다른 입찰자들에게 한가지 메시지를 줄 수 있다는 걸 안 거야. 빅토리빌딩이 얼마나 골치 아픈 물건인지 알았으면 어서 물러서라는 거지. 입찰에 나서는 사람이 없으면 자연히 낙찰가가 떨어질 테지. 심지어 최저경매가격에 낙찰될 수도 있겠지. 겉으로 보면 궁다펑에게 손해인 것 같지만, 저가에 빅토리빌딩을 사들일 사람과 다른 거래가 오갔다면? 상황은 달라지네. 겉으로는 손해를 보는 것 같지만 안으로는 적잖은 이득을 보는 거지."

장중펑을 멍하게 바라보던 쉬이는 이제야 깨달았다는 듯이 고개를 힘주어 끄덕였다. 장중펑도 웃으며 더이상 말하지 않았다. 더 말했다가는 지나치게 일일이 설명해주는 게 될 터였다. 바보가 아닌 바에야 이 모든 계산속을 모를 수가 없었다.

문을 두드리는 소리가 들리자 두 사람 모두 입을 닫았다. 쉬이가 들어오라는 말을 하기도 전에 궁다펑이 넙데데한 얼굴을 들이밀었다. 웃는 얼굴에 여러 가닥의 주름이 활처럼 세로로 잡혀 있었다. 그는 먼저 쉬이에게 고개를 끄덕이고 다시 장중펑에게 아는 체를 했다. 같이 고개를 끄덕여 보인 쉬이와 달리 장중펑은 그를 한번 힐끗 쳐다보기만 했다.

장중펑은 마치 자신의 회사에 앉아 있는 것처럼 쉬이에게 남구법원 선 국장이나 중급법원의 류 국장한테 전화가 오면 곧바로 알려달라고 말하고는 쉬이에게 나가보라는 손짓을 했다. 쉬이가 문을 닫고 나가자 장중펑이 똑바로 쳐다보며 말했다.

"궁 사장, 어떻게 이럴 수가 있습니까?"

궁다펑이 히죽거리며 말했다.

"왜 그러십니까, 장 사장님?"

"뻔뻔스럽게 지금 나한테 묻는 거요?"

궁다펑이 방금 쉬이가 나간 문 쪽을 힐끗 보더니 말했다.

"이게 어떻게, 쉬 사장이, 그 친구가…… 다 말했습니까?"

방금 전에 이곳으로 오던 길에 장중펑은 로비에 있는 엘리베이터 앞에서 인쇄물 한 장을 받아들고 엘리베이터에 올랐다. 문이 닫히려는 순간, 그는 손으로 문을 막으며 자신에게 인쇄물을 건네준 사람에게 궁 사장은 몇 층에 있느냐고 웃으며 물었다. 그를 궁 사장의 친구로 생각한 그 사람은 아무 생각 없이 회의장 안에 있다고 대답했다. 그 순간 장중펑은 궁다펑이 주범이라고 확신했다. 이것은 빅토리빌딩 밖에 내다 건 플래카드 글귀를 봤을 때 예감했던 일이었다. 물론 궁다펑은 다른 사람들이 눈치 채지 못하게 한답시고 위협적이고 애매모호한 글귀를 쓴 것일 테지만.

하지만 궁다펑과 만나기 전까지 장중펑은 내심 그가 끝까지 아니라고 버티면 어떻게 해야 할지 걱정하고 있었다. 그래서 그는 가능한 굳은 표정으로 그에게 말했다. 궁다펑이 정말로 딱 잡아떼고 버티면 언쟁을 할 수도 없는 일이었기에, 며칠 전에 전화로 약속을 해놓고 연락도 없고 휴대폰도 꺼져 있는 바람에 오후 내내 기다렸다며 말머리를 돌릴 여지도 남겨두었다. 그런데 궁다펑이 이렇게 쉽게 모든 것을 털어놓을 줄은 장중펑도 예상치 못했다.

"궁 사장, 정말로 대단하십니다."

그는 장중펑이 왜 자신을 치켜세우는지 영문을 몰라하며 입술을 헤벌쭉 늘어뜨리며 헛웃음을 지었다.

"어디서 이렇게 많은 사람들을 데려왔습니까?"

장중펑은 궁다펑이 말을 바꿀까봐 바짝 다가앉았다. 그는 녹음 기능이 있는 자신의 휴대폰을 일찌감치 몰래 켜두고 있었다.

궁다펑이 다시 히죽거리며 웃었다.

"장 사장, 나도 달리 방법이 없었소. 내 코가 석자인데 어쩝니까. 이렇게 하십시다. 쉬 사장이 다 말한 걸 보니 두 분 관계가 썩 괜찮은가봅니다. 아, 그렇지. 쉬 사장이 사장님 회사에서 독립해 나왔으니 사장님이 키웠겠군요. 그 양반도 들어오라고 해서 다 같이 까놓고 이야기하죠. 우리 세 사람이 같이 해보는 겁니다."

장중펑은 궁다펑의 말에 대꾸하지 않았다. 한 가지 더 확인해야 할 것이 있었다.

"그 타이완 사업가라는 양반은 왔습니까?"

"왔습니다. 이건 우리끼리 일이니까 장 사장과 나, 그리고 쉬 사장 세 사람이 이야기하면 됩니다. 그 타이완 양반은 상관없습니다. 여러 사람이 알면 오히려 좋을 게 없습니다. 안 그렇습니까, 장 사장?"

"이 일을 다른 사람이 알면 안 된다고 생각하시겠군요?"

"왜 그러십니까, 장 사장?"

장중펑이 단호하게 손을 내저으며 말했다.

"궁 사장, 잘 들어둬요. 내가 전에 분명히 말했습니다. 과거에 못한 일은 지금도 할 수 없다고 말입니다. 한 가지 더 말해두죠. 궁 사장도 못할 겁니다. 데려온 사람들이나 어서 철수시키시죠."

이 말에 궁다펑이 소파에서 벌떡 일어났다.

"내가 왜 못한다는 거요? 내가 왜 못한단 말이냐고? 난 다만 내 돈을 돌려받겠다는 것뿐인데. 그러고 보니, 장 사장 당신, 내 일이 잘되는 걸 못 보겠다는 거구만? 그래, 열 시가 다 됐군. 경매회가 열리나 어디 한번 봅시다."

"잠꼬대 같은 소리 좀 그만 해요. 내가 당신 일이 잘되는 걸 못 본다고 했나? 난 당신을 구해주려는 거야. 당신의 한쪽 발은 벌써 감옥 문턱을 넘어서고 있다는 걸 정말 모른단 말이야?"

"내가 뭘 어쨌는데?"

"당신이 뭘 어쨌는지 모른다는 건가? 당신이 일을 크게 벌려놨어. 젠궈로를 점거했잖아. 콩밥을 먹는 게 당신 소원이야?"

"당신이 뭔데 내게 이런 말을 하는 거야?"

"당신이 나를 친구로 생각한다니까 이런 말도 하는 거야. 쉬 사장이 방금 뭘 하려고 나갔는지 알아? 공안국 사람들과 같이 있어. 공안국 사람들이 왜 이곳에 왔을 것 같아? 알 리가 없지. 당신은 법을 몰라도 한참 몰라. 형법 제293항을 보면 당신이 한 짓처럼 교통 흐름을 막거나 교통질서를 어지럽히면 공공질서 교란에 해당되어 5년 이하의 징역형에 처해질 수 있다고 되어 있어. 알기나 해? 어디 형법을 더 읊어드릴까?"

의기양양해하는 궁다펑에게 우선 본때를 보여주지 않으면 이야기가 진전이 안 될 것 같다는 판단에서 한 말이긴 해도 장중펑의 말은 결코 과장이 아니었다.

이전에 충린이 궁다펑에게 그를 소개할 때 법률을 전공했다고 말해놓았던 게 이렇게 요긴할 수가 없었다. 정색을 한 장중펑의 얼굴 앞에서 주눅이 들대로 든 궁다펑이 말했다.

"공공질서를 어지럽혔다뇨? 나는 단지 경매회를 어찌해볼 요량으로."

"경매회를 어찌해볼 요량이셨다? 그래, 그럼 어디 경매 이야기를 한번 해봅시다. 국가에서 만든 경매법이란 게 있습니다. 지금 여기 쉬 사장도 법전을 가지고 있을 거요. 믿기지 않으면 조금 있다가 같이 공부라도 해봅시다. 궁 사장에게도 법률 공부가 될 테니까. 내 분명히 말해두리다. 궁 사장이 지금 한 짓은 이미 범죄행위에 해당된다는 사실을 알고 있소? 이곳 고객실에 경찰관 두 명이 대기하고 있는데 가서 만나보겠소?"

궁다펑의 입이 딱 벌어졌다.

"궁 사장이 경매회가 열리지 못하도록 할 의도가 아니라는 건 나도 알고 있소. 경매회가 정말로 열리지 못하면 궁 사장에게도 좋을 게 없을 테니까. 하지만 조금 있으면 법원에서 전화가 올 테고, 중지시키라고 하면 경매회는 곧바로 중지될 텐데, 그러면 궁 사장은 어쩔 작정입니까? 경매회가 정말로 중지되면 언제 다시 열릴지 모릅니다. 만약 동방자산관리공사가 다시 움직이면 법원이 그 회사 쪽으로 판결을 내리지 말란 법이 없는데, 그렇게 되면 궁 사장은 닭 쫓던 개 지붕 쳐다보는 꼴이 되는 걸 왜 모릅니까?"

"나는 그저 빅토리빌딩에 들어간 내 돈을 되돌려 받으려는 것밖에 다른 뜻이 없다는 걸 장 사장님도 잘 알고 있잖습니까?"

"궁 사장께선 그 말을 입에 달고 다니지만 누가 알아줍니까? 궁 사장 마음이야 알죠. 하지만 요강에다 방귀를 뀌면 소리가 안 날 리가 있습니까? 빅토리빌딩의 5백만 위안을 받을 수가 있을지, 또 얼마나 돌려받을 수 있을지, 이 모든 게 합법적인 경로를 통해서 해결되어야지, 자기 돈을 찾겠다고 다른 사람 걸 훔칠 겁니까? 손실을 만회하겠다고 도적질을 할 겁니까?"

"말씀이 좀 그렇습니다. 나한테는 법원의 판결서도 있습니다."

"아직도 그놈의 판결서 타령이십니까? 내가 전에도 말했잖소? 시간이 없으니 다시 얘기하진 않겠습니다만 판결서에 도로를 점거하라고 해놨습니까? 그렇습니까? 궁 사장이 가진 그 문서가 법원을 피해갈 수 있습니까? 궁 사장이 금액을 분배받는 것도 법원과 동방자산관리공사를 통해야 되는 일입니다. 경매회를 방해하는 건 법원을 걸고 넘어지는 것이나 마찬가지입니다. 설마 법원도 어찌해볼 요량은 아니겠죠? 참 대담하십니다. 어리석고 멍청하기 짝이 없는 짓입니다. 궁 사장이 나를 친구로 여긴다고 하니까 이런 말을 하는 겁니다. 생각해봐요. 법원이 금액 분배를 결정할 때, 법원의 새끼손가락이 왼쪽으로 까딱이느냐 오른쪽으로 까딱이느냐 하는 건 궁 사장 입장에선 수박하고 깨알만큼이나 큰 차이가 나는 일입니다. 설마 이것도 생각해보지 않은 건 아닐 테죠?"

장중펑은 궁다펑의 계산속을 철저하게 끊어놓아야겠다는 생각에 그가 숨 돌릴 틈도 주지 않고 말을 이었다.

"궁 사장의 계산대로 돌아가줄지 한번 따져봅시다. 내 짐작대로라면 궁 사장이 이러는 건 그저 다른 입찰자들에게 겁을 좀 주자는 생각 같은데, 이런 어설픈 계략에 누가 겁을 먹겠습니까? 되지 않을 일은 하지 않는 게 최선입니다.

내가 알기로 이번 입찰자들 중에 사회적으로 상당한 영향력이 있는 인물이 두세 명 있다고 합디다. 그 사람들이 겁을 낼 것 같습니까? 법원의 위탁으로 이루어지는 경매인데 겁날 일이 뭐가 있겠습니까? 궁 사장이 말한 그 타이완 사업가가 입찰번호판만 한번 들면, 그걸로 방망이를 두드려주고 물건이 그쪽으로 넘어갈 것이라고 생각하는 겁니까? 누가 궁 사장에게 그따위 말을 합디까? 쉬 사장이오? 너무 야무진 꿈이라는 생각이 안 드십니까?

한 걸음 물러나서 말해볼까요? 그 타이완 사업가라는 양반이 마음먹은 가격으로 빌딩을 손에 넣었다고 합시다. 둘의 합의가 지켜질 것이라고 확신합니까? 본래 떳떳치 못한 일이었는데, 그 사람이 당신 누구냐는 식으로 나오면 어쩔 겁니까? 그 사람을 죽이기라도 할 겁니까? 그 양반이 궁 사장을 배신해도 어쩔 도리가 없다는 얘깁니다. 멍청하게 그가 큰돈을 벌도록 도와주고 나가떨어지는 거죠."

궁 사장의 고개가 마침내 힘없이 떨어졌다. 장중펑은 사실 그대로 여과 없이 말을 쏟아냈다.

궁다펑이 고개를 번쩍 들며 말했다.

"지랄맞을. 이 대가리에 든 게 없어서 그렇소. 장 사장이 한 말들이 어려운 것도 아니었는데, 왜 진즉에 깨닫지 못했을까요?"

"5백만 위안이란 돈이 너무나 아까웠던 탓이죠. 우리도 충분히 이해합니다. 하지만 여기까지 온 이상 현실을 똑바로 봐야 합니다."

"그날 오후에, 장 사장을 만나려고 했는데, 그런데……. 그래, 그만합시다. 그러고 보니 장 사장이야말로 내 친구였소 그려. 이제 어떻게 하면 좋을지 말해주십시오."

"더 말할 게 뭐가 있겠습니까? 어서 데려온 사람들을 데리고 나가야죠."

"그렇지만……."

"그렇지만이라니요? 법원 사람들이 와서 중지하라는 말을 하길 기다리는 겁니까, 아니면 경찰들이 와서 궁 사장을 잡아가기를 기다리는 겁니까?"

궁다평이 장중펑을 바라보며 말했다.

"화장실에 좀 다녀오겠습니다."

"그럽시다. 가는 길에 쉬 사장 고객실이나 한번 들여다보시오. 내 말이 거짓말인지. 경찰관 두 명이 그곳에 앉아 있는지 어쩐지 직접 확인해보세요."

"예예. 먼저 전화부터 하겠습니다."

이렇게 말하며 그가 휴대폰을 꺼내어 장중펑 앞에서 사람들을 철수시키라고 지시했다. 장중펑은 그가 전화를 끊고 자신을 바라

보는 것을 보면서 내심 한숨을 놓았다. 그리고 어조를 한결 누그러
뜨려 말했다.

"궁 사장, 안심해요. 그 타이완 사업가를 포함해서 총 다섯 명이
입찰수속을 마쳤어요. 경매회가 열리면 우린 최대한 낙찰가격을
올릴 겁니다. 또 하는 말이지만 큰 강에 물이 흘러야 작은 시내에
도 물이 차는 법입니다. 우리 어떻게 해서든 파이를 키워봅시다."

"예예. 모두 다 부탁드립니다."

이렇게 말하며 그가 장중평을 향해 손을 내밀었다. 장중평은 그
가 걸핏하면 손을 잡는 걸 좋아하는 것을 기억하고 있었다. 악수할
때 힘껏 다른 사람의 손을 잡는 사람은 상대방이 아파할 수도 있다
는 생각을 못하는 법이다. 하지만 그는 거절하지 않고 힘껏 그의
손을 잡았다.

이때 쉬이가 밖에서 문을 두드렸고 궁다펑이 얼른 일어나서 문
을 열었다. 장중평은 쉬이와 궁다펑의 시선이 마주쳤다가 재빨리
엇갈리는 것을 보았다.

장중평은 못 본 체 웃으며 말했다.

"방금 두 경찰관에게 건네준 담뱃값은 내가 지불했으니, 영수증
을 궁 사장한테 주게."

"아닙니다. 제가 지불하겠습니다."

"그래도 좋고. 궁 사장이 자네 신세를 진 셈이구만."

"고맙습니다. 장 사장님, 쉬 사장님."

"쉬 사장, 궁 사장 문제는 해결되었네. 사람들을 철수시키라는

지시를 했네."

쉬이가 다시 궁다펑을 흘낏 보더니 고개를 끄덕였다.

"그래요? 잘됐습니다."

"됐소, 궁 사장도 가서 일 보시지요. 난 쉬 사장과 상의할 일이
좀 있습니다. 서둘러 가셔서 다른 한쪽 발도 수습을 하셔야지요."

"다른 한쪽 발이라뇨?"

쉬이가 물었다.

장중펑이 웃으며 말했다.

"나중에 궁 사장께 물어보게."

"아, 그만 해두십시오. 장 사장. 정말로 고맙습니다."

"그럽시다. 어서 가서 일을 보시지요."

궁다펑이 나가자마자 쉬이가 문을 닫았다. 쉬이는 탐색하는 듯
한 눈길로 장중펑을 바라볼 뿐 아무 말도 하지 않았다. 장중펑은
모두에게 쉽지 않았던 일인 만큼, 쉬이의 면목을 생각해서 이 일을
더 따지고 들지 않기로 마음먹었다. 하지만 그가 엉뚱한 억측을 하
지 않도록 한마디쯤은 해주어야 했다. 잠시 생각하다가 장중펑이
입을 열었다.

"궁다펑 저 친구, 그래도 괜찮은 사람인 것 같군. 이 모든 게 자
신이 꾸민 것이라고 인정하면서도 더이상 다른 말을 안 하는 걸 보
면 말이야. 가까이해도 될 만한 사람 같아."

"그렇습니까?"

장중펑은 고개를 끄덕이며 그쪽 사정은 어떻게 되어가느냐고 물

었다.

"방금 선 국장 전화를 받았는데 곧 도착한답니다."

"경매회를 중지하라는 말은 없던가?"

"없었습니다. 만나서 얘기하자고만 했습니다."

"잘됐군. 궁다평이 사람들을 해산시키겠다고 한 이상 일이 곧 해결될 거야. 만일 경매회가 열리지 못하면 다른 입찰자들에게 설명할 말이 없어. 어떻게 해서든 열어야 해. 일단 열리는 이상 잘해야 하고. 궁다평이 말썽을 피우는 바람에 상황이 어떻게 변할지 모르니, 최대한 영향이 미치지 않도록 신경 써야 하네."

"알겠습니다."

"쉬 사장에게 무슨 좋은 생각이라도 있나?"

"사장님께서 보시기엔 어떻습니까?"

쉬이가 되물었다.

"내가 보기엔 두 가지 측면에서 손을 쓸 수 있을 거야. 선 국장이 곧 도착한다고 했지? 그에게 한 가지 순서를 더 첨가하자고 건의하는 거야. 그 양반에게 위탁법원을 대표해서 빅토리빌딩의 내력에 대해 간단한 설명을 해달라고 부탁하는 거지. 이렇게 하면 입찰자들의 의혹을 해소하는 데 도움이 될 거야. 두번째는 옌 사장과 상의해서 중국은행이 낙찰자에게 신용대출을 해줄 수 있는지 알아보는 거네."

"그렇지만 이렇게 했다가 괜한 골칫거리를 만드는 게 아닐까요? 옌 사장이 과연 중국은행에 신용대출을 해달라는 말을 할 수 있을까 하는 생각이 듭니다. 그리고 집행신청인은 경매회사와 직접적인 계약관계가 없는데, 옌 사장이 경매회에서 의사를 표명했다가 행여 입찰자들이 이것을 경매회사의 약속으로 받아들이면 어떻게 합니까? 그렇게 되면 우리가 공연한 문제를 자초하는 게 되지 않습니까?"

"쉬 사장이 아주 정확하게 보았군. 나도 이 문제를 생각해봤네. 만약 정말로 대출계약서에 사인을 하게 되면, 그건 낙찰자와 중국은행 간의 일이지 경매회사나 동방자산관리공사가 개입하는 게 아니야. 내 말은 옌 사장이 자신의 권한 범위를 넘지 않는 한도 내에서 중국은행에 말을 해줄 수 있을까 하는 것이었네. 우리가 얘기하면 그가 알아서 결정하겠지. 이렇게 해준다면 주식시장에서 호재가 투자자들의 투자심리를 회복시키는 것처럼 좋은 효과를 낼 거야. 나는 두 회사의 첫 협력이 불발탄으로 끝나는 걸 정말이지 원치 않네."

"그야 그렇지요. 장 사장님과 옌 사장님이 친분이 좋으시니 부탁해보시지요?"

모든 문제가 일단락되자 장중평은 위험한 고비를 넘겼다는 생각에 쉬이에게 농담을 건넸다.

"쉬 사장도 참 소심하군 그래. 시대의 빛이 그래도 미녀군단으로 이름이 난 회사가 아닌가? 어떻게 이번엔 한 명도 안 보이나?"

쉬이가 웃으며 말했다.

"꺼내놓아야 할 때 꺼내는 거죠. 저흰 여러 방면에서 3D의 앞선 경험을 배웠습니다. 그냥 여쭤보는 것입니다만, 3D의 팀장들이 하나같이 쟁쟁하지 않습니까? 그런데 회사를 나간 사람들이 몇 명이나 됩니까?"

"자네가 다른 꿍꿍이를 가지고 있다는 걸 일찍 알았다면 조심을 했을 거야. 호랑이 새끼를 키운 격이지."

"제가 무슨 호랑이라고 그러십니까? 고양이라면 모를까. 사업을 한답시고 나오긴 했는데 아는 것도 없고, 사장님께 비하면 아직 멀었습니다. 면목 없습니다."

경매회는 예상 밖으로 입찰자들이 적극적으로 가격경쟁을 벌이는 성공을 거두었다. 880만 위안에서 시작해서 열 차례의 경쟁을 거쳐 1,460만 위안이란 고가에 낙찰이 되었다.

그런데 또 뜻밖의 사건이 터졌다. 언젠가 궁다펑이 장중펑과 만나는 자리에 데려왔던 껑충하게 키가 크고 마른 체격의 젊은 남자, 궁다펑이 멍청한 놈이라고 했던 그 남자가 빅토리빌딩 3층에서 추락하는 사건이 발생한 것이었다. 궁다펑의 전화를 받고 사람들을 철수시키는 과정에서 발을 잘못 디뎌 추락했는데, 병원으로 이송하는 도중에 숨을 거두었다.

후에 궁다펑은 이 사건을 빌미로 낙찰대금 분배 문제를 놓고 동방자산관리공사를 붙들고 늘어졌다. 옌뭐수이와 마량은 끈덕지게 물고 늘어지는 그로 인해 곤욕을 치러야 했다. 옌뭐수이가 장중펑에게 전화를 걸어와 하소연을 할 정도였다.

"시도 때도 없네. 법원에 가서 얘기할 일이지, 왜 우리한테 와서 이러는 건지."

장중펑은 뭐라고 대꾸할 말이 없어서 그저 연신 놀라는 시늉만 했다. 사실 장중펑은 궁다펑이 법원을 찾아가지 않았을 리가 없다고 생각했다. 분명히 갔을 것이다. 무슨 연유인지는 알 수 없지만, 법원은 이 문제에 대해 태도가 다소 애매했다.

최종적으로 동방자산관리공사가 어느 정도 양보하는 것으로 결론이 났다. 중국의 상황이란 것이 이랬다. 사람이 죽으면 말이 안 되는 일도 말이 되는 것으로 바뀔 수가 있었다. 게다가 처음에 제시된 8백만 위안에라도 넘겨버려야 했을 물건이 상당히 괜찮은 액수에 낙찰이 되지 않았는가. 그렇더라도 동방자산관리공사로서는 분배금액을 더 줄 만한 합리적인 이유가 있어야 했다. 법률적인 근거가 없는데 더 많은 분배를 해줄 수는 없는 일이었다. 의외로 이번에 법원이 나서서 조정을 해주는 바람에 그나마 문제가 일단락될 수 있었다.

궁다펑에게는 또 다른 수확이 있었는데, 낙찰자인 타이완 사업가가 하도급 건설사로 궁다펑의 회사를 지목한 것이었다. 빅토리 빌딩에서 사람이 추락사한 사건이 발생한 후 건설 노무자들이 기피하며 두려워한 덕분이었다. 공사 도중에 사람이 또 추락하는 사고가 발생하면 어쩌겠느냐는 공포 심리였다. 하지만 궁다펑은 두려워하지 않았다.

"죽은 사람은 우리 집안 동생이오. 집안사람이 집안사람을 안 지켜주면 누가 누굴 지켜준단 말입니까?"

당연히 이 모든 것은 3D와는 아무 상관이 없는 뒷이야기이다. 쉬이의 시대의 빛과도 아무 관련이 없을까. 장중핑으로선 알 수도 없을 뿐더러 나서서 알아보고 싶은 생각도 없었다.

제21장

중국에서 사업하는 자의 비애이자 숙명은 바로
인맥과 관계가 없이는 성장하기 어렵다는 것.

"여보세요?"

휴대폰 너머에서 전해오는 청전의 가냘픈 목소리에 장중핑의 가
슴이 철렁했다.

"무슨 일이야? 어디야?"

"병원이에요. 인민병원 5층. 지금 올 수 있어요?"

전화를 받았을 때 그는 젠거와 사우나를 하고 있었다. 그가 상황
을 말하자 젠거가 어서 가보라고 말했다.

인민병원의 1층 로비는 진료를 받으러 온 사람들과 문병객들로
시장처럼 붐볐지만 웃는 얼굴은 찾아보기 어려웠다. 감옥에 갇혀
본 사람이 자유의 소중함을 아는 것과 마찬가지로 사람들은 병이
나야 비로소 건강의 중요성을 깨닫는다. 어쩌면 사람들의 표정도
전염성을 띠는지도 모를 일이었다. 병원에 오는 사람은 하나같이
웃음기라곤 보기 어려운 경직된 표정들을 하고 있었다.

청전이 멀리서 장중핑을 발견하고 미소를 지었다.

청전은 5층에 있는 산부인과 진료소 앞에 놓인 붉은색 플라스틱 의자에 앉아서 줄곧 엘리베이터를 지켜보았다. 장중핑의 모습이 나타나자 그녀의 얼굴에 금세 미소가 번졌다. 장중핑은 그녀를 발견하고는 곧바로 걸어갔다.

가까이 다가간 장중핑은 그제야 청전의 얼굴이 무척이나 창백하고 얼굴에 드러난 미소도 예전 같지 않다는 것을 알았다. 무척이나 애를 쓴 끝에 가까스로 얼굴 근육을 움직여서 짓는 연약하고 무기력한 미소였다.

장중핑은 한 손으로 청전의 머리를 안고 다른 한 손으로는 자신을 향해 뻗은 청전의 손을 잡았다. 밝은 햇살이 눈부셨지만 청전의 손은 차갑기만 했다.

"어떻게 된 일이야?"

청전이 고개를 옆으로 돌려 장중핑의 얼굴을 올려다보며 웃음을 짓더니 심호흡을 하며 말했다.

"어서 칭찬해줘요. 내게 잘했다고 말해줘요. 해냈어요. 당신이 말한 수정란이 벌써 콩알만 하게 자라 있었어요."

"이틀 후에 하겠다고 예약해놓은 게 아니었어?"

"이틀 후면 주말이잖아요. 당신이 나하고 같이 있어주지 못할 것 같아서 앞당겼어요."

"왜 나한테 말하지 않았어? 이런 일에 혼자 오다니."

"봐요. 나 정말 잘하지 않았어요?"

"당신은 바보야. 여기를 봐. 혼자 온 사람이 어디 있어? 다들 남편이나 남자친구하고 같이 왔잖아. 아무도 없이 온 사람은 한 사람뿐이야, 아가씨. 산부인과 의사들이 미혼여성에게는 마치 원수나 되는 것처럼 무섭다고 하던데."

"정말이에요? 왜 난 그걸 몰랐을까? 됐어요. 그만 나무라요. 다음에는 안 그러면 되잖아요. 응?"

"말하는 것 하고는. 한 번으로 부족해서 다음이라는 거야?"

"그래요. 다음에는 당신을 부를 수가 없을 것 같아요. 그거 알아요? 사람들이 그러는데 남편은 아내가 아이를 낳거나 수술을 받는 걸 보면 안 된대요. 보면 나중에 부부생활에 영향이 있다고 했어요. 특히 사업을 하는 남편은 더욱 봐선 안 된다고……."

"그만해. 바보, 우리 못 말리는 바보."

"그래요, 그만해요. 정말 기운이 없어요. 우선 약을 받아 와서 나를 좀 부축해줘요. 여기서 기다리고 있을게요."

장중펑은 알겠다고 대답하며 청전의 머리를 자신의 가슴속에 끌어안고 손으로 몇 번 쓸어주고는 몸을 돌려 약을 받으러 갔다.

인민병원의 엘리베이터는 이동식 침대를 들여놓고도 2, 30명의 사람들이 빼곡히 들어설 수 있을 만큼 컸다. 병원 진료실의 엘리베이터는 층마다 멈췄고 사람들이 오르내렸다. 장중펑은 혹시 청전이 사람들에게 치일까봐 두 팔을 뻗어 엘리베이터 벽을 받치고 서서 그녀를 자신의 두 팔 사이에 세웠다. 청전이 그의 허리를 껴안고 그에게 바짝 기대어 섰다 엘리베이터에서 나온 장중펑은 청전을 부축하고 천천히 주차장으로 향했다.

장중펑이 "아파?" 하고 물었다.

"지금은 안 아파요. 마취효과가 아직 사라지지 않았나봐요. 그냥 기운이 없어요."

"내가 안고 갈게."

청전이 됐다며 마다했다.

"그럼 업어줄게."

"저팔계가 며느리를 업은 꼴일걸요? 다른 사람들이 보면 웃어요. 그냥 부축해서 천천히 가요."

차에 오르자 청전이 머리를 장중펑의 오른쪽 어깨에 기댔다.

"좀 피곤해요."

"눈 좀 감아. 말하지 말고. 마음을 좀 가라앉혀봐."

"그래요. 내가 몸이 너무 약해서 그런 걸까요? 나보다 먼저 한 사람은 수술을 하고 몇 분이 안 되어서 일어나더니 아무렇지 않게 걸어 나갔어요."

장중펑은 아무 말 없이 팔을 뻗어 그녀의 팔을 어루만졌다.

장중펑은 천천히 차를 몰았다. 팔을 뻗어 청전의 어깨를 감쌌다. 청전이 고개를 들어 그를 보며 말했다.

"오후에 뭐해요? 무슨 일 있어요?"

"일이 있어."

"중요한 일이에요?"

청전이 다시 물었다.

"아주 중요한 일이야."

청전이 '음' 하더니 아무 말도 하지 않았다.

"아주 중요한 일은 바로 집에서 당신과 같이 있는 거야."

청전이 작은 파열음 같은 웃음소리를 내며 웃었다.

"당신 정말 미워. 미워 죽겠어."

청전이 주먹을 쥐었다가 그를 때리지 않고 그대로 내리고는 냅킨을 한 장 꺼내어 재빨리 얼굴을 닦으며 말했다.

"나는 왜 이렇게 당신을 사랑하는 걸까요?"

그녀는 장중핑의 대답을 기다리지 않고 다시 말을 이었다.

"당신, 나를 소중하게 여겨줘야 해요."

청전은 장중핑에게 안겨서 집으로 올라왔다. 두세 걸음을 내디뎌 보았지만 이내 그의 품으로 쓰러지고 말았던 것이다. 장중핑은 층마다 걸음을 멈추고 거친 숨을 쉬어야 했다.

"힘들죠?"

"조금. 운동을 안 한 지가 한참되었거든."

"틀렸어요. 그건 정확한 말이 아니에요. 무거운 걸 들어올리는 운동을 안 한 거지 다른 운동은 매일 했잖아요. 예를 들면 개구리 헤엄 같은 운동."

"좀더 함축적으로 말하면, 우린 거실에서는 생활의 예술을 토론하고 침실에서는 예술 생활을 탐구했지."

병원에 가기 전에 음식 재료를 모두 준비해놓았는지, 냉장고 안에는 닭 한 마리, 생선, 생강, 마늘 그리고 시장에서 사온 이런저런 양념봉지들이 잔뜩 들어있었다. 장중평은 청전을 침대에 눕히며 한숨 자라고 말하고는 부엌으로 갔다.

"오늘 당신 남편이 무공을 좀 발휘해야 되겠군."

"뭐라고 했어요?"

"솜씨를 보여주겠다고 했어."

"할 수 있겠어요?"

"부탁이야. 제발 그 말만은 말아줘. 무슨 '할 수 있겠냐' 이런 말을 들으면 마치 내가 내일 당장 병원에라도 가봐야 할 것 같은 기분이 든단 말이야."

"그래요. 당신은 할 수 있어요. 뭐든지 다 할 수 있어요. 이제 됐죠? 근데 당신 부엌에 들어가본 적이 없다고 하지 않았어요?"

"내가 부엌에 들어가지 않은 건 내가 한 요리가 맛이 없으니까 그런 거지. 일단 내 음식 맛에 중독이 되면 뒤룩뒤룩 살이 찔지도 몰라."

"아유 정말. 말 좀 예쁘게 하면 안 돼요? 부엌 문 열어놔요. 내가 진두지휘할게요."

"좋지. 당신은 입을 놀리고 나는 손을 놀리고. 당신이 소리 지르면 내가 명령대로 할게. 근데 당신 안 피곤해?"

"당신을 바라보고 싶어서 그래요."

"닭털을 아주 깨끗하게 뽑아놨군."

"아유, 말 좀 예쁘게 해줘요."

"그래그래. 당신 명령만 들을게. 됐지? 당신이 위로 하면 위로 아래로 하면 아래로, 당신이 왼쪽으로 하면 왼쪽으로 오른쪽으로 하면 오른쪽으로, 당신이 세게 하면 세게 하고 살살 하면 살살 할 게. 아, 아니지. 이러다가 내가 바보 로봇이 되는 거 아냐?"

"정말 못 말리는 남자야."

"아니. 난 착한 남자야."

장중펑은 언젠가 이런 비슷한 대화를 주고받았던 기억이 떠올랐다. 샤오루의 집 욕실에서 샤오루의 등을 밀어주겠다고 하면서 이런 비슷한 말을 했었다. 그때 고개를 돌려 자신을 바라보던 물기를 머금은 샤오루의 미소. 그녀도 청전처럼 내게 못 말리겠다는 말을 했었다. 그때도 그는 얌전하게 시키는 대로 하겠다고 지금과 비슷한 대답을 했었다.

비슷한 광경의 오버랩.

오후에 청전은 줄곧 잤다.

장중펑은 가만히 몸을 빼내어 일어나 소리를 내지 않으려고 애쓰며 옷을 챙겨 입고 집을 나섰다. 휴대폰을 가지고 나오지 않았다. 전원을 꺼둔 채로 일부러 청전의 베개 옆에 놓아두었다.

그는 은행에서 20만 위안을 인출했다.

본래 한꺼번에 이렇게 많은 현금을 인출하는 것은 쉽지 않지만, 3D와 같은 건물 1층에 있는 상업은행의 대리가 슝 부장과 잘 아는 사이여서 3D의 현금인출을 용이하게 도와주었다.

그가 은행에서 돈을 찾아 집으로 돌아왔을 때 탕원은 서재에서 책을 보고 있었다.

"이거 받아. 당신 카드계좌에 넣어둬."

탕원이 그의 머리를 톡톡 치며 말했다.

"훌륭해요. 썩 괜찮은 우리 남편. 이렇게 세금을 납부할 줄도 알고. 빅토리빌딩 경매는 끝났어요?"

"응. 왜?"

"수수료가 6, 70만 정도는 되죠?"

장중펑이 피식 웃으며 말했다.

"방금까지 나를 칭찬하더니 등을 돌리자마자 의심이 드나보군?"

"그게 아니고, 그냥 한번 물어본 거예요. 뭐예요, 그냥 한번 물어보는 것도 안 돼요?"

"되지. 안 될 게 뭐가 있겠어? 그냥 한번 안 물어도 돼. 당신은 내 아내잖아. 다만 당신은 그냥 물은 것이라 해도 난 그냥 대답할 수가 없으니 그렇지. 당신이 이해해줬으면 좋겠어. 이러는 것도 당신과 우리 집을 위해서야, 알지?"

"알아요. 난 다만 당신이 변할까봐 두려워서. 그런 말도 있잖아요. 남자는 돈이 있으면 마음이 바뀐다는 말이요."

"변하려고 했으면 벌써 변했어. 또 내가 돈이 그렇게 많은 사람도 아니고."

"말하고 보니까 그러네요. 돈이 많아져서 남자가 변한다면, 그럼 아내들이 모두 나서서 남편이 돈을 벌지 못하도록 말려야 하는 거잖아요?"

"그렇지. 근데 그런 바보 같은 여자가 어디 있어? 아, 그리고 하나 더 있는데, 오늘 오후에 칭텐주에 한번 더 다녀와야 할 것 같아."

"얼마 전에 갔다왔잖아요?"

"그래. 〈상수이투자〉의 법인주식 경매도 머잖아 있을 예정인데, 그쪽과 상의할 문제가 몇 가지 있어."

"어떻게 매번 당신이 그쪽으로 가야 해요?"

장중핑이 한숨을 내쉬며 말했다.

"어쩔 수가 없어. 그쪽이 매수자잖아. 지금으로선 그쪽 한 곳뿐이니 매달리지 않을 수가 없지. 근데 그 양반이 올지 아니면 내가 갈지 아직 정해진 건 아냐. 후 사장이 정하겠지. 아, 지난번에는 그 양반이 이쪽으로 왔잖아? 내가 당신도 같이 가자고 하니까 당신이 안 가겠다고 했잖아. 기억 안 나? 당신은 몰라. 아주 중요하고 민감한 일들은 전화로 할 수가 없어."

"당신, 내가 두고 볼 거예요."

"무슨 말이야?"

"이 일이 무슨 문제가 있는 건 아니겠죠?"

"무슨 문제?"

"요즘 유독 바쁜 것 같아서 그래요. 우리 같이 잔 게 언제인지 알아요? 또 오늘 오후만 해도 그래요. 어쩐지 이상하다는 생각이 자꾸 든단 말이에요. 나한테 거짓말하고 있는 게 분명한 게, 20만 위안을 안겨주는 게 마치 뇌물을 쓰는 것 같단 말이에요. 그리고 난 그저 지나는 말로 후 사장 얘기를 한 것뿐인데 장황하게 말을 늘어놓지를 않나. 무슨 꿍꿍이가 있는 거 아니죠?"

"이것 좀 보라지. 전부 내 탓이란 말이군. 돈을 준 건 당신을 기쁘게 해주고 싶어서야. 빅토리빌딩의 성과를 당신과 함께 나누고 싶어서. 내가 보기엔 시험이 가까워지니까 당신이 너무 예민해진 것 같아."

"당신을 놀리느라 해본 말이에요. 당신도 너무 예민하게 그러지 말아요."

"그렇다면 괜찮지만. 당신이 나를 놀리고 내가 당신을 놀리고, 어디 우리 정말로 한번 놀아볼까?"

"관둬요. 어서 일보세요. 마치 내가 성은이라도 내려달라고 비는 것 같네요."

"그럼 내가 당신한테 빌지 뭐, 어때?"

탕원의 눈이 참 아름다웠다. 검게 빛나는 생기에 찬 눈. 샤오위의 눈이 제 엄마를 쏙 닮았다.

"더 지분거리지 말아요. 더 지분거리면 정말로 의심할 거예요."

"의심해도 상관없어. 문제는 사실을 가지고 말해야 한다는 거니까."

"어떻게 사실을 입증해야 하죠? 사람을 시켜 당신 뒤를 밟아보라고 해요?"

"아이고, 관둬. 놀라서 식은땀이 다 나네."

"당신이 우리 가정을 잘 지켜주고 있다는 거 나도 알아요. 나와 샤오위가 모두 당신에게 달려 있어요. 우리 두 모녀가 당신만 바라보고 있어요."

"응."

"칭톈주에 가게 되면, 차를 몰고 가지 말고 비행기로 가요. 차로 가면 편하기는 하지만 길이 멀어서 불안해요. 내 걱정 좀 덜어줘요."

"아직 갈지 안 갈지도 모르는걸. 그때 전화할게. 이 돈은 어떻게 할까? 내가 대신에 은행에 넣어줄까?"

"당신이 성가시게 됐네요. 다음번에는 곧바로 내 계좌로 넣어줘요. 들고 왔다 갔다 하기가 불안하잖아요. 며칠 전에 텔레비전 뉴스를 보니 어떤 여자가 은행에 예금하러 갔다가 강도를 당했더라고요. 범인은 잡혔나 몰라."

"계좌로 넣는 게 편하기는 한데, 숫자로만 왔다 갔다 하는 거잖아. 돈을 손에 쥐어봐야 느낌이 나는 건데 말이야. 특히 새 지폐를 코끝에 대고 냄새를 맡으면, 와우, 냄새가 아주 근사해."

"그렇겠죠. 잘하면 수억 마리의 세균도 있을 테고."

"참나."

장중핑이 돌아왔을 때 청전은 벌써 일어나 있었다. 장중핑이 들어오는 것을 보자 샐쭉해서 등을 돌려 누웠다. 어깨를 톡톡 두드려주다가 장중핑은 그녀의 얼굴이 젖어 있는 것을 보았다. 침대 가장자리에 걸터앉아서 장난을 걸었지만 꿈쩍도 하지 않았다.

"왜 그래, 마이 베이비?"

갑자기 청전이 와락 그의 목을 안았다.

"이렇게 몰래 나한테서 떠나가지 말아요. 나 혼자 남겨두지 말아요. 오늘 오후 내내 나하고 같이 있겠다고 했잖아요."

"당신한테 주려고 꽃을 사러 갔지. 사과도 사고. 봐, 휴대폰도 안 가지고 갔잖아. 당신 베개 옆에 뒀잖아."

"어쨌든 이러지 말아요. 내가 허락 안 해요."

"그래그래, 알았어."

밤 열한 시가 가까워질 무렵, 청전이 통증으로 앓기 시작했다.

"소염제하고 진통제를 좀더 먹어볼까?"

"약을 함부로 먹어도 돼요?"

"그럼 어떻게 하지?"

"괜찮아요. 좀 참으면 될 거예요."

청전이 그의 손을 잡아서 자신의 볼에 얹어두더니 잠시 후 다시 자신의 배에 올려놓았다.

장중펑이 말했다.

"DVD라도 볼까?"

"아뇨."

"물을 좀 끓여서 찜질을 해줄게."

"찜질이 효과가 있어요?"

"나도 모르지만 나쁘지는 않을 거야."

"그럼 봐둬요."

"갔다 올게."

"그럼 방안의 불을 모두 켜줘요. 부엌의 전등도 모두. 부엌문도 열어놔요."

부엌에서 그는 탕원에게 전화를 걸었다.

"칭톈주에 도착했어. 비행기에서 내리는 길이야."

"그래요? 후 사장이 마중 나왔어요?"

"나왔어. 그 양반한테 인사라도 할래?"

"됐어요. 만난 적도 없는데 어떻게 그래요. 몸조심해요."

"그래, 전원을 꺼놓을 거야. 배터리가 얼마 안 남았어. 충전기를 가져오는 걸 잊었네."

"잠깐만요. 언제 돌아와요?"

"내일, 아니면 모레. 상황 봐서. 그래, 그럼 끊을게."

장중펑이 침실로 돌아왔을 때, 청전이 빙그레 웃으며 그를 바라보았다. 그녀의 눈이 유독 형형하게 반짝거렸다.

"어때? 좀 좋아졌어?"

"좋아졌어요. 조금도 안 아파요."

"조금 전까지 아프다고 했잖아?"

"조금 전은 조금 전이고, 지금은 지금이에요. 조금 전에는 아팠지만 지금은 안 아파요. 정말이에요."

"참나."

장중펑은 돌연 가슴이 멈칫했다. 몇 시간 전에도 탕원에게 이렇게 말하지 않았던가.

"당신은 지금 칭톈주에 있어요, 그렇죠?"

장중평이 웃으며 "그런가?" 하고 말했다.

"얼른 그렇다고 말해요."

"그래."

"모레 돌아갈 거고, 그렇죠?"

"내일. 모레가 될 수도 있고, 상황 봐서."

"안 돼요. 모레."

"그래, 모레."

"물 끓이지 말고, 이리 와요."

"어떻게 된 거야? 정말로 안 아파?"

"정말로 안 아파요. 어서, 불을 전부 끄고, 내 옆에서 자요, 응?"

"그래."

"당신 나를 사랑하죠? 그렇죠?"

"그래."

"내가 당신을 사랑하는 것도 맞고, 그렇죠?"

"그야 난 모르지."

"아니, 그렇다고 말해요."

"좋아, 그래."

잠시 고요가 흘렀다. 청전이 다시 눈을 뜨더니 키득키득 웃으며 말했다.

"당신한테 물어볼 게 있어요. 거짓말하면 안 돼요."

"내가 언제 당신한테 거짓말했어?"

"가끔 거짓말을 해도 어쩔 수 없죠. 이런 말을 하려던 건 아니고요, 당신 그거 알아요? 방금 내가 무척 불안했던 거. 만약 교수님이 후 사장님과 통화하겠다고 그랬으면 어쩌려고 그랬어요?"

"안 그래. 집사람은 그런 사람이야. 안 그러면 그렇게 물어봤겠어?"

"교수님을 아주 잘 알고 있나보군요. 하지만 만약 하겠다고 했으면? 당신이 먼저 통화를 해보겠느냐고 했잖아요. 그렇게 물어봤는데 그러자고 하면 어떻게 해요?"

"정말 그러자고 했다면 어떻게 했을지는 나도 모르지."

"설마. 당신은 분명 방법이 있었어. 어서 말해봐요."

"방금 전에 전화할 때는 정말 아무 생각이 없었어."

"당신이 아무 생각 없이 그런 말을 했을 리가 없어요. 말해봐요. 제발, 어서요."

"정말로 통화하겠다고 했다면, 아마 '여보세요, 여보세요' 하다가 갑자기 전화를 끊었겠지. 휴대폰이 갑자기 배터리가 나간 척하면서. 사실, 이것도 허점이 있어. 이 시간대에 칭텐주로 가는 비행기가 있는지 나도 모르거든."

청전이 그를 말없이 바라보다 한참 후 입을 열었다.

"그분은 어떻게 그렇게 마음을 놓고 있을까요?"

그리고 잠시 후 다시 입을 열었다.

"당신이 나를 위해 애써줘서 무척 감동하고 있어요. 근데 왠지 모르게 마음이 아주 기쁘지가 않아요. 오늘 나를 위해서 그분에게 거짓말을 하고, 내일은 다른 누군가를 위해 내게 거짓말을 하게 될까요?"

"어떻게 그래?"

"그렇담 좋아요. 나하고 손가락 걸고 약속해요. 이후에 어떤 상황에서라도 나한테 사실만을 말하기로, 절대로 다른 사람에게 거짓말을 한 것같이 내게 거짓말을 하지 않겠다고."

"어떻게 그러겠어? 당신이 내 스케줄을 다 꿰고 있는데?"

"당신이 속이자고 들면 방법이 없겠어요?"

"안 그래."

"그럼 맹세해요. 영원히 나를 사랑하고 나를 속이지 않겠다고."

"그래, 맹세하지. 음, 그리고 한 가지 더 있어. 절대로 이런 일이 또 있어서는 안 돼. 잘못하면 다시는 아기를 못 가질 수 있어. 알았지?"

"알아요. 의사도 그렇게 말했어요. 하지만 이런 일이 나 혼자 하겠다고 해서 되는 게 아니잖아요. 우리 이 문제를 놓고 많이 이야기했잖아요. 내가 했던 말 기억해요? 내가 말했던 첫번째 상황이 벌어지게 하면 안 돼요."

쉬이의 경매회 도록이 인쇄되어 나왔다. 그는 여직원을 시켜 장중펑에게 다섯 권을 보내왔다. 장중펑은 그때 청전과 같이 있었지만 거원을 통해 경매물건을 보낸 일이 걱정되어 회사로 들어왔다.

고객 접견실에서 만난 그녀는 젊고 아름다우면서도 단아했다. 장중펑은 그녀가 도록을 전해준 후 곧바로 갈 거라고 생각했는데 의외로 장중핑의 사무실을 구경하고 싶다고 말했다. 미인의 청을 거절하기가 본래 쉬운 일이 아닌 데다가 지나친 요청도 아니었고, 반 시간이 넘도록 기다리게 한 터라 장중핑은 웃으면서 사무실로 맞이했다.

그녀는 그제야 장중핑에게 자신의 명함을 건네주었다. 느릿느릿한 손놀림으로 작은 핸드백에서 명함 케이스를 꺼내더니 여전히 느린 동작으로 한 장을 꺼냈다. 장중핑의 시선을 느끼며 그녀는 수를 놓듯 길고 가느다란 손가락을 움직였다. 장중핑의 맞은편에 놓인 1인용 의자에 앉아 있던 그녀는 명함을 꺼내들더니 장중핑의 책상을 돌아 옆으로 다가와서 단정하게 선 자세로 두 손으로 명함을 받쳐 들고 보일 듯 말 듯 허리를 구부리며 "장 사장님"이라고 말하면서 명함을 건넸다.

"너무 정중한 것 같군요. 국가문서라도 건네는 줄 알겠습니다."

그녀도 소리내어 웃으며 "처음 뵙겠습니다. 많이 도와주세요" 하고 받았다.

장중핑은 짐짓 진지한 목소리로 여자의 이름을 소리내어 읽었다. 장샤오제.

그녀는 자리로 돌아가지 않고 그대로 장중핑의 곁에 서있었다. 그녀가 장중핑의 사무실을 구경하고 싶다고 한 것은 핑계였던 듯했다. 사무실을 들어서면서 얼핏 지나가는 시선으로 장중핑의 사무실을 한번 둘러본 것이 전부였기 때문이다.

장중핑은 청전이 처음으로 회사에 왔던 날이 떠올랐다. 그녀는 두 손을 청바지 뒷주머니에 넣은 채 팔짝팔짝 뛰듯이 사무실을 돌아다니며 살피기도 하고 한쪽 벽을 차지하고 있는 진열대 안을 유심히 들여다보기도 했다.

"사장님께서는 골동품에 관심이 많으셔서 다른 회사 경매회에도 자주 가신다고 들었어요. 저희 회사 경매회에도 꼭 와주시겠죠?"

장중펑이 먼저 자리에 앉았다. 이렇게 되자 옆에 선 샤오제가 그를 내려다보는 모양새가 되었다. 그는 자리에 가서 앉으라는 뜻으로 손을 들어 의자를 가리켰다. 하지만 그의 손짓의 의미를 알아차리지 못한 것인지 아니면 일부러 못 본 체하는 것인지 그녀는 대답을 기다리는 듯 그대로 서서 그를 보고 있었다.

"이번 경매회에 나올 물건들이 괜찮습니다. 먼저 한번 보시지요."

장중펑도 보고 싶었던 터라 "그러죠. 한번 보죠" 하고 말했다.

경매품 접수마감일 이전에 장중펑은 거원을 한 차례 만났었다. 장중펑이 이것저것 묻자, 그녀는 한마디도 하지 않고 살짝 웃으며 손가락으로 오케이 사인만을 해보았다. 그날 두 사람은 다른 시소한 이야기만 나누다가 헤어졌다. 장중펑은 일이 잘 처리되었으니 달리 여러 말이 필요 없겠다고 생각했다. 장중펑은 그 청자가 사진으로 어떻게 인쇄되어 나왔는지 보고 싶었다.

샤오제는 장중펑의 옆에 서서 허리를 굽힌 채로 깔끔한 도록에 적힌 글을 읽어주었다. 서화작품은 간략한 설명으로 넘어가고 청자에 대한 설명이 유독 긴 것으로 보아 청자를 좋아하는 그의 취향을 어느 정도 알고 있는 듯했다.

장중펑이 "앉아서 보죠" 하고 말했다. 그녀는 웃으며 괜찮다고 말했다. '나는 괜찮지 않다' 고 말할 수는 없었기에 그는 더이상 아무 말도 하지 않았다. 샤오제는 그렇게 그의 옆에 서서 한 장 한 장 직접 도록을 넘겨가며 보여주었다. 그녀에게서 풍기는 은은한 자스민 향기가 장중펑의 코 끝에 와 닿았다. 샤오제는 장중펑과 가깝지도 멀지도 않게 떨어져 있었지만, 그가 시선을 조금만 옆으로 비끼면 그녀의 목둘레 안으로 드러난 가슴골이 들여다보일 거리였다.

샤오제의 행동은 일반적으로 회사 안내 서비스를 담당하는 예쁜 여직원과 그리 다를 것이 없었다. 지금껏 장중펑은 그녀들에게 사심어린 시선을 보낸 적이 없었다. 성공한 남자가 여자를 밝히자고 마음만 먹으면 도처에 잡히는 것이 기회인 법이다. 탕원은 자신의 남편이 바깥에서 행동거지를 함부로 취하거나 젊고 아름다운 여자들에게 시선을 던지는 남자가 아니라고 굳게 믿었다. 그녀의 이런 믿음은 정확했다.

장중펑은 발에 힘을 주어 의자를 뒤로 밀어서 샤오제와의 거리를 넓혔다. 그는 경매도록을 접으면서 말했다.

"쉬 사장이 직원들에게 임무를 할당했나보군요?"

샤오제가 그렇다고 대답했다.

"일정한 수수료를 떼어주기로 하고 말이죠?"

그가 다시 물었다.

샤오제가 거리낌 없이 "조금요" 하고 대답했다.

장중펑은 "음" 하고는 고개를 끄덕였다.

"여동생을 도와주시는 셈 치시고 도와주세요."

"어떻게 도와주면 좋겠소?"

"간단합니다. 태평성세에는 골동품이고 난세에는 금이라는 말이 있듯이 골동품을 소장하는 의미에 대해선 사장님께서 저보다 더 잘 알고 계실 거예요. 사장님께서 저희 경매회에 참석하셔서 제가 모셔온 손님이라고 한마디만 해주시면 됩니다."

"그럼 손님을 모으려고 지금껏 이랬단 말이군. 듣기 거북하군요. 내가 한마디 할까요? 어디 가서 손님을 모신다느니 그런 말은 하지 말아요. 초청이라고 해요. 좀 듣기가 낫잖소?"

"아, 네. 그러니까 와주시겠다는 말씀이시죠?"

"아직은 아니오."

"사장님, 저를 동생이라고 생각하시고 응해주시면 안 될까요?"

"잘 생각해보지도 않고 가겠다고 말하는 건 사람을 갖고 장난치는 거나 마찬가지 아니겠소? 예비전시회를 보고 나서 다시 말해봅시다."

"네, 그렇게 하세요. 제가 꼭 점찍어두고 있겠습니다. 너무 힘들이진 않으시겠죠?"

"그럴 리 없을 거요."

"제게도 명함 한 장 주시죠."

그녀는 장중펑의 대답을 기다리지도 않고 책상 위로 팔을 뻗어 기다랗게 손톱을 기른 손가락으로 명함상자에 든 명함을 집었다. 생각지도 못하게 한 장이 더 딸려왔다. 그녀는 한 장을 다른 손으로 쥐고 다른 한 장을 처음과 같은 동작으로 다시 명함상자 안에 넣으려고 했지만 여의치가 않았다.

"죄송해요."

"너무 꼭 맞아서 넣기가 쉽지 않아요. 내가 넣어볼게요."

"그러고 보니 사장님은 나쁜 분이에요."

장중펑은 그 말뜻을 어렴풋하게 알아듣고 자신의 말이 다소 이상하게 들릴 수 있었겠구나 하는 생각이 들었다. 사실 다른 뜻으로 한 말은 아니었다. 그녀의 말을 듣자 그럴 수도 있겠다는 생각이 들었지만 달리 다른 말을 하지 않았다. 말을 덧붙일수록 더 난처해질 것 같아서였다.

샤오제도 영리하게 그의 짐짓 진지한 표정을 보고는 더이상 얘기하지 않았다.

"사장님께선 성공하신 분이시잖아요. 아시는 분들 중에 저희 경매회에 관심이 있으신 분이 계시면 제게 말씀해주세요. 제가 직접 가서 손님을 모…… 아, 아니죠. 초청할게요."

장중펑은 그러마고 대답했다.

그제야 그녀가 자리로 되돌아갔다. 그녀는 휴대폰을 꺼내더니 장중펑 앞에서 그의 명함을 보며 전화번호를 입력하고는 명함과 휴대폰을 다시 핸드백에 넣었다.

"제게 밥을 사주시겠어요 아님 제가 살까요?"

"나도 그렇고 장샤오제 씨도 그렇고 밥을 살 순 없을 것 같은데. 지금이 밥을 먹을 시간은 아니죠?"

"그것도 그러네요. 다음에 제가 살게요."

"그때 봅시다."

"그러죠. 그럼 이만 일어설까요?"

장중펑이 그러자며 일어섰다. 뜻밖에 그녀가 손을 내밀었다. 그는 웃으며 그녀의 손을 가볍게 잡았다가 놓았다. 장중펑이 불현듯 생각났다는 듯이 가벼운 어조로 물었다.

"장 팀장이 아직 있나요?"

"장샤오루 팀장님 말씀이세요?"

"이름이 뭔지는 모르겠고, 그런 사람이 있나 해서요?"

"어머, 장 팀장님이 벌써 다녀갔나보군요?"

"그런 건 아니고. 근데 왜요? 장샤오루라는 분이 그렇게 대단해요? 그렇게 기겁을 하다니."

"네, 정말 대단한 분이죠."

"어떻게 대단하죠?"

"그건 모르죠. 안다고 해도 말 안 해드릴 거예요."

"그래요?"

"네" 하고 말하며 샤오제가 어느새 문을 열고 섰다.

"저하고 약속하신 거 잊지 마세요."

그녀가 말을 건네자 눈썹도 같이 말하는 듯이 그녀의 눈썹이 움찔거렸다. 장중펑은 그녀의 눈이 하는 말을 애써 외면하며 "그래요. 그럽시다" 라며 받아넘겼다.

샤오제가 돌아간 후, 그는 도록을 자세히 살펴보았지만 그 청자가 보이지 않았다. 그는 자신이 잘못 보고 넘겼겠거니 생각하며 다시 한 장 한 장 넘기며 천천히 살폈지만 마찬가지였다. 다른 도록을 살펴보았지만 역시 없었다.

어떻게 된 일이지.

그의 뇌리에 맨 먼저 거원과 만났던 일이 떠올랐다. 거원의 사무실에서였는데 마침 그녀 혼자 있었다.

당시에 그는 "어떻게 되어갑니까?" 하고 짧게 물어보았다.

거원은 당연히 그가 묻는 것이 무엇인지 알고 있었고, 그는 그녀가 엄지손가락과 집게손가락으로 오케이를 만들어 보였던 것을 또렷이 기억하고 있었다. 어린애가 아닌 바에야 그 손짓이 무슨 의미인지 모를 리가 없었다.

어떻게 된 일일까.

경매물건을 결정하는 감정담당자에 의해 제외된 것일까.

가능성이 있는 일이었다. 어쨌든 진품은 진품이고 모조품은 모조품이다. 진짜가 가짜가 될 수 없고 가짜도 진짜가 될 수는 없을 테니까. 가짜가 일시적으로 일부의 사람들을 속일 수는 있겠지만 언제까지나 모든 사람을 속일 수는 없는 법이다. 결국은 가짜를 알아보는 사람들이 있게 마련이고, 이번 경매회가 쉬이 혼자 진행하는 것이 아닌 만큼 더욱 그럴 수 있었다. 상하이의 경매회사가 예술품 경매로 명성이 높다는 것을 그도 알고 있었다. 그런 만큼 물건을 보는 눈이 있을 테니 협력 파트너가 질이 떨어지는 물건을 넣는 것을 묵인하지 않았을 터였다. 그건 두 회사가 같이 망하는 길이 될 테니까. 만일 그였더라도 출품할 물건의 수준을 엄격히 관리했을 것이다.

그렇다면 거원이 오케이 사인을 했던 것은 무슨 의미란 말인가.

이렇게 되면 일이 번거로워졌다. 시대의 빛을 제외하고 금년 하반기에서 내년 상반기까지 성 내에서 예술품 경매를 하는 경매회사가 한 곳도 없기 때문이었다.

거원이 어쩌자고 이런 것일까.

장중펑은 그녀가 세심하게 일을 처리한다는 것을 알고 있었다. 그날 〈매디슨카운티역〉에서 쪽지를 태워 없애던 그녀의 모습이 떠올랐다. 일의 중요성을 알고 있는 그녀가 일을 그르칠 리 없었다.

만일 애초에 그녀가 전적으로 책임지고 처리할 수 없다고 말했다면 그가 다른 방법을 생각했을 것이다. 어쨌든 쉬이가 자신에게 적잖이 신세를 졌으니 방법이 아주 없진 않을 터였다. 하지만 이미 도록이 나온 마당에 어찌 한단 말인가.

부득이한 경우, 쉬이를 설득해서 임시로 한 페이지를 덧붙이는 수도 있었다. 하지만 이렇게 끼워넣는 방식은 억지스럽다는 인상을 줄 수밖에 없다. 끼워넣은 경매물건이 누가 내놓은 것인지, 또 누가 낙찰을 받아갔는지 알려지게 되면 일이 심각해질 수도 있었다. 사람들에게 책잡힐 꼬투리를 남기는 것은 위험천만한 짓이었다. 도록에 정식으로 들어갔다고 해서 이런 문제가 없는 것은 아니었지만, 비슷한 다른 경매 물건들 속에 가려서 눈에 띌 소지가 그만큼 적었다.

까놓고 말해서 장중핑이 지금 걱정하는 것은 샹수이 법인주식 경매 건이었다. 만약 경매가 아예 이루어지지 않는다면 애당초 이런 걱정을 할 필요도 없고, 경매가 이루어진다 하더라도 3D가 따내지 못할 거라면 마찬가지로 이런 걱정을 할 필요가 없을 것이다.

지난번에 젠거와 사우나에서 만난 이후로 두 사람은 다시 만나지 않았다. 그가 소식이 있을 때까지 기다리라고 했던 것이다. 장중핑은 내심 불안한 마음이 들어도 그를 성가시게 할 수는 없었기에 대신 그의 아내인 거원에게 수시로 전화를 걸었다. 언젠가는 그녀에게 한 수 가르침을 청한다는 명목으로 자신이 특별히 구입한 조식관(鳥食罐·새 모이통 모양의 자기) 두 점을 보낸 적도 있었다. 하지만 그와 거원 사이에는 샹수이 법인주식에 관해 일절 언급하지 않는다는 일종의 묵계가 형성되어 있었다. 젠거가 자기 아내에게 일과 관련된 말을 할 사람도 아니었다.

그 청자가 경매도록에 올라와 있었다면 모든 것이 제대로 진행되고 있다는 것을 말해주지만, 오르지 않은 지금 그것은 원래의 약속에 변화가 발생했다는 것을 뜻하는 좋지 않은 신호였다. 장중핑은 그 변화가 무엇을 뜻하는지 종잡을 수도, 또 달리 손쓸 방법도 떠오르지 않았다.

샹수이 법인주식이 경매에 나올 수 있을까.

만약 경매에 나온다면 젠거는 누구에게 경매를 맡길까.

경매에 붙이지 않는다면 그건 젠거도 어쩔 도리가 없는 일이었다. 당연히 이렇게 희망이 사라진다면 장중평으로서는 매우 유감스러운 일이 될 것이다. 마치 낚시를 할 때, 낚싯줄을 드리우고 감아올리기를 반복하며 한참을 기다리다가 이제 놈을 낚아올리는구나 생각하는 순간, 갑자기 파드득 하는 소리와 함께 물고기가 낚싯줄을 끊고 달아나는 것과 마찬가지였다. 낚시를 해본 사람이라면 이런 어이없는 상황을 맞닥뜨린 적이 한두 번은 있을 것이다.

만약 경매에 붙이기는 하되 3D가 경매를 따내지 못하고 다른 회사가 경매를 주관하게 된다면? 이것은 더욱 심각한 타격이 아닐 수 없었다. 무슨 회장이니 무슨 사장이니 찍힌 명함을 내밀고 고급 승용차를 몰고 다니며 하루 종일 호텔 사우나와 바에 죽치고 있는 인간들이 실상은 권력자의 비위를 맞추려고 꼬리를 흔들어대는 불쌍한 개와 다름 없다는 것을 그는 알고 있었다.

만약 개들마다 입에 물 수 있는 뼈다귀가 하나씩 있다면 다행한 일일 것이다. 하지만 개떼들 앞에 뼈다귀가 단 하나뿐이라면, 여우처럼 교활하고 늑대처럼 용감히게 씨우는 것밖에 다른 방법이 없다. 사력을 다해 빼앗은 하나뿐인 뼈다귀를 한쪽 구석으로 가져가 군침 도는 식사를 하려는 순간, 어디선가 난데없이 더욱 강력하고 교활한 개가 나타나 입에 물고 있는 뼈다귀를 눈 깜짝할 사이에 낚아채 가버린다면? 상처투성이가 되어 지칠 대로 지친 채 다시 사투를 벌일 의지도 힘도 없이 두 눈 멀거니 뜨고 승자가 의기양양하게 활개 치는 모습을 지켜봐야겠지. 큰소리로 짖어댈 힘조차 없는데 무엇을 할 수 있겠는가. 할 수 있는 유일한 일은 꼬리를 내린 채 고픈 배를 안고 조용히 눈에 띄지 않는 귀퉁이로 가서 상처를 핥으며 굴욕감을 목구멍으로 삼키는 것일 테지.

장중핑은 이런 비유가 자기비하적인 데가 있기는 하지만 그렇다고 아주 틀린 것도 아니라고 생각했다. 법원과 경매회사의 관계라는 것이 위탁자와 피위탁자의 관계로서 겉으로 보기에 법률적으로 대등한 듯 보이지만 실상은 그렇지 않았다. 주도권을 쥐고 결정적인 역할을 하는 쪽은 여전히 위탁자였다.

위탁자를 대표해서 젠거가 이런 짓을 했을까?

본래 장중핑은 위탁법원의 담당자를 기댈 만한 산으로 생각하지도 않았고, 더구나 경매위탁의 결정권을 쥔 인물과 결탁해서 거기에 회사의 생존을 의존할 생각은 추호도 없었다. 이유는 너무나 간단했다. 권력도 시장의 재화와 마찬가지로 언제나 불확실한 유동 상태에 놓여 있기 때문이다. 부가 영원하지 않듯이 권력도 영원하지 않다. 뒤를 받쳐주는 든든한 산으로 여겼던 그 사람이 언제까지나 도움이 될 만한 유력한 유치에 있을 거라고 누가 장담할 수 있겠는가.

저우윈녠과 쉬이가 바로 그 예이다. 며칠 전 쉬이가 그에게 천자가 바뀌면 신하도 바뀐다더니 국토국의 일이 이미 완전히 다른 사람 손에 넘어가버렸다며 푸념을 늘어놓았다. 새로 부임한 국장의 친구가 경매회사를 차렸다고 했다.

이런 극단적인 예가 아니더라도 정부 공무원은 언제든 인사이동, 퇴직, 실각, 해임을 겪게 되어 있다. 설령 지금껏 도움을 주던 인물이 승진했다 하더라도 후임자에게까지 영향력을 행사하기는 어려웠다. 시간이 가면서 차츰 그 영향력이 사라질 가능성이 더 크다. 새로 부임한 후임자에게도 자신이 잇대어 성장해왔던 나뭇가지가 있을 것이기 때문이다. 게다가 어떻게 유력자와 지속적으로 긴밀한 관계를 만들고 유지할 것인가. 이런 긴밀한 관계라는 것은 일방적인 의존인가 아니면 양방향적인 상부상조인가.

만약 전자라면 너는 사람 앞에서 꼬리를 흔드는 가련한 개가 되고 만다. 만약 후자라면 상황은 더욱 난감해진다. 양쪽의 관계가 네 안에 내가 있고 내 안에 네가 있는 상황이지만, 그렇다고 해서 상대의 정치 인생에 전적으로 개입할 수도 그의 정치적 안위를 예측할 수도 없기 때문이다. 너는 단지 복잡하게 얽혀 있는 그의 네트워크 속에 존재하는 작은 고리 내지는 한 점에 불과하다. 하지만 그의 다른 측면, 다른 네트워크에 문제가 발생하면 너와 너의 사업도 덩달아 끝장날 수 있다.

그러나 생각으로 아는 것과 현실적인 상황은 별개의 문제이다. 다른 선택의 여지가 있을까? 없다. 처음에 회사를 설립하고 한참이 지나도록 법원에서 일을 따올 수나 있었던가. 예술품 경매에 기대어 겨우 현상유지를 하지 않았던가. 대학동창이란 인연으로 반장이 젠거를 소개해주지 않았다면 회사가 이만큼 성장할 수 있었겠는가. 이것은 아마 중국에서 사업하는 사람의 비애이자 숙명일지도 모른다. 겉으로는 그럴듯하게 호기를 부리지만 속으로는 부서

지고 말 것 같은 심신을 지탱하려고 안간힘을 쓴다. 지금 어떻게 해야 하는가. 운이 따라주기를 바라며 한 걸음씩 발을 내딛는 것 외에 달리 할 수 있는 일이 없다.

푸상비치의 3, 4층 경매 건이 젠거가 그에게 맡긴 일이었는데, 그는 물 한 방울 튀지 않았다고 표현해도 좋을 만큼 깔끔하게 일을 처리했었다. 이 경매 건에 대해 젠거는 그 전에도 후에도 일언반구하지 않았고, 모두 그의 아내인 거원과의 접촉을 통해 이루어졌다. 하지만 젠거가 그의 일처리 방식에 대해 상당히 만족스럽게 여긴다는 사실을 그는 알고 있었다. 이렇게 볼 때 그가 다른 경매회사를 물색했을 리가 없었다. 이런 종류의 일이 일대일로 비밀리에 접촉해야 하는 것이니만큼 복잡해질수록 안전을 보장하기 어려웠고 젠거는 이런 모험을 감행할 인물이 아니었다.

하지만 다른 각도에서 생각해보면, 이것이 젠거가 3D에게 다시 경매를 위탁할 수 없는 이유가 될 수도 있었다. 이미 3천만 위안이 넘는 경매 건을 따냈던 회사가 얼마 지나지 않아 다시 2억이 넘는 경매를 맡고 게다가 위탁인과 담당법관이 동일인이라면, 누군가 의혹을 제기할 가능성이 다분했다. 만일 누군가 정말로 젠거와 3D를 예의주시하고 있다면, 정당하게 이의를 제기하는 방식을 택하지 않음으로써 이쪽에 변명할 기회조차 주지 않을 수도 있다. 보이지 않는 손이 보이지 않는 힘을 이용하여 주변을 맴돌다가 전혀 예상치 못한 곳에서 이쪽의 허점을 파헤치려 들 수도 있었다. 이런 가능성을 생각 못할 젠거가 아니기에 의혹을 피하려고 다른 회사에 일을 맡기려 할 수가 있었다. 이런 것을 두고 주식시장에서는 모든 계란을 한 바구니에 담지 않는다고 하지 않던가. 그렇다면 젠거가 3D에게 일을 맡기려고 했다가 일이 임박해서 생각이 바뀐 것일까.

그리고 젠거 위로 부법원장, 법원장이 있고 그 위로 더 많은 상급자들이 있다. 일개 집행국의 국장 단독으로 처리할 수 있는 일이 아니라는 것을 이해하기란 어렵지 않다. 젠거의 상관들은 어떤 인물들일까. 분명한 것은 그들도 인간세상을 벗어나 사는 성인이 아니라는 사실이다. 그들에게도 아내와 자식, 친인척이 있을 것이고 어쩌면 다른 경매회사의 무상주를 소유했을 수도 있다. 2억이 넘는 안건의 수수료를 10퍼센트로 계산하더라도 얼마인가. 2천만 위안. 5내지 3퍼센트로 계산하더라도 얼마인가. 그래도 6백만에서 천만은 족히 된다.

설령 젠거가 처음부터 3D에게 주기로 작정하고 있었다 하더라도 그가 상황을 전적으로 주도할 수 있을까. 만일 그가 3D에게 줄 마음이 없거나 줄 능력이 없다면 상황은 오히려 간단해질 수 있었다. 장중펑에게 한마디만 하면 그것으로 그만이었다. 어쩔 수가 없다. 그렇게 되면 이해한다는 말 외에 달리 무슨 말을 할 수 있겠는가. 심지어 그로서는 상황을 분명히 알아볼 방법도 없었다. 그의 좌절감이 얼마나 크든 그것은 혼자 삭여야 할 감정이었다.

이런 생각들이 장중펑을 더욱 불안하게 했다. 몇 번이나 전화기를 손에 들었다가 내려놓았다. 일의 결과가 어떻든 냉정을 유지해야 했다. 먼저 젠거에게 전화를 거는 것이 무슨 의미가 있겠는가? 없다. 그럼 무엇인가? 독촉? 힐난? 의심? 자신의 심정을 드러낸 것밖에 아무것도 아니었다. 하지만 방망이가 두드려지기만 하면 수천만 위안이 들어오는 상황에서 그냥 이렇게 있어야 할까.

그렇더라도 자제해야 했다. 특히나 상황을 분명히 파악하지 못한 상황에서 함부로 움직일 수는 없었다. 젠거 같은 지위의 인물들은 자제할 줄 모르는 인물을 가까이 하지 않는다는 것을 그는 알고 있었다.

이틀 후, 드디어 거원으로부터 그토록 기다리던 전화가 걸려왔다.

"시간 있으면 좀 만날까요?"

"그곳에서 볼까요?"

"오후에 퇴근하고 곧바로 갈게요."

거원의 설명을 듣고 난 후 장중핑은 그간에 졸였던 가슴을 쓸어내리며 한숨을 돌렸다. 그는 거원의 주도면밀한 계획에 탄복하지 않을 수 없었다. 그녀는 당대의 청유관(청유를 바를 때 사용한 항아리)을 장중핑이 준 청화연화존과 바꾸어 내놓았던 것이다. 그녀도 시대의 빛이 발행한 경매도록을 가지고 있었다. 초벌구이한 도자기들이 정갈하게 놓인 방안에서, 거원은 도록을 펼쳐놓고 손가락으로 가리켜가며 장중핑에게 설명했다.

"이게 진짜 청자예요. 위에저우(당대에 청자를 생산했던 지방) 청자죠. 보세요, 유색이 얼마나 푸르고 윤이 흐르는지 고요한 호수의 수면처럼 투명하게 푸르잖아요. 여기를 보세요. 흡사 유영하는 물고기의 지느러미 같죠. 어떤 사람들은 이것을 박유(어떤 효과를 내기 위해 고의로 유약을 벗겨내는 것)라고 하지만 전 요변(도자기를 굽는 과정에서 원료 중의 어떤 물질이 화학반응을 일으켜 생성된 자연적인 변화)이라고 믿고 싶어요. 영혼이나 생명이 깃든 것 같잖아요. 집에만 두었던 보배를 이번에 내놓으면서 많이 생각했어요. 진짜를 파는 것이 가짜를 파는 것보다는 좋을 거라고요. 우리의 일에 한 치의 실수도 있어서는 안 되는데, 그런 모험을 무릅쓸 수는 없지 않겠어요?"

그녀의 눈이 보일 듯 말 듯 웃으며 장중핑을 바라보았다.

장중핑으로서는 당연히 마다할 이유가 없었다. 이렇게 되면 조사를 두려워할 필요도 없었다. 남의 얘기 하기 좋아하는 사람들, 공연히 헐뜯는 사람들, 심지어 기율위원회나 감찰원 사람들은 할 말이 없을 것이다. 굳이 말할 게 있다면, 장중핑이 꽤나 비싼 물건을 사갔구나 하는 정도일 것이다. 비싼 물건을 구입한 게 법에 저촉되는 것도 아니니 문제될 게 없었다.

경매회에서 거래되는 골동품의 거래가격이 예상보다 높은 것은 흔히 있는 일이었다. 우선은 골동품 예상가격 자체가 상당히 탄력적이었다. 위탁자의 기대치가 지나치게 낮거나 감정인의 개인적인 판단에 의해 저평가되는 경우가 얼마든지 있을 수 있다. 어떤 입찰자들은 경매회에서 단지 돈을 주고 물건을 구입하려는 단순한 목적만이 아니라, 경매회라는 무대를 빌어서 일종의 쇼를 하고 싶어

한다.

몇 년 전에 그런 보도가 있지 않았던가. 한 기업이 수백만 위안을 주고 이미 원래의 가치를 상실한 낡은 비행기를 구입한 후에 비행기를 녹이 슬도록 내버려두고 있다는 보도. 왜 그럴까. 이 기업이 주목한 것은 비행기 자체의 가치가 아니라 비행기를 구매하는 행위가 가져올 광고 효과였다. 수백만 위안을 들여서 광고를 하는 기업들은 얼마든지 있다. 하지만 겨우 수백만 위안으로 하루아침에 전세계 매스컴의 주목을 받으며 사람들의 입에 지속적으로 기업의 이름이 오르내리게 만드는 것은 불가능하다.

경매회에서 비이성적인 요소는 입찰자들 간의 승부욕으로도 나타난다. 외나무다리에서는 용감한 자만이 승자가 된다. 경매회에서는 실력이 모든 것을 결정한다. 여유만만하게 입찰번호판을 올리면 일시에 미녀와 카메라의 시선이 자신을 주목한다. 이 얼마나 멋지고 호방한 기분이겠는가. 비록 이렇게 멋지고 호방하게 보이기 위해 지불한 대가가 피 같은 돈이라 하더라도, 자기가 하고 싶어서 한 것이라면 무슨 상관이겠는가. 기껏해야 바보라고 비웃음을 사는 게 고작일 것이다. 하늘을 찌르고도 남을 만큼 똑똑하다고 생각하는 그들은 오히려 자신들이 이 바보에게 속아 넘어갔다고는 짐작도 못할 것이다. 바보가 바보스러운 짓을 하는 것은 눈에 보이지만 바보가 몰래 즐거워하는 모습은 볼 수가 없을 것이므로.

거원의 설명을 들으며 장중핑은 자신도 모르게 고개를 끄덕이면서 내심 쾌재를 불렀다. 그와 젠거는 여전히 한 배를 타고 있었고 버림을 받지 않았던 것이다.

한 가지 사소한 문제가 있었는데, 청유 항아리의 가격이었다. 말인즉슨 그들이 암묵적으로 정했던 아라비아숫자를 다시 정해야 했던 것이다.

거윈이 얼마를 제시할까.

이 문제도 사실상 간단했다. 장중펑은 전적으로 거윈의 생각을 따를 것이기 때문이다. 그가 일언반구 하지 않거나 잠시 망설이는 태도를 보이는 것이 이미 가격흥정의 의미가 아니겠는가.

당연히 거윈이 조금이라도 불편해할 여지를 남길 장중펑이 아니었다. 거윈과의 가격흥정은 젠거와 흥정을 하는 것이나 마찬가지였다. 어떻게 저울추를 쥔 인물과 설왕설래할 수 있겠는가. 이것이 만일 일반적인 거래였다면, 이 거래를 하고 싶어서 줄을 설 경매회사가 얼마든지 있을 터였다. 장중펑이 기댈 유일한 희망은 거윈이 자중할 줄 아는 여자라는 믿음이었다.

"필담으로 하는 게 좋겠죠?"

"됐어요. 제가 경매회에 사람을 보낼 텐데, 그 사람이 값을 더 붙여서 내놓지 않으면 그냥 그 값으로 가져가세요. 어떻겠어요?"

장중펑은 거윈을 보며 웃음을 짓다가 한결 진지한 태도로 고개를 끄덕였다.

제22장

눈앞에서 벌어지는 문제와 위험은 실제이고
내일의 문제와 위험은 단지 가능성일 뿐이다.

장중펑이 청전의 집으로 들어선 후 청전은 벌써 세 번이나 구토를 했다. 마지막에는 아예 화장실에 꿇어앉아서 나오지 않았다.

장중펑은 따라 들어가서 같이 쭈그려 앉고는 등을 두드려주며 말했다.

"왜 그래?"

"큰일 났어요. 지난번에 깨끗이 지워지지 않았나봐요. 한번 더 검사를 해봐야겠어요."

"어떻게 된 거야? 지난번에 병원에 갔었잖아. 그럴 리가 있어?"

"그럼 왜 구역질이 나겠어요?"

"밤에 혹시 이불을 제대로 덮지 않아서 감기 든 거 아냐?"

"감기 걸렸다고 구역질이 나요? 의사가 잘 안 될 수도 있댔어요."

청전이 장중펑을 안고 엉엉 소리내어 울더니 눈물로 범벅이 된 얼굴을 들며 말했다.

"난 어쩌면 이렇게 운이 없을까요?"

"괜히 조급해하지 마. 그렇지 않을 수도 있잖아."

"어서 가서 임신 테스트기 좀 찾아와요. 어서요."

테스트기에 임신을 표시하는 두 개의 붉은 선이 어렴풋하게 나타났다. 청전은 눈가에 눈물이 채 마르지 않은 얼굴로 확인하더니 다시 소리내어 울기 시작했다.

우는 청전을 보며 장중펑은 말할 수 없이 가슴이 쓰리면서도 한편으로 짜증이 치받고 올라왔다. 조금 전에 임신 테스트기를 찾느라 침대에 온통 흩어놓았던 콘돔과 피임약들을 정리하면서 불만스런 목소리로 말했다.

"다음엔 복용하는지 안 하는지 볼 거야."

"하지 말죠, 뭐."

"왜 그렇게 멋대로야? 손해 보는 사람은 당신 아냐?"

청전이 한참이나 말없이 그를 바라보았다. 갑자기 그를 제치고 침대 가장자리에 정리해둔 피임 도구들을 움켜잡더니 주방으로 달려가서 쓰레기통에다 던져넣었다.

"내가 이러는 것도 멋대로죠?"

방으로 돌아온 청전이 장중펑에게 쏘아붙였다.

"이것 봐. 멋대로가 아니면 뭐야?"

장중펑이 맞받았다.

"당신이 멋대로라고 하면 그런 거겠죠. 하지만 난 아니에요. 당신을 사랑해서 그럴 뿐이에요."

"왜 이렇게 난리를 치는 거야?"

"내가 난리를 친다구요? 그때 내가 당신은 아무것도 상관할 것 없다고 말했죠? 나 혼자 낳아서 나 혼자 키운다고 했어요. 하지만 당신이 원치 않는다고 해서 두말 하지 않고 혼자 병원에 갔어요. 지웠다구요. 난 앞으로도 임신을 할 거고, 당신이 원하면 키우고 원하지 않으면 또 가서 지울게요. 그러면 되잖아요."

"왜 이러는 거야?"

"정말 몰라요? 나보다 나이도 훨씬 많으면서, 내가 왜 이러는지 몰라요?"

그를 뚫어져라 바라보는 청전의 눈에서 다시 눈물이 쏟아져 내렸다. 장중펑은 속수무책으로 서있다가 팔을 뻗어 청전을 안으며 한숨을 쉬었다.

"왜 이러는 거야, 바보같이."

청전은 그의 품에서 안정을 되찾으며 그렇게 그의 가슴팍에 기대어 있었다. 잠시 후 웃음을 지으며 말했다.

"당신이 나를 바보라고 부르는 게 좋아요. 바보가 될 거예요. 당신에게 바보가 될 거예요. 바보는 걱정도 근심도 없어요. 바보는 일을 생각할 필요도 없고, 무슨 일이 생기면 모두 당신이 생각해요. 당신이 처리해요."

장중펑은 기가 막혀서 한숨밖에 나오지 않았다.

"쯧쯧……."

"여보, 안심해요. 나 그렇게 약골이 아니에요. 아주 튼튼하다구요."

"내 말도 안 듣고 의사 말도 안 듣고."

"내가 당신 말을 안 듣는다고 누가 그래요? 알았어요. 이제 당신 말을 들을게요. 나 착하죠?"

"착해. 아주 착해."

"됐어요. 신경 쓰지 마요. 당신이 신경을 쓰면 긴장된단 말이에요. 긴장하면 당신이 신경 쓰는 것보다 훨씬 신경이 쓰여요. 알았죠?"

"누구 분부라고."

오후에 충린이 같이 밥도 먹고 마작이나 하자며 전화를 했다. 장중펑이 청전에게 물었다.

"당신 괜찮겠어?"

"안 될 게 뭐예요? 그쪽으로 갈 거예요?"

"아직 모르겠어."

"그럼 우리가 가요. 난 괜찮아요."

지난번에 보았던 바오와 리 변호사도 와 있었다. 시작은 괜찮았다. 차오가 충린 대신에 자리를 차지하고 앉았고 장중펑은 청전에게 해보라며 계속 권했다. 두 여자들의 공격 앞에서 자칭 사내대장부라는 변호사 둘이 쩔쩔맸다. 연신 대단하다는 둥, 이 사회가 양기가 쇠하고 음기가 강해져서 그렇다는 둥 하며 너스레를 떨었다. 차오와 청전이 의기양양해서 분발하라며 두 사람을 놀렸다.

열두 시가 되어갈 무렵, 탕원에게서 전화가 왔다. 장중펑은 그제야 탕원에게 전화하는 걸 잊었다는 생각이 들었다. 그는 충린을 한쪽으로 끌고 가서 화장실에 갔다고 말하라며 전화기를 건네주었다.

충린이 황급히 전화를 받았다.

"누구십니까? 아, 교수님이시군. 또 남편 순찰중이십니까? 예, 나하고 같이 있습니다. 뭐 하겠습니까? 마작이나 하죠. 그 집 양반하고 할 말도 있고 해서. 그 친구 지금 화장실에 갔습니다. 내가 왜 전화를 받냐구요? 받으면 안 됩니까? 알았습니다, 알았어. 지금 나오네요. 바꿔줄게요."

장중펑이 휴대폰을 받아서 말했다.

"방금 화장실에 갔다 왔어. 들어오냐고? 당연히 들어가지. 좀 있다가. 당신 먼저 자, 응?"

장중펑이 전화를 끊고 얼마 되지 않아 청전이 또 구역질을 하기 시작했다.

충린이 "입덧 같은데?" 하고 말했다.

"그만 해. 저녁때 먹은 그 버섯탕 때문인가?"

"그럴 리 없어요. 아니면 저는 왜 멀쩡하겠어요? 내가 보기엔 사장님이 너무 힘을 쓰신 것 같은걸요. 조심하세요. 여자는 살살 다뤄야 해요."

차오가 끼어들었다.

"어쩐지 우리가 당할 수가 없더라니. 1대 2로 싸웠던 거군."

바오 변호사가 끼어들었다.

청전은 구역질이 심해서 말참견을 할 수조차 없는 지경이었다. 그런 그녀를 보며 충린이 자리를 접자고 말했다. 장중펑도 재빨리 "그러지. 시간도 늦었고" 하며 말했다. 바오와 리 두 변호사도 그러자며 일어섰고 이렇게 판이 끝났다.

충린이 장중펑을 한쪽으로 데려가더니 "오늘 밤에 집에 가. 이 친구야, 나한테 전화를 받게 하면 어떻게 해? 자네 집사람이 나한테 묻기라도 하면 내가 뭐라고 말해? 큰일 났네. 자네가 가면 내 휴대폰을 꺼놔야겠어" 하고 말했다.

장중펑은 쏜살같이 차를 달려서 청전의 집에 도착했다. 그는 조심스럽게 청전을 부축해서 위로 올라갔다.

"어떻게 된 게 이렇게 참을 수가 없을까요?"

"어서 침대에 누워. 너무 늦었어. 이 시간까지 쉬지를 못해서 그런 건지도 몰라. 내가 물 좀 끓여 올게. 약은 먹었어? 뜨거운 물에 샤워라도 할래?"

침대에 누운 청전이 장중펑을 침대머리로 불러서 손을 잡으며 말했다.

"이렇게 가만히 있어줘요. 당신을 바라보고만 있어도 난 괜찮아져요."

"시간이 많이 늦었어."

청전이 잡고 있던 장중펑의 손을 풀더니 돌아누웠다. 이 틈을 이용해서 그는 재빨리 휴대폰의 시계를 보고는 고개를 저으며 몰래 한숨을 내쉬었다. 잠시 후, 청전이 천천히 다시 돌아누우며 말했다.

"왜 멍하니 있어요? 이리 와서 누워요. 안아줘요. 응?"

장중펑은 얌전히 청전에게 기대어 누운 채로 그녀의 배를 두세 번 쓸어내렸다.

"괜찮아? 이제 좀 편안해졌어?"

"너무해. 내가 빨래판이 된 것 같잖아요. 차오가 한 말이 맞아요. 당신은 정말로 여자를 다룰 줄 몰라요."

미안하다고 말하면서 그는 입을 맞추었다.

"당신 그거 알아요? 당신을 보고 있으면 마음이 편안해져요. 이렇게 당신을 바라보다가 천천히 잠이 들고 싶어요."

"그래, 눈 감아. 어서 자자."

"누가 지금 자고 싶다고 그랬어요? 잠도 오지 않아요."

"바보. 당신이 좀 좋아지면 가봐야 해. 안 그러면 또 전화가 올 거야."

청전이 그를 밀어내며 말했다.

"가봐요."

"가라고?"

"가고 싶어 안달이 났잖아요."

"몇 시간만 있으면 아침이고, 아침에 다시 오면 되잖아."

"가요."

장중펑이 일어나자마자 청전이 울음을 터뜨렸다. 어쩔 수 없이 장중펑은 다시 돌아와서 침대에 걸터앉아 청전의 등을 토닥였다.

"너무 힘들어요. 정말로 힘들다구요."

"참아봐. 어쩌겠어."

장중펑은 끓인 물을 이용해서 우유 한 잔을 따끈하게 데웠다. 그릇에 수돗물을 받아서 우유 잔을 넣었다가 뜨겁지 않다는 것을 확인하고는 청전에게 가져왔다.

"누가 우유 마시겠다고 했어요? 안 마셔요."

"몇 모금만 마셔. 따뜻해. 마시면 속이 좀 편해질 거야. 잠을 청하는 데도 도움이 될 거야."

"잠을 잘 수가 없어요."

"한번 마셔봐."

"마시면 다시 토할 거예요."

이때 휴대폰이 울렸다. 너무나 돌발적인 울림. 장중펑과 청전은 약속이나 한 듯이 동시에 화들짝 놀랐다. 누구로부터 걸려온 전화인지 알았던 것이다.

장중펑이 휴대폰을 꺼냈고, 예상대로 탕원이었다.

그는 거실로 나와서 재빨리 텔레비전을 켰다. 그리고 텔레비전에서 흘러나오는 소리를 배경으로 삼아 전화를 받았다.

"아직도 안 끝났어요? 한 시가 넘었어요. 더구나 주말도 아니고."

"다 됐어. 당신 먼저 자."

장중펑이 다시 들어오자 청전이 말했다.

"가요."

"괜찮겠어?"

청전은 대답도 하지 않았고 그를 쳐다보지도 않았다. 눈을 동그랗게 뜬 채로 벽에 걸린 사진들을 바라보고 있었다.

"나 갈게."

"가세요."

청전은 여전히 그를 돌아보지 않았다. 그녀의 눈은 줄곧 벽을 향해 고정되어 있었다. 장중평은 그녀가 벽에 걸린 사진을 보는 건지 아니면 사진 너머의 허공을 바라보는 건지 알 수가 없었다. 청전의 시선에 담긴 의미를 생각하고 있을 때가 아니라는 생각이 든 그는 "그래, 갈게" 하고 말했다. 그는 그녀가 작은 표시라도 해주기를 기대하며 줄곧 청전을 바라보았다. 하지만 청전은 마치 굳어버린 듯이 미동도 하지 않았다.

장중평은 한숨을 목으로 삼켰다. 이제 정말 가야 했다. 그는 가만히 방을 나와서 부엌과 화장실의 불을 껐다. 거실의 전등도 껐다가 곧바로 다시 켰다. 그리고 문 손잡이를 돌렸다.

그때 청전이 튀어오르듯이 벌떡 일어나서 방을 뛰어나와 두 팔로 힘껏 장중평의 허리를 감싸 안았다. 고개를 들어서 그를 바라보며 말했다.

"너무 힘들어요. 정말로 힘들어요. 오늘밤에 죽어버릴 것 같아요."

그는 문에 몸을 부딪히며 애써 웃음을 지었다.

"바보 같은 소리 하지 마."

"아니, 할 거예요. 할 거라구요."

"이러다가 감기 들겠어. 감기 들면 다시 구토증이 올 거야. 어서 침대로 돌아가."

"싫어요."

"말 들어."

"싫어요."

"말 들으라니까."

"그럼 좋아요. 나를 안고 데려다줘요."

장중펑이 허리를 굽혀 그녀를 안아 올려서 침대로 데려갔다.

그가 몸을 일으키려 했지만 그럴 수가 없었다. 청전이 그의 목에 매달린 채로 손가락을 깍지 끼고 놓아주지 않았다.

"가지 마요."

"어떻게 그래?"

"오늘밤만."

"안 돼."

"제발이에요. 나 아파요. 너무 힘들어요. 혼자서는 견딜 수 없어요. 그쪽에 전화하면 되잖아요. 네?"

"안 돼. 가야 해."

"나 죽을지도 몰라요."

"안 그래."

"정말로 죽을 거예요."

"바보 같은 말 하지 마."

"그럴 거라구요. 그럴 거예요."

"농담하지 마. 그런 게 어디 있어?"

"그런 게 왜 없어요? 집에 가스도 있고 창문에 방범용 창도 없고 그리고 칼도 있어요."

"무슨 말을 하는 거야?"

"집에 가스도 있고 창문엔 방범용 창도 없고 그리고 칼도 있다고 했어요."

"그러고 보니 내게 협박을 하는 거였군. 어떻게 나를 협박할 수 있어?"

"협박하는 거 아니에요."

"난 다른 사람이 나한테 협박하는 거 질색이야. 가장 싫어하는 게 다른 사람이 나를 협박하는 거야."

"협박 아니에요. 정말로 아니에요."

이때 휴대폰이 다시 울렸다. 휴대폰이 그의 바지 주머니 속에 있었다. 그는 어렵사리 강하게 깍지 낀 청전의 손가락을 풀었다. 그러고는 휴대폰을 꺼내 전화를 받고는 탕원이 말할 틈도 없이 큰소리로 말했다.

"지금 갈게."

청전이 소리내어 울기 시작했다.

그녀는 팔로 자기 입을 틀어막으며 온몸을 사시나무 떨듯이 떨었다. 그는 청전이 이렇게 하리라고는 생각지도 못했다. 그는 눈앞에서 벌어지고 있는 장면을 믿지 못하겠다는 듯이, 마치 그녀의 행동이 자신과는 아무 상관도 없는 일인 듯이 멍하게 바라보았다.

그녀는 여전히 숨을 헐떡거리며 버텼다. 하지만 장중펑은 참을 수가 없었다. 그는 힘을 주어 그녀의 입에 물려 있는 팔을 빼냈다. 깊게 파인 자국 위로 선홍색의 피가 솟구쳤다. 그가 황급히 화장지를 가져와서 닦아내자 희고 부드러운 화장지가 금세 피로 물들었다.

그는 속이 달아오르는 것을 참지 못하고 청전의 뺨을 후려쳤다. 그리고 그녀의 팔에 묻은 피를 닦아내며 험악하고 낮은 목소리로 말했다.

"어쩌자고 이러는 거야? 어쩌자고?"

청전도 분노에 찬 눈으로 그를 바라보며 말했다.

"간다고 했잖아요. 가요. 무슨 상관이에요?"

"여전히 나를 협박하는군."

"협박하는 거 아니에요."

"하고 있잖아."

"아니라구요."

"어쩌자고 이러는 거야? 왜?"

"나한테 왜냐고 묻지만 말고, 당신한테 왜냐고 물어볼 수는 없어요? 왜 그쪽에 말을 못해요? 오늘밤에 못 간다고 왜 못해요? 그게 그렇게 어려워요? 문제는 당신이 그럴 생각이 없다는 거예요. 털끝만큼도. 나를 위해서, 아픈 나를 위해서 변명이나 거짓말을 할 생각조차 해보지 않았다구요!"

"어쩔 수가 없어."

"왜 어쩔 수밖에 없어요? 누가 어쩔 수가 없다고 정해놨어요?"

"이건 말할 가치도 없는 일이야."

"하지만 난 아파요. 내가 왜 아픈지 모르는 것도 아니잖아요. 힘들다고 말했잖아요. 정말로 너무 힘들다구요. 거짓말을 하는 게 아니에요. 그리고 당신이 가고 나면 죽을 거라고 말했어요. 근데 당신은 여전히 어쩔 수가 없다고만 하는군요."

"그렇다고 이렇게까지 해야 해? 나로서도 어쩔 수가 없어."

"왜요?"

"왜가 아니야."

"왜가 아니란 말은 무슨 뜻이에요?"

"왜가 아니라면 아닌 거야. 말할 것도 없다는 거야. 왜냐하면 이게 규칙이니까."

"이게 규칙이라구요? 이게 무슨 개 같은 규칙이라는 거죠? 당신네 남자들의 규칙이겠죠. 아니에요?"

"그래."

"아주 좋아요. 드디어 입 밖에 내셨군요. 장중핑 당신은 지금껏 한번도 진심이 아니었어. 단지 놀이였을 뿐이야. 그렇죠?"

장중핑은 "그래"라고 내뱉고 싶었지만 이 한마디를 입 밖으로 내뱉을 마지막 한 가닥 힘이 부족했다. 중학교 때 작문 시간에 '강노지말(強弩之末:강한 쇠뇌로 쏜 화살도 마지막에는 얇은 비단조차 뚫지 못한다는 뜻)' 이란 말을 배웠는데, 이 말의 의미를 이제야 알 것 같다는 생각이 들었다.

"그분은 이미 당신과 20년 가까이 살았어요. 나는 겨우 하룻밤 같이 있고 싶은 거구요. 난 아파요. 힘들다구요. 심지어 난 당신에게 이 밤을 위해 내 목숨까지 버리겠다고 했어요. 만약 당신이 조금이라도 방법을 찾아보자고 말해주었다면 어쩌면 당신을 보내주었을지도 몰라요. 왜냐하면 그런 말이 나에 대한 당신의 태도, 당신 마음속에 내가 있다는 걸 말하니까. 하지만 당신은 그러지 않았어요. 놀랍게도 아니었어요, 아니었다구요! 그건 당신이 나를 사랑하지 않기 때문이에요. 그래요. 당신은 나를 사랑하지 않아요. 아예 사랑하지 않는다구요."

"당신 말이 맞아. 난 당신을 사랑하지 않아. 난 지금껏 누굴 사랑해본 적이 없어. 난 나만 사랑해."

청전이 웃었다. 마치 찬란한 햇살이 짙은 구름을 헤치고 그녀의 얼굴을 비추는 것 같은 웃음이었다.

"그랬군요. 좋아요. 지금 휴대폰을 끄고 옷을 벗어요. 아직 여섯 시가 안 되었으니 하룻밤인 셈이군요."

장중펑이 어리둥절한 눈으로 청전을 바라보았다.

청전이 다시 웃더니 차분히 가라앉은 음성으로 말했다.

"무슨 말인지 모르겠어요? 당신이 나를 사랑하는 것이 당신이 남아 있어야 할 이유예요. 당신이 나를 사랑하지 않는 것도 당신이 남아 있어야 할 이유구요. 아니면 내가 당신을 잡아두어야 할 이유라고도 할 수 있겠군요. 왜냐하면 내일부터 나는 당신을 그 사람에게 돌려줄 테니까. 당신이 다시 그 사람과 20년, 30년, 40년을 살도록 해줄 테니까. 60년을 하룻밤과 바꾸는 거예요. 아니 고작 몇 시간과 바꾸는 거예요. 아주 공평하죠. 그렇지 않아요?"

장중펑은 아직 그녀의 말을 못 알아들은 듯 그녀를 쳐다보고 있었다.

청전이 고운 웃음을 지었다.

"와우, 당신 아주 멋있어요."

그리고 웃음을 거두더니 가냘픈 소리로 말했다.

"장중펑, 나는 진심이었어요."

장중펑이 여전히 청전을 응시하고 있었다.

"망가뜨릴 거예요. 당신."

바로 이거였다. 그는 무너지는 기분을 느꼈다. 자신을 내팽개치고 싶은 충동, 무너지고 말 것 같은 기분이었다. 안 돼. 아니야. 그는 곧바로 마음속 깊숙이 갈라져버린 생각들을 추스르며 마지막 안간힘으로 용기를 끌어 모았다. 이렇게 해야만 곧 다가올 무너짐을 막을 수 있을 것 같았다.

"잘 들어. 당신은 계속 나를 몰아붙이고 있어. 이건 당신이 저지른 사소한 실수일 테지. 마흔이 넘도록 지금까지 적잖은 사람들이 나를 몰아붙였고 위협했어. 난 기꺼이 항복했지. 왜냐하면 난 고집스러운 사람이 아니니까. 한계선을 건드리지 않는 한 기꺼이 그렇게 했어. 하지만 누구든 이걸 건드리려고 한다면, 생각을 바꾸는 게 좋을 거야. 나 자신을 포함해서, 또 청전 너를 포함해서. 그러니까 너와는 이것으로 끝이야."

장중펑은 이렇게 말하고 몸을 일으켜 천천히 문 쪽으로 걸어갔다.

청전이 침대에서 벌떡 일어났다. 이번에는 달려와서 그를 안지 않았다. 그녀는 전혀 반대방향으로 걸음을 옮겼다. 창가로 다가가서 덜커덕 하고 창문을 열고 아래를 한번 내려다보고는 창턱으로 올라갔다.

"장중펑 당신도 내 말 잘 들어요. 가고 싶으면 가세요. 하지만 당신이 정말로 문을 열면 나는 여기에서 뛰어내려요. 이 방안에서 당신을 붙잡지 못했지만, 당신이 지나가는 길을 가로막을 거예요. 못 믿겠어요? 못 믿겠으면 문을 열어봐요. 난 한번도 당신을 몰아붙인 적이 없어요. 내가 당신을 몰아붙인다고 말했죠? 좋아요. 어디 몰아붙여보죠. 우리 오늘 이렇게 도박을 해봐요."

장중펑은 청전이 이렇게 나오리라고는 생각조차 못했다. 그는 아뜩한 기분이 들었다. 문을 열고 나가려는 충동이 그를 강렬하게 엄습하면서 심장이 두 방망이질했다. 전쟁터의 북소리처럼 쿵쾅거렸다.

문을 열고 나간다면?

불빛을 받아 반짝이는 문의 손잡이, 그 위에 손을 얹으면 차갑고 시린 짜릿한 느낌이 전해져 올 테지.

하지만 청전은 지금 그와 농담 따먹기라도 하는 것일까.

어떻게 해야 하지.

퇴로는 어디에 있는가.

그의 그림자가 문턱을 넘어서는 순간, 그녀가 정말로 몸을 던진다면? 그녀는 이미 말을 입 밖에 냈고 장담을 했다. 정말로 뛰어내리는 것 외에 달리 물러설 곳이 없을 것이다.

그녀는 이미 자해행위로 자신의 팔목에 상처를 내고 선연한 핏자국을 남겼다. 그런데 그녀가 지금 말장난을 하고 있는 것이라고 판단해도 될까.

방금 전까지 그녀는 구토를 했고 지금 그녀의 몸은 쇠약하다. 그녀는 너 한 사람을 위해서 병원으로 달려가 낙태수술을 했다. 그녀의 뱃속에 든 것은 너의 아이였고, 네가 원하지도 원할 수도 없다고 말했기 때문에 병원으로 간 것이었다. 낙태를 할 때 그녀는 어떤 원망의 말도 없었고 신체적인 고통도 두려워하지 않았다. 더욱이 더이상 아이를 가질 수도 낳을 수도 없는 위험도 기꺼이 감수했다. 이 모든 것을 두려워하지 않았던 그녀가 지금 무엇을 두려워하는 것일까.

그녀가 공연한 소동을 벌이고 있다고 하더라도, 그녀는 지금 환자다. 약간의 현기증만으로도 창문을 쥔 손에 힘이 풀리고 끈에서 떨어진 연처럼 아래로 떨어져버릴 수 있다. 여기는 5층인데, 청전이 목숨을 잃을 수도 있는 상황도 아랑곳하지 않고 정말로 굳이 가야겠다고 버티는 것인가.

누가 이 상황을 돌려놓을 것인가.

그녀는 마음 내키는 대로 행동하는 젊은 여자다.

하지만 너는, 그녀보다 스무 살이나 많으며 스스로 사려 깊고 성숙하다고 자부하는 중년의 남자다.

그녀가 정말로 너를 몰아붙이는 것일까. 정말로 너를 협박하는 것일까. 그녀가 너에게 무엇을 몰아붙이고 무엇을 위협하는가. 그녀는 단지 너에게 자신을 사랑해달라고, 소중하게 여겨달라고 애원하는 것일 뿐이다. 물러설까. 그리고 너는 정말로 그렇게 매몰차게 그녀가 죽든 살든 내버려둘 수 있는가.

그들은 그렇게 대치하고 있었다.

그녀의 생일날에도 그랬던 적이 있었지만, 그것은 욕망과 방종이 뒤섞인 기대가 내재된 대립이었고, 말하지 않아도 서로가 서로에게 빠져 있다는 것을 알고 벌이는 유희였다. 그날의 대립은 그녀의 항복으로 일단락되었고, 그녀는 그에게 자신의 순결을 내주었다. 서로의 속으로 들어가는 순간 두 사람은 더할 나위 없이 미묘한 상상과 환각적인 소리와 빛으로 빨려 들어갔다. 그에게 그것은 새로운 성경험이 하나 더해진 것에 지나지 않았다. 그러나 그녀에게는 여인으로 새롭게 태어나는 순간이었다.

청전은 너의 여자이다. 왜냐하면 네가 그녀를 여인으로 만들어주었으므로. 그녀는 아무것도 돌아보지 않고 오로지 너의 여자이기를 원한다. 그녀의 생일이었던 그날 밤부터 너희 둘은 지금에 이르렀다. 그렇다. 바로 그날 밤부터 한 걸음씩 걸어온 것이다.

너는 두 사람이 함께 했던 즐거움을 부정할 수 있는가. 너는 그녀가 너에게 준 남자로서의 자부심과 만족을 부정할 수 있는가. 너는 지금까지 무수히 많은 여자들을 가져본 남자이고, 감정의 그물에 걸리지 않고 언제든 뜻대로 들어가고 나갈 수 있는 남자라는 생각으로 득의에 차 있었는데, 그렇다면 그간에 제대로 된 상대를 만나지 못한 것에 불과했단 말인가. 청전의 출현과 존재가 너의 이런 생각들을 바꿔놓을 것이며, 너를 부도덕하지만 더할 수 없는 쾌락의 따뜻한 수렁으로 빠뜨릴 것을 이미 어렴풋하게나마 의식하지는 않았는가. 머지않아 한쪽 발을 빼야겠다고 생각한 적은? 아니면 도저히 어쩔 수 없다는 생각에 무력하게 끌려왔는가.

문제가 터져 나온 지금, 이미 늦은 것인가.

느닷없이 몰아닥친 상황 앞에서 해결방법은 많아 보이지 않았다.

항복하는 것 말고 다른 방법이 있을까. 끝까지 버틸 것인가 타협할 것인가. 상황을 더 확대시켜서는 안 된다. 당장 끝내야 한다. 바로 오늘 밤에, 바로 지금. 하지만 내일은 어쩐다? 내일 닥쳐올 문제가 더 크지 않을까.

하지만 어쨌든 지금 눈앞에서 벌어지는 문제와 위험은 실제이고, 내일의 문제와 위험은 단지 가능성일 뿐이다. 아직 오지 않았다. 그렇다면 내일 다시 이야기해야 할까. 그렇지만 오늘 이 문턱을 넘어서지 못하면 내일이 있을까.

장중평은 창턱에 올라앉은 청전을 뚫어져라 바라보고 있었다.

청전도 문 옆에 서있는 장중평을 뚫어져라 보았다.

청전의 생일이었던 그날도 그들은 이렇게 마주보았었다. 그것은 사냥감과 사냥꾼 간의 일종의 힘겨루기 같은 것이 아니었을까.

장중펑은 한참을 망설였다. 머릿속이 마치 빛들이 번쩍이고 지나가는 것 같았다. 그는 자신도 모르게 한숨을 토했다.

"그래, 내려와."

청전이 고개를 돌려 그를 바라보았다. 그녀로선 정말 듣고 싶었던 말이었겠지만 그가 정말로 그렇게 말했는지 믿기지 않는 듯했다.

"내려와."

"가지 않겠다는 거죠?"

"당신이 이겼어. 잔인하게도."

"좋아요. 이리 와서 나를 안아줘요. 손가락 하나 까딱할 힘도 없어요."

장중펑은 청전을 안아서 침대에 던지듯 내려놓고, 휴대폰을 꺼내서 배터리를 떼어냈다. 그러고는 이전과는 전혀 다른 방식으로 옷을 벗기 시작했다. 무척이나 반듯한 동작으로 먼저 상의를 벗은 다음 바지를 벗었다. 두 사람 모두 아무 말이 없었다. 청전은 눈을 깜박이며 불만에 가득 찬 얼굴로 묵묵히 몸에 걸친 옷들을 하나씩 벗어나가는 그를 보고 있었다.

장중펑은 청전에게는 그렇게 예의를 차리지 않았다. 거칠고 민첩한 손놀림으로 그녀의 잠옷과 망사 브래지어를 벗겨서 바닥에 던졌다. 그러고는 뛰어오르듯이 침대로 올라와서 그녀를 덮쳤다.

"싫어, 싫어요"라고 외치며 청전이 몸부림쳤지만 어림없는 일이었다.

처음에 그의 뇌리에 탕원의 얼굴이 스치고 지나갔다. 청전과 섹스를 하면서 탕원이 생각난 것은 이번이 처음이었다. 지금 그의 휴대폰이 갑자기 꺼져서 어쩔 줄 몰라하고 있을 탕원의 모습이 선연했다. 청전은 이건 아주 공평한 거라고 말했다. 그랬다. 공평했다. 장중펑은 앞으로 다가올 여섯 시간이 탕원에게는 6년 같은 시간이 되리라는 것을 잘 알고 있었다. 그의 가슴이 옥죄어왔다. 자신의 가슴이 탕원으로 인해 이렇게 오그라드는 것처럼 저려올 줄은 생각지도 못했다.

곧이어 모든 생각들이 마치 거센 바람 앞에 날아가는 나뭇잎처럼 순식간에 사라져버렸다. 모든 생각들이 눈 깜짝할 사이에 자취를 감추었다. 청전은 처음에 그를 밀쳐내려고 몸부림쳤지만 그것이 공연한 짓이라는 것을 곧 깨달았다. 그녀는 입을 벌리고 헐떡거리며 숨을 내쉬었다.

처음에 두 사람은 마치 원수처럼 분노에 차 있었지만, 조금씩 분노가 조각조각 갈라지더니 어느새 사라져버리고 없었다. 분노가 사라진 잔인함은 더이상 잔인함이 아니었다. 그것은 평상시에 나누던 섹스와 다를 바 없는 고통 같기도 하고 쾌락 같기도 한 신음이었고, 살과 살이 부딪치는 기이한 뒤틀림이었다.

장중펑은 자주 청전에게 꽃을 사다주었다. 그는 갖가지 꽃들을 좋아했다. 붉은색, 노란색, 자주색, 흰색, 파란색의 꽃. 장미, 모란,

난초, 카네이션, 물망초, 마가렛. 윈난에서 비행기로 날아온 꽃들은 모두 청전에 의해 도자기 화병 속에 꽂혀졌다. 도자기 화병들은 그와 청전이 함께 공예품시장에 가서 골라온 정교하면서도 현대적인 도자기들이었다. 꽃을 다듬어서 어울리는 것들끼리 꽂는 일은 청전의 몫이었다.

청전은 서점에서 꽃꽂이에 관한 책들을 사서 읽었고, 이제 상당한 솜씨와 상상력을 뽐낼 수 있게 되었다. 그녀의 손을 거치기만 하면 꽃들이 마치 생명력을 가진 것처럼 새로워졌다. 꽃꽂이를 할 때면 청전은 대단한 집중력을 발휘했지만, 장중펑의 감상을 거친 후에는 그가 다시 꽃들을 사올 때까지 돌아보지도 않았다. 그래서 청전의 방에는 언제나 꽃들이 활짝 피어 있었다. 그녀가 언젠가 꽃꽂이를 할 때마다 전혀 새로운 기분이 느껴지고 마치 그들이 언제까지나 신선하고 향기롭게 살아가는 모습을 상징하는 것 같다는 말을 한 적이 있었다.

지금 그들은 갖가지 꽃들이 뿜어내는 향기와 비릿한 피 냄새가 뒤섞여 거북스러운 달착지근한 향내 속에서 마치 두 마리의 짐승이 서로 뒤엉켜 싸우듯이 서로를 향해 달려들고 있었다.

두 사람의 몸은 땀으로 축축하게 젖었다가 열기에 다시 마르기를 반복했다. 한두 번, 청전이 손을 뻗어 장중펑의 얼굴과 가슴팍을 어루만지려다가 그에 의해 단호하게 거절당했다. 순간적으로 그녀의 눈에서 눈물이 쏟아져 얼굴을 적셨다. 떨어진 눈물이 곧바로 땀방울과 섞였다가 다시 천천히 말랐다.

다시 얼마 후, 밖에서 차의 엔진소리와 사람들의 소리가 조금씩 들려왔다. 가장 먼저 들려온 소리는 음악소리였다. 베토벤의 〈엘리제를 위하여〉. 장중펑은 그것이 청소차에서 나는 소리라는 것을 알았다. 마침내 두 사람의 몸이 멈추었다. 곧이어 둘은 차츰 잠 속으로 빠져 들어갔다.

얼마 지나지 않아 장중펑은 잠에서 깼다. 청전의 머리가 자신의 겨드랑이에 꼭 붙어 있고 마치 그의 몸을 자기 쪽으로 끌어당기듯이 그녀의 두 팔이 자신의 한쪽 팔을 꼭 끌어안고 있었다. 그녀의 긴 속눈썹에 아직 채 마르지 않은 눈물의 흔적이 남아 있었지만, 평화롭고 규칙적인 숨소리를 내고 있었다.

"사랑해요. 나를 떠나지 말아요."

청전의 눈이 여전히 감겨 있었다. 장중펑은 그녀가 잠꼬대를 하는 것인지 몽롱한 의식 속에서 읊조리듯이 하는 말인지 분간할 수가 없었다.

새로운 하루가 시작되었다.

장중펑은 처음으로 문을 나오면서 청전에게 입맞춤을 하지 않았다. 간단한 인사말은커녕 그녀가 일어났는지 아직 자고 있는지 들여다보지도 않았다. 오히려 그는 그녀가 일어나서 몰래 자신을 훔쳐보고 있기를 바랐다. 그렇지 않다면 자신이 차갑게 굳은 얼굴을 하는 것이 공연한 짓이 될 테니까.

그는 휴대폰을 켤 엄두를 내지 못했다. 휴대폰을 켜자마자 지난

밤 탕원이 걸었을 무수한 전화가 부재중으로 떠 있을 것이 불을 보듯 뻔했다. 마지막으로 전화가 걸려왔을 때, 그는 탕원이 말할 틈도 없이 커다란 소리로 곧 간다고 말했었다. 그때 그는 너무나 신경이 곤두서 있었다. 자신을 붙잡아두려는 청전에 대해 그리고 자신을 독촉하는 탕원에 대해서도. 그때는 곧 청전으로부터 빠져나갈 수 있으리라고 생각했었다.

예상한 시간이 넘도록 자신이 도착하지 않았을 때, 그녀는 어떻게 했을까. 신호등에 자주 걸리거나 길이 막히는 것일 거라고 애써 생각했을 것이다. 밤에 외출하는 일이 드문 그녀가 새벽 한 시가 넘은 도시의 풍경을 알까. 많은 이들에게 그 시간은 진정한 야간활동이 시작되는 시간일 테지만, 도시의 도로는 이미 거의 반수면 상태가 되어 길에 젊은 남자들 이외의 차량은 눈에 띄게 줄어든다는 사실을 탕원은 상상이나 할 수 있을까. 소심한 탕원은 하는 수없이 남편이 마작을 하는 장소가 처음에 자신이 생각했던 그 호텔이 아니라 더 멀리 있는 곳이라고 생각하며, 남편이 도착할 예정시간을 더 길게 잡았을 것이다.

온갖 짐작을 동원하며 늘여서 잡은 시간이 다 지나도록 남편이 돌아오지 않았을 때, 탕원은 어떻게 했을까. 아마 더이상 참지 못하고 다시 전화를 걸었을 것이다. 하지만 놀랍게도 남편의 휴대폰 전원이 꺼져 있었다. 그녀가 얼마나 놀랐을지는 짐작하고도 남을 일이다. 방금 전원이 꺼진 것이 혹시 휴대폰 배터리가 다 돼서 배터리를 갈아 끼우느라고 그랬던 것이 아닐까 생각하며 몇 분 후 다시 전화를 걸었을 테지. 하지만 여전히 전원은 꺼져 있었고, 열 번 수십 번을 걸어봐도 여전히 꺼져 있었다. 그녀로서는 남편의 휴대폰이 갑자기 꺼져버린 이유를 도무지 알 수가 없을 것이다.

그녀가 몇 번이나 도착할 시간을 이리저리 가늠하며 혼자 기다리고 있는데, 기다리는 남자는 곧 간다고 말해놓고 사람은 고사하고 전화 한 통이 없다면, 당연히 무슨 일이 일어난 게 틀림없다고 생각하며 안절부절할 것이다.

탕원은 어쩔 수 없이 교통사고에 생각이 미쳤을 것이다. 하지만 다른 차와 접촉사고가 있었더라도 휴대폰을 꺼둘 이유는 없을 터였고 곧바로 그녀에게 전화를 걸어서 한마디만 해주면 되는 문제였다. 그렇게 늦도록 사람을 기다리는 것이 얼마나 조바심 나는 일인지도 모를 만큼 장중핑은 무심하지 않았다. 그렇다면 대형교통사고라는 말일까. 그럴 리가 없었다. 그녀는 장중핑이 얼마나 신중한 남자인지 알고 있었다. 때로 두 사람이 비행기를 타고 가야 할 경우에도 같은 비행기에 탄 적이 없었다. 그는 "비행기가 떨어지는 걸 누가 미리 알 수가 있겠어? 준비라도 해두는 게 그나마 좋잖아" 하고 말했었다. 후에 이 이야기를 들은 충린이 그들을 보며 "그 집처럼 돈이 많은 집은 쓸데없는 걱정도 많고 공연한 탈도 많은가보군" 하고 놀렸다.

장중핑은 고속도로에서 차량이 많지 않은 경우에도 제한속도를 넘겨서 운전을 한 적이 없었다. 그가 술을 마시는 것도 아니었기 때문에 대형 교통사고가 날 만한 일은 없다고 할 수 있었다. 그렇더라도 도시 이곳저곳이 온통 건설공사가 한창인 만큼 교통경찰이 퇴근한 이후에 눈이 벌겋게 충혈된 황소처럼 누비고 다닐 덤프트럭이 없으란 법도 없었다. 운전은 이쪽이 아무리 조심하고 신호를 준수해도 상대편이 와서 들이박는다면 도리가 없는 일일 테니까.

장중평은 아내가 했을 생각의 꼬리들을 쫓았다. 십중팔구 그녀는 충린에게 전화를 했을 것이다. 다행히도 충린이 헤어지기 전에 휴대폰을 꺼놓겠다고 했으니 충린 쪽에서 문제가 불거질 우려는 없었다. 새벽 두 시가 넘은 시간에 휴대폰이 꺼져 있는 것이 이상할 것도 없는 일이라는 것을 알면서도, 충린의 휴대폰마저 꺼져 있다는 사실에 그녀는 더욱 조급한 심정이 되었을 것이다. 남편이 강도를 만났다고 생각했을까.

언젠가 그녀가 남편에게 전화를 걸었다가 휴대폰이 꺼져 있자 다시 충린에게 전화를 한 적이 있었다. 장중평의 휴대폰 배터리가 방전되어 저절로 꺼져버렸고 마침 그는 충린과 마작을 하고 있었다. 그날 충린이 탕원에게 "그러게 뭐하러 그렇게 돈 잘 버는 남편을 두랍니까? 살림이 좀 늘면 여자니 도둑이니 속을 끓이잖아요. 얼마나 성가셔요. 이제 돈 있는 사람의 고통을 알았겠죠?" 하며 농담을 했었다. 그날 샤오위의 일로 남편을 찾았던 그녀는 남편과 몇 마디 의논을 한 후, "우리 그이는 충린 씨와 달라요. 먹고 마시는 게 모두 자기 손에 달렸잖아요. 몇 푼이라도 돈이 없으면 마음이 허전해진다구요. 먹고 마시는 걸 피고와 원고가 알아서 해주고 또 중간에 변호사도 찾아갈 수 있는 인민법원 법관님만 같겠어요?"

하며 농담을 받았다. 후에 장중펑은 이 일에 대해 탕원과 많은 이야기를 주고받았다.

"요즘은 빈부격차가 심해서 그런지 사람들의 심리가 아주 이상해졌어. 충린마저도 말하는 게 곱지 않잖아. 사람들이 하나같이 돈을 못 벌어서 안달이야. 돈이 많고 적은 게 이미 그 사람이 성공했느냐 아니냐를 가늠하는 기준이 되어버렸거든. 돈이 있는 사람이 능력 있는 사람으로 인식되는 거지. 군자가 재물을 사랑하는 데 도리가 있어야 한다는 이런 옛말을 기억하는 사람은 이제 없어.

가진 사람들 중에 재물을 긁어모으기 위해 나쁜 짓을 하지 않은 사람이 과연 몇이나 될 것 같아? 권력과 결탁하는 거지. 옳은 방법으로 돈을 번 사람을 찾아보기가 어려워. 이러니 부자에 대한 혐오감이 커지고 도둑이나 강도들이 범행을 저질러놓고도 죄책감을 갖지 않게 되는 거야. 잡히지 않으면 흥청망청 써버리고, 잡히면 하고 싶은 만큼 해봤으니까 죽이든 살리든 마음대로 하라는 식으로 나오는 거야."

경제학과 부교수인 탕원은 그의 의견에 공감하며 정부가 하루속히 빈부격차 문제를 해결하지 않으면 사회가 불안해질 것이라며 거들었다. 이런 점을 알고 있는 장중펑이었기에 평상시에도 자신을 과시하거나 자기 주머니에 돈이 얼마나 들었는지 남이 알까봐 쉬쉬하는 듯한 모습을 남에게 보이지 않았다. 사업을 할 때에도 무리하는 법이 없어서 다른 사람들에게 원한을 살 만한 일을 하지 않았다. 게다가 호텔에서 차를 몰고 집으로 돌아오는 길은 대로인데 그런 곳에서 대담하게 납치나 강도 행각이 있었을 리도 없었다. 법질서가 자리를 잡아가고 있는 사회에서 그런 일이 일어난다는 것은 생각할 수도 없는 일이었다.

어쨌든 곧 온다던 사람이 갑자기 감감무소식인 것은 분명 비정상적인 상황임에 틀림없었다.

탕원이 온갖 가능성을 떠올리다가 결국 절대로 연상하고 싶지 않지만 연상하지 않을 수 없는 마지막 가능성, 즉 '여자'에 생각이 미쳤을 것이란 걸 익히 짐작고도 남았다. 지난번에 충린과 탕원이 전화로 농담을 주고받았던 때는 장중펑이 아직 청전을 만나기 전이었다. 충린도 장중펑이 아내를 속이는 요령이 보통이 넘는다는 것을 알고 있었기에 진담 반 농담 반으로 그런 말을 한 것이었다. 탕원도 남편이 어느 정도 재산가이고, 눈매가 약간 가늘고 긴 것을 제외하면 훤칠한 키에 중후하고 멋스러운 남성미를 풍기는 남자라는 것, 그래서 젊은 여자들이 눈길을 보낼 만한 충분한 조건을 갖추고 있다는 것을 모르지 않았다.

젊은 여자들이 나이 들어가는 남자를 왜 좋아라 하겠는가. 장중펑 자신도 돈이라는 건 살점이 붙은 고기처럼 비린내가 나는 물건이어서 고양이나 파리가 꼬이게 만든다고 말한 적이 있었다. 이 말에 탕원은 고기든 생선이든 바깥에서 파리가 꼬이지 않도록 모두 집에 가져와서 냉장고에 넣어둬야 할 것이라며 그에게 경고의 메시지를 보냈었다. 그런데 공교롭게도 이번에 청전으로 인해 일이 벌어지고 만 것이었다. 당연히 청전과 파리 사이에 유사점이 있을

리 없고 그는 자신이 그녀를 좋아하고 사랑한다는 것을 알고 있었다. 다만 어젯밤에 그녀가 왜 그토록 갑자기 고집스럽게 굴었는지, 왜 그토록 그를 힘들게 해야만 했는지 이해할 수가 없을 따름이었다.

이 일로 인해 탕원의 마음속에서 좋은 남편이었던 그의 이미지가 무너질 위기에 처했다는 생각이 들자 그는 청전이 원망스럽기조차 했다. 어젯밤에 그녀는 왜 그랬던 것일까. 그렇게 할 만한 무슨 이유가 있었단 말인가. 꼭 그렇게 해야만 했는가. 만약 그녀가 던진 문제가 정말로 해결할 수 없는 것이라면 나는 어떻게 해야 하는가. 그렇게 하지 않으면 정말로 죽을 것 같았단 말인가.

어젯밤 청전 곁에 남아 있기로 결정했을 때 그는 이미 복안을 준비해두고 있었다. 밤에 집에 들어가지 않은 극단적인 행동에 대해 탕원을 납득시킬 만한 구실을 이미 생각해낸 것이다. 느닷없이 떠오른 이 생각이 그로 하여금 청전에게 항복하도록 결심하게 만들었다. 탕원에게 통할 구실인지 아닌지는 전적으로 운에 맡기는 수밖에 없었다. 그로서는 어쩔 수 없는 결정이었다. 어젯밤 그가 청전의 집에 남는 것 말고 다른 선택의 여지는 없었다. 청전의 성격이 본래 제멋대로라는 사실은 접어두더라도, 얼떨결에 혹은 제대로 붙잡지 않아서 큰일이 벌어질 수도 있는 상황이었다. 이성적인 성격의 장중평에게는 그건 도저히 납득할 수 없는 위험천만한 행동이었다.

그는 자신이 생각해낸 핑계가 모험이라는 것을 알고 있었다. 하지만 막다른 골목에 내몰렸을 때 혹은 더 나은 방법을 찾아낼 수 없을 때 운에 맡기는 것말고 다른 선택의 여지가 있을까.

그는 이미 자신의 좋은 시절, 물을 만난 물고기처럼 하늘을 나는 새처럼 살아오던 시절이 자칫 오늘로 끝이 날 수 있다는 것, 더욱이 다시는 되돌아갈 수 없을 것이라는 것을 강하게 예감했다.

큰길에는 차들이 그리 많지 않았다. 그가 인민병원에 도착했을 때 진료실 로비의 괘종시계는 아직 여섯 시 반이 못 되어 있었다. 그는 급진을 신청했다. 여의사는 책임감 있게 그의 설명을 듣고 난 후 곧바로 배변검사를 해보자고 했다.

"그리고 혈액검사도 해야 합니다."

"혈액검사를 꼭 해야 합니까?"

"네. 방금 간밤에 설사를 다섯 차례, 구토를 세 차례 했다고 하지 않았습니까? 콜레라가 아닐까 하는 의심이 듭니다."

"콜레라요?"

"주요 증상이 토하고 설사하는 겁니다. 이런 의심이 드는 환자는 반드시 혈액검사를 해야 합니다. 이런 경우에는 환자를 입원시켜서 관찰하는 것은 물론이고 추적 조사를 하도록 되어 있습니다. 그러니까 수고스럽더라도 전화번호를 남겨두세요. 정말로 콜레라라면 곧바로 격리수용해야 하거든요."

모든 성가신 과정을 마쳤어도 겨우 일곱 시였다. 차로 돌아온 장중펑은 병력, 검사결과표, 영수증 등을 뒤적거리며 훑어보고는 비로소 한숨을 내쉬었다. 그는 잠시 생각에 잠기더니 차에서 내려 휴대폰을 높이 들었다가 놓았다. 휴대폰이 자유낙하운동을 하며 타 닥 하고 바닥에 떨어졌다. 그는 휴대폰을 들어서 전원을 켜보았다. 문제없이 작동되었다. 그는 얼른 휴대폰을 껐다. 이 순간에 탕원으 로부터 전화가 걸려올까봐 겁이 났다.

그의 모토로라 휴대폰은 바닥에 팽개쳐지고도 아직 멀쩡했다. 품질에 감탄하지 않을 수 없는 메이드 인 아메리카. 그는 다시 휴 대폰을 더 높이 들어서 바닥으로 떨어뜨렸다. 떨어진 충격으로 인 해 휴대폰의 배터리와 본체가 분리되었다. 그는 그것들을 끼워 맞 추고 다시 전원을 켜보았다. 전원이 들어오지 않았다. 그는 곧바로 차에 올라서 집으로 차를 몰았다.

그가 열쇠를 꽂고 문을 열려는 순간 뜻밖에 안에서 문이 열리더 니 샤오위가 얼굴을 내밀었다. 장중핑은 얼떨결에 "네가 어떻게 집 에 있는 거니?" 하고 물었다.

"아빠 어젯밤에 집에 안 들어왔어?"

"엄마는?"

장중핑은 웃으며 딸의 볼을 꼬집었다. 샤오위가 얼굴을 옆으로 돌려서 빼며 말했다.

"엄마 침대에 누워 있어. 아빠, 아직 내 질문에 대답 안 했잖아."

"네가 한 질문은 네 엄마만 할 수 있는 질문이야. 또 내가 엄마한 테 보고해야 할 일이고. 이 녀석, 넌 아직 계급이 모자라."

"그럼 나한테 말해봐요."

고개를 돌렸을 때 탕원이 어느새 일어나서 침실 문을 열고 나와 있었다. 창백한 얼굴에 거뭇해진 눈, 흐트러진 머리를 한 채로 그녀의 두 눈이 장중핑을 응시하고 있었다. 하룻밤 사이에 탕원의 눈가에 주름이 잔뜩 생겨나 있었다.

장중핑은 순간 긴장이 엄습하는 것을 느끼며 한편으로는 탕원의 모습에 마음이 저렸다. 밖에서 자유분방하게 생활해오면서 지금껏 자신이 탕원에게 상처를 주고 있다는 생각을 해본 적이 없었다.

장중핑은 곧바로 탕원에게 걸어가면서 연신 미안하다고 했다.

"어젯밤에 하마터면 울음을 터뜨릴 뻔했다니까."

장중핑은 말을 다 맺지 않고 목구멍으로 삼키며 한숨을 내쉬었다.

"무슨 일이 있었어요?"

"당신이 처음에 전화했을 때 충린이 받았잖아. 내가 마침 화장실에 가 있을 때 말이야. 그때부터 계속 설사가 나는 거야. 하는 수없이 응급실로 달려갔는데, 의사가 콜레라인 것 같다며 집에 못 가게 하는 거야. 병원에서 관찰을 해봐야 한다나. 설사가 조금 전에 멈췄어. 밤새도록 한숨도 못 잤어."

장중핑은 병력이니 뭐니 가져온 서류들을 꺼내어 탕원 앞에 내밀었다.

"그럼 왜 전화도 안 했어요?"

"말도 마. 마지막으로 당신 전화를 받았을 때 내가 어디 있었는지 알아? 병원 화장실이었는데 바지를 올리면서 전화를 받다가 그만 휴대폰을 바닥에 떨어뜨리고 말았어. 수리가 가능한지 몰라. 병원 안에 공중전화가 없어서 밖으로 나갔더니 공중전화가 모두 카드전화기잖아. 주변에 전화카드 파는 곳도 없고."

"의사에게 전화 좀 빌리자는 말도 못해요?"

"의사가 내 친구야 친척이야? 콜레라라고 의심받는 나를 안 피하면 다행이지."

병력, 검사결과표, 영수증 등 한 묶음의 서류들을 훑어본 탕원의 얼굴에서 곧 어두운 그림자가 가셨다.

"당신 때문에 걱정이 돼서 죽을 것 같았단 말이에요. 밤새 한숨도 못 잤어요."

"미안해, 미안해."

"밖에서 음식을 먹을 땐 조심했어야죠. 원래 위도 별로 안 좋으면서."

"고마워, 우리 마누라."

두 사람 가운데 어느 쪽도 상황이 아직 종료되지 않았다는 것을 몰랐다. 탕원은 서류들을 거실 소파에 던져두고 욕실에서 세수를 한 후 곧바로 부엌으로 들어가서 만두를 쪘다. 샤오위가 소파에 엎드려 누운 채 장중펑이 가져온 서류들을 뒤적거리더니 갑자기 소리를 질렀다.

"이상해, 아빠."

샤오위의 이 소리에 장중펑은 가슴이 철렁하는 걸 느꼈다. 내심 불안해하고 있던 터에 그는 샤오위가 무슨 허점이라도 찾아냈을까봐 조마조마했다.

"뭔데 그렇게 호들갑을 떨어?"

"컴퓨터 검사시간을 봐. 일곱 시 6분 30초. 방금 전에 검사를 받은 거잖아."

탕원이 어느새 부엌에서 나와서 샤오위의 손에 쥔 서류를 낚아챘다. 그녀는 재빨리 서류를 확인하고 눈을 들어 장중펑을 보다가 다시 손에 쥔 서류를 훑어보더니 떨리는 목소리로 말했다.

"도대체 이게 어떻게 된 일이에요?"

"어떻게 되긴 뭐가 어떻게 돼? 당연히 방금 전에 검사를 받았는데, 콜레라가 아니라는 결과가 나오니까 나를 집에 돌려보내준 거지. 샤오위, 너 이 녀석. TV에서 〈명탐정 코난〉을 그렇게 봐대더니 함부로 의심이나 하고."

"뭐야. 나도 엄마가 안돼서 그러는 거지. 아빠 알아? 엄마가 밤새도록 한숨도 안 잤단 말이야. 아빠 말도 일리가 있네. 전부 내 잘못이야. 이제 됐지? 공연히 놀란 거니까 망정이지. 봐, 엄마 얼굴이 하얗게 질렸잖아."

"이 녀석, 공연한 소란을 피우고 그래."

"다 엄마를 위해서지. 아빠가 밖에 여우라도 숨겨놨을까봐. 조심해서 나쁠 건 없잖아."

"너 도대체 무슨 소리를 하고 있는 거냐? 나이도 어린 녀석이 시골 아낙네 같은 소리나 하고. 여우든 여우가 아니든 어린 네가 끼어들 일이야?"

"당연하지. 만약 아빠에게 정말로 여자가 생긴 거면 우리 두 모녀는 어떻게 해?"

"이 녀석이 그래도 아무 데나 끼어들어. 아빠의 원칙이 무엇인지는 네 엄마가 더 잘 알아. 너의 현재 임무는 공부야. 어른들 일에 덩달아 난리치는 게 아니란 말이야."

"아빠 말이 맞아. 이런 일은 내가 끼어들 문젠 아니야. 하지만 어젯밤에 엄마한테 내가 그랬어. 정말로 아빠가 안심이 안 되면 사설탐정사무소에 의뢰해서 아빠 행적을 조사해보라고 말이야."

"네 아빠가 다음에 또 이렇게 엄마를 놀라게 하면 정말로 네 말대로 할지도 몰라."

"두 사람 이제 그만 좀 해. 아침부터 나를 무슨 범죄자 취급이나 해대고."

"아빠, 긴장되지? 엄마와 나도 이게 공연한 걱정이길 바래."

"그만해. 이 얘기는 다시 꺼내지 마. 아, 그래. 넌 주말도 아닌데 어떻게 집에 와 있어?"

"엄마한테 물어봐."

장중펑은 부엌으로 들어가서 탕원에게 어떻게 된 일이냐고 물었다.

"저 녀석 고질병이 또 도진 거죠. 생리통."

"유전인가? 당신 결혼하기 전에도 저랬다고 했잖아? 결혼하고 나서 괜찮아졌댔잖아."

"당신, 휴대폰이 고장 났다더니 머리까지 어떻게 된 거예요? 무슨 결혼이에요? 샤오위가 지금 몇 살인데."

"내 말은 이게 병은 아니라는 뜻이야. 샤오위가 어른이 되면 자연스럽게 좋아질 거란 얘기지."

"그래도 애를 데리고 병원에 가봐야겠어요."

"그래. 오늘 오전에 아무 일도 없으니까 나도 같이 갈게."

"당연히 가야죠. 어젯밤에 나를 놀라게 한 게 얼만데."

"미안해. 다음엔 다시는 이런 일이 없을 거야."

"다음이라고 했어요? 당신 정말로 조심해요. 샤오위가 말한 것처럼 사람을 붙일 수도 있어요."

"설마? 오랜 세월 부부로 살았는데 이 정도의 기본적인 신뢰감도 없단 말이야?"

"언제 내가 당신을 못 믿는다고 했어요? 당신이 이 신뢰를 남용할까봐 그러는 거예요."

"그러고 보니 당신 이제 기운이 나나보군."

"긴장할 필요 없어요. 몸이 바르면 그림자도 바르다고 했어요. 내가 당신 뒷조사를 하면 말하고 하겠어요?"

"뭐야, 정말로 특공대 방식을 동원하겠다는 거야?"

"그동안 당신에게 충분히 관대할 만큼 관대했어요. 근데 이렇게 하는 게 옳은 건지 잘 모르겠어요."

"당연히 옳은 일이지. 잡지나 책에서 전문가들이 나와서 하는 얘기도 못 봤어? 결혼 전에는 두 눈을 크게 뜨고 결혼 후에는 한쪽 눈을 감아라. 옛말에도 물이 맑으면 물고기가 없다고 했잖아. 매사에 그렇게 분명하고 오차가 없으면 그게 사는 거야? 황용위의 〈한쪽

눈을 감은 부엉이〉 그림이 왜 그렇게 사람들에게 호평을 받았겠
어? 바로 이런 이유거든."

"왜 이렇게 조바심을 내요, 정말로 문제가 있는 거예요?"

"무슨 문제가 있어? 문제가 있으면 나랑 이혼해버려."

"꿈도 야무지군요. 누구 좋으라고 이혼을 해요? 당신이 오매불
망 바라던 바일 텐데?"

제23장

남자의 가장 큰 관심사는 딱 두 가지이다. 재물과 여자.

두 부부는 딸을 데리고 병원에 가서 진료를 받고 약을 받은 후 학교로 데려다주었다. 그 전에 장중펑이 샤오위의 학교 근처에 있는 호텔에서 두 모녀에게 한 턱 내겠다고 했다.

"됐어. 학교 식당에서 먹으면 돼. 밥 먹고 나서 실컷 잘 거야. 어젯밤에 엄마랑 같이 있느라고 피곤해 죽겠어. 아빠, 엄마한테 맛있는 거 사주면서 잘 달래줘."

"두 모녀가 정말. 아직 안 끝났어? 누가 보면 착취와 압박에 시달리다 못해 무슨 여권운동이라도 하는 줄 알겠네. 어젯밤에 한숨도 못 잔 건 아빠도 마찬가지야."

"엄마한테 맛있는 거 사주라고 말한 게 뭐가 잘못됐다는 거야?"

"좋아. 〈하이네이〉 해산물 전문 레스토랑에 가서 엄마한테 상어 지느러미 요리, 제비집 요리 잔뜩 사줄게. 네 엄마가 돈 많이 쓴다고 할까봐 겁나니까 네가 책임지고 엄마를 설득해줘."

차에 오르자 탕원이 말했다.

"하이네이는 관두고 당신 시간 있으면 나하고 왕위줴에게 가봐
요."

"위줴 씨가 왜?"

"요즘 며칠째 매일 나한테 전화를 걸었다 하면 푸념이 끝이 없어
요."

"당신 곧 시험이잖아? 그런 일에 신경을 쓸 시간이 있어?"

"그래요. 하지만 전화로 자기 얘기를 털어놓는 건 조금이라도 위
로를 받고 싶어서 그러는 거잖아요. 근데 어떻게 그저 듣는 시늉만
하고 말아요?"

"위줴 씨한테 무슨 일이 있는데 그래?"

"다른 남자를 사랑하게 되었나봐요."

왕위줴는 탕원의 대학동창으로 그녀도 대학에서 교편을 잡고 있
었다. 장중핑은 탕원과 사귀기 시작하고 얼마 후 그녀도 알게 되었
다. 지난 주말에 자신의 남편과 딸을 데리고 놀러 오기도 했었다.

왕위줴는 자기관리를 무척이나 잘하는 여자였다. 10여 년 전이
나 지금이나 여전히 금테 안경을 낀 얼굴에 얌전하고 고운 모습이
거의 변함이 없었다. 대학시절에 탕원과 그녀가 같은 기숙사에서
생활한 것은 아니었지만, 고향이 같았기 때문에 방학이면 같이 집
을 오가곤 했다. 집안 형편도 비슷해서 둘은 비교적 가깝게 지냈
다. 그런데 왕위줴가 지금 고등학교 동창과 사랑에 빠져서 헤어나
지 못하고 있다는 것이었다.

"두 사람이 고등학교에 다닐 때 서로 좋아하는 마음이 있었는데 후에 무슨 이유에선지 흐지부지되었대요. 재작년에 동창회에서 만났는데 두 사람이 앞뒤 생각할 겨를도 없이 좋아졌나봐요. 위췌가 나한테 전화로 이혼을 해야 하냐고 자꾸 물어요."

"당신은 뭐라고 대답했는데?"

"내가 무슨 말을 하겠어요? 사당을 열 곳 허물지언정 한번 맺은 부부연은 허무는 게 아니라는 말도 있잖아요. 아무럼 내가 걔한테 이혼하라고 부추기겠어요? 걔 남편은 당신도 만나봤잖아요. 수수하고 품위 있고 언제나 웃는 얼굴이고. 저우 교수의 어디가 그 동창생만 못한 건지."

"중년남녀의 불륜을 두고 하는 말이 있잖아. 오래된 집에 불이 붙으면 아무도 끌 수가 없다고. 당신도 나한테 이런 화재를 불러일으키는 건 아니겠지?"

"화살을 나한테 돌리는 거예요? 내가 그럴까봐 걱정이 되는 거예요, 아니면 그러기를 바라는 거예요?"

"덩연히 긱정하는 기지. 아무럼 내기 비람난 미누라를 둔 남편이 되고 싶겠어?"

"안심해요. 난 보수적인 사람이에요. 전형적인 현모양처라구요. 당신도 알겠지만 내가 처음으로 사랑한 사람은 당신이었어요. 마지막으로 사랑할 사람도 당신이에요. 당신이 전생에 무슨 덕을 쌓았기에 이렇게 큰 복을 받는지 모르겠어요."

"당신이 한 말을 잘 기억해둘게. 이생에 다 못하면 다음 생애에 가서라도 당신을 아내로 맞이할 거야."

"평소에 이 말을 들었다면 모르겠지만 오늘은 왜 이렇게 꼬여서 들릴까요?"

"그래? 혹시 어젯밤에 잠을 못 자서 그런 거 아냐?"

"난 당신이 복을 누리면서도 복인 줄 모를까봐 걱정이 돼요. 아, 맞아. 당신이 말을 안 꺼내니까 나도 잊어버렸네요. 옛날에 중문과에 다니던 시아위라는 여자하고 당신하고 떠들썩하게 사귀었잖아요. 요즘엔 무슨 소식 없어요?"

"누구? 나하고 그 친구하고 무슨 소식이 있을 게 있어? 무슨 일이 있으면 그건 국제분쟁이 될걸. 그 친구는 미국시민이 된 지 오래야. 태평양이 가로놓여 있으니까 걱정할 필요 없어."

"누가 걱정한데요? 솔직히 말해서 그 여잔 미국계 화교이고 사는 형편이 지금 우리보다 나으란 법도 없잖아요. 듣자니까 그때 두 사람이 헤어진 게 그 여자가 가난이 싫어서 돈을 좇아간 거라면서요?"

"그래, 서양의 타락한 부르주아 생활을 좇아갔지."

"그 여자가 과거에 좇았던 생활을 지금 우리가 하고 있잖아요. 그러니까 내 말은 당신의 첫사랑의 연인이 가끔 생각나지 않느냐는 말이에요."

"가끔씩만이겠어? 늘 생각하지. 왜냐하면 지난날을 회상하다가 지금을 다시 돌이켜보면 행복한 생활이 결코 쉽게 오는 게 아니라는 걸 알게 되거든."

"말은 잘하는군요. 당신 입에서 나오는 말 중에 어느 게 진심인지 알 수가 없어요."

"그걸 말이라고 해? 한마디 한마디가 모두 진심이지."

사실 두 사람간에 지금까지 결혼이니 사랑이니 하는 대화를 나눈 적이 거의 없었다. 이것은 장중핑이 의도적으로 회피해온 것이나 마찬가지였다. 어찌 시아위뿐이었겠는가. 그와 탕원이 함께 살아온 10여 년 동안, 그녀에게 그는 이미 너무나 많은 것들을 감추어왔고 너무나 많은 거짓말을 해왔다. 어쨌든 시아위와의 일은 이미 오랜 세월과 머나먼 거리 속에서 둔탁할 대로 둔탁해진 첫사랑의 기억이었고, 이미 그들의 가정에 아무런 위협이 되지 못했다.

하지만 청전은? 분명 언제든 폭발할 수 있는 폭탄이었다. 청전과의 관계를 계속 유지하기 위해서는 탕원에게 거짓말을 하거나 속이지 않고는 불가능하다. 운 좋게도 장중핑의 계략과 수법은 이미 경지에 이르러 있었다. 그와 탕원의 관계가 평온하고 원만할 수 있었던 데는 장중핑의 거짓말이 상당히 중요한 접착제 구실을 해온 것이 사실이었다.

님도 보고 뽕도 따기란 분명 어렵다. 같은 시간 같은 장소에서 님과 뽕을 모두 다 가지기란 당연히 불가능하다. 하지만 오늘은 님을, 내일은 뽕을 따는 것은 얼마든지 가능하지 않은가. 자리를 바꾸어가며 하는 시간차 공격. 따라서 그는 지금껏 탕원을 자신의 인생에 이미 출현했거나 출현할 가능성이 있는 여자들과 비교한 적이 없었다. 어느 쪽을 취하고 어느 쪽을 버릴까를 생각해본 적조차 없는데 비교가 무슨 의미가 있겠는가.

내외유별(內外有別), 집안의 것은 집안의 것이고 바깥의 것은 바깥의 것이므로 결코 경계가 흐트러져서는 안 된다는 말이다. 그는 이것이야말로 자신이 밖에서 향유하는 풍류생활의 경계선이자 탕원과 가정에 대한 책임 있는 태도라고 생각했다. 그가 지금껏 탕원이 자신을 어떻게 생각할까에 대해 관심을 가져보지 않은 것은 그의 성격이 태생적으로 냉담해서라기보다는 바로 이 문제를 건드리게 될까봐 두려워서였다. 이 문제를 놓고 토론을 하다가는 허구적인 말들 위에 세워진 평온과 화목을 부수게 될 것이기 때문이었다.

하지만 이것 외에도 그는 다른 심리적 부담을 안고 있었는데, 자신이 시시로 탕원를 속이고 있다는 사실을 인식하는 것이 두렵다는 사실이었다. 혹은 인식하고 싶지 않은 것일 수도 있었다.

왕위줴 부부와 함께 점심식사를 하고 헤어진 후 탕원이 새삼스럽다는 생각이 들었는지 먼저 입을 열었다.

"위줴가 그렇게 자주 전화하지 않았다면 난 걔가 남편과의 이혼을 고민하고 있다는 걸 꿈에도 몰랐을 거예요. 당신도 봤잖아요. 걔가 저우 교수에게 얼마나 다정하고 살갑게 하는지. 우리 앞에서도 남편 그릇에 음식을 놔주며 다정하게 굴었잖아요."

"그게 뭐가 이상하다고 그래? 밖에서 지은 죄가 있으니까 내심 찔리기도 할 테고, 그러니까 자신도 모르게 그걸 보상하려는 거겠지."

"당신은 오히려 금방 이해가 되나봐요. 당신도 혹시 그런 적 없어요?"

"당신이란 사람은 참……. 잘해주는 것도 탈이라니까."

"말이 잘못 나온 거죠? 밖에서 딴 꿍꿍이만 안 한다면야 마누라한테 잘해주는 건 당연한 일이예요."

"지금 당신 친구 이야기를 하다가 왜 난데없이 나한테 화살을 돌리는 거야."

"당신이 자꾸 날 이렇게 만들잖아요?"

"나는 지금 천부적으로 감쪽같이 속이는 재주를 지닌 여자는 극히 소수이긴 하지만 여자가 거짓말을 하려고 들면 하나같이 연기자 뺨친다는 말을 하는 것뿐이야."

"당신 체험에서 얻은 결론이에요? 이런 연기자를 몇 명이나 만나봤어요?"

"또 봐. 오늘 진짜 삐딱하다니까."

집으로 돌아오는 길에 장중펑은 일부러 모토로라 매장 앞에 차를 세우지 않고 곧바로 집으로 차를 몰았다. 청전이 혹시 전화를 걸어오거나 문자 메시지를 보내올까봐 걱정이 되었던 것이다. 그렇잖아도 탕원이 잔뜩 의혹의 눈초리를 보내고 있는 터에 행여 수리한 휴대폰에서 무슨 단서라도 보게 된다면 큰일이었다. 사실 어젯밤의 위기를 모면할 수 있었던 것도 탕원 덕분이었다고 할 수 있었다. 만일 그녀가 그의 말에 의심을 품고 인민병원으로 달려가기라도 했다면 그의 거짓말이 금세 들통났을 것이다.

종이로 불을 감쌀 수는 없다. 그러나 장중평은 자신만의 몇 가지 궤변을 가지고 있었는데, 종이가 불을 감쌀 수 있다는 것도 그중 하나였다. 등롱이 그렇다는 것이었다. 하지만 엄격히 말해서 이는 불의 지극히 특수한 상황에 불과하다. 종이로 둘러싸인 불이 조명의 역할을 하는 것은 촛불이 자신의 위치를 지키고 절대적인 안전거리와 공간을 유지하기 때문에 가능하다.

불장난에 생각이 미치자 어쩔 수 없이 장중평의 뇌리에 청전과의 관계가 떠올랐다. 두 사람의 불장난이 지나쳐서 부지불식간에 경계선을 허물고 절대적인 안전거리와 공간을 상실한 것은 아닐까. 불장난을 하는 자는 필히 그 자신도 불에 타 죽는다고 했던가. 청전은 정말로 전혀 두렵지도 않고 거리낌도 없단 말인가. 자신이 타는 것도 그가 타는 것도 두렵지 않고 그와 그녀가 모두 타버리는 것도 두렵지 않은 걸까.

남녀관계에 대해 장중평은 나름대로 논리를 갖고 있었다. 아내의 외도 때문에 이혼한 충린은 그의 이론에 대해 무척이나 반감을 나타냈었다. 장중평의 주장은 남편의 적당한 바람기는 가정의 안전을 지키는 데 지극히 긍정적인 의미를 갖는다는 것이었다. 밖에서 부끄러운 짓을 하는 남편은 집에 들어가면 아내가 하자는 대로 따라주며 아내와 시시콜콜 따지거나 말다툼을 하지 않는다는 논리였다. 여기에서 중요한 것은 적당해야 한다는 것, 한계 범위를 벗어나지 않아야 한다는 것이었다.

"적당하다는 게 뭐지? 한계 범위는 또 뭐고? 그걸 어떻게 측정

한다는 거야? 또 그걸 누가 판단하고? 이 위험한 게임을 하는 주체가 감정을 가진 사람이고 또 무엇보다 제어하기 어려운 것이 감정이라는 사실을 간과해선 안 돼. 자네가 다른 사람의 감정까지 제어할 수 있어? 어느 순간 어느 경우에는 가능하겠지만 그게 일생 동안이라면? 못해. 자네는 다른 사람을 제어하지 못하는 건 물론이고 심지어 자네 자신도 제어할 수가 없어."

충린이 반박했다.

장중펑은 그의 말이 옳다는 것을 인정하며 말했다.

"만약 자신도 어쩌지 못할 감정과 맞닥뜨린다면 그건 하늘의 뜻일 테지. 무릇 존재하는 것은 모두 나름의 이유가 있는 법인데, 어쩔 수 없지 없겠어?"

청전을 만난 후 장중펑은 오히려 자신도 모르게 점잖은 태도를 취하게 되었다. 언젠가 청전이 그에게 이런 농담을 한 적이 있었다.

"교수님이 내게 보너스라도 줘야 할걸요. 당신을 고분고분한 남자로 만들어줬잖아요."

하지만 장중펑이 일탈행위를 할 수도 있다는 가능성에 대해 탕원은 정반대의 관점을 가지고 있었다.

"만약 당신이 억제할 수가 없거나 아니면 다른 남자들에 비해 손해를 보고 있다는 생각이 들면, 가끔 여자를 찾아도 좋아요. 대신병이 옮지 않도록 꼭 콘돔을 사용해야 해요. 하지만 정부를 두거나 애인을 만들어서는 절대로 안 돼요. 그건 당신이 많든 적든 마음을 주는 거잖아요.

우리 학교에 여자 대학원생이 새로 한 명 들어왔는데 아주 멋스럽고 예뻐요. 그 여학생이 적당히 괜찮은 남자를 찾기가 얼마나 어려운지 모른다며 푸념하는 걸 들었어요. 재능이 뛰어나면 생긴 게 빠지고, 외모가 괜찮으면 장래가 없고, 돈을 잘 벌면 가정적이지 않고, 가정적인 남자는 사회적으로 발전 가능성이 없고, 사회적으로 잘 나가면 로맨틱이라는 걸 모르고, 로맨틱하면 믿을 수가 없고, 믿을 수 있겠다 싶으면 칠칠치 못하다나요. 그래서 어느 정도 적당한 남자를 만나기만 하면 달려가서 붙잡겠다고 하더군요."

"당신한테 경각심을 가지라고 말할 필요가 없겠군. 아주 정확하게 알고 있으니까 말이야. 지금 밖에서는 어떤 식으로 미운 놈을 저주하는지 알아? 여자 문제 때문에 사람도 잃고 돈도 잃으라고 저주해."

입으로는 이렇게 말했지만 장중펑은 너무나 잘 알고 있었다. 탕원이 자신에게 여자를 찾아가도 좋다고 한 말이 결코 진심이 아니라는 것을. 사실 자기 남편이 그런 짓을 하도록 허락할 아내가 세상에 어디 있겠는가. 꿈에서라도.

청전은 어떤 여자인가. 장중펑 너는 왜 그녀를 생각하면서 혈육의 정 같은 감정을 느끼는 것인가. 그녀가 너의 첫사랑 시아위와 닮았기 때문인가. 애초에 정말로 시아위와 결혼을 했더라면 어땠을까. 줄곧 그녀를 마음에서 떠나보내지 못하는 것이 맺지 못한 꿈 때문인가. 잃어버리고 나서야 소중함을 아는 것처럼 얻지 못한 것을 늘 생각하며 잊지 못하는 것인가. 그녀가 정말로 네 아내가 되었더라면 로맨틱한 사랑의 꽃도 씁쓰레하고 지루한 일상 속에서 시들어버리지 않았을까. 시들어버렸거나 말라버렸겠지.

무미하고 단조로운 일상 앞에서 저항할 수 있는 사람이 있는가. 자극도 반복되면 물리게 마련이다. 시아위가 너의 아내가 되었다면 과연 두 사람은 아름답고 감동적인 동화의 결말처럼 행복하게 잘 살았을까.

물질사회는 우리에게 가짜가 얼마든지 진짜를 대체할 수 있는 길을 열어놓았다. 사랑도 그럴 수 있을까. 청전과 시아위, 그녀들은 얼마나 비슷하고 또 얼마나 다른가. 너는 과거의 시아위를 이해했는가. 또 현재의 청전을 이해하는가. 청전에게 정말로 문제가 있다면 너는 그녀를 어떻게 할 생각인가? 너와 그녀는 앞으로 어떻게 할 작정이지.

어젯밤은 그야말로 느닷없이 들이닥친 폭풍이었다. 장중펑은 그 일을 단순히 우연찮게 벌어진 것으로 생각하지 않았다. 그날 청전의 몸 상태, 그녀 자신과 차오의 처지에 대한 비교가 그녀로 하여금 문제를 일으키도록 만들었을 것이다. 평상시에 보여주었던 그녀의 인내심도 결국 문제를 해결해주지 못했다. 손가락 하나로 물속에 잠긴 고무공이 수면으로 떠오르지 못하도록 누르고 있었던 것에 불과했다. 하지만 앞으로도 그 고무공을 계속 누르고 있을 수 있을까. 힘을 가하면 가할수록 공은 더욱 높이 튀어오를 것이다.

너와 청전이 함께 있는 한 미래에는 언제나 문제가 도사리고 있을 것이다. 어떠한 미래일까. 어떻게 마주해야 할까. 그녀의 요구 혹은 위협으로 인해 몇 시간 동안 머물렀다가 나올 때, 너는 끓어오르는 미움으로 그녀에게 눈길조차 주지 않았다. 미움은 어떤 면에서 진실한 감정이다. 만약 네가 그녀를 단지 놀이상대로 삼았다면, 그녀로 인해 괴로워하고 그녀를 원망할 필요가 있을까. 과거에 무수히 그랬던 것처럼, 심지어 샤오루에게 했던 것처럼 그렇게 하면 그뿐이다.

가볍게 왔던 것처럼 손 한번 흔들고 한 가닥의 미련도 없이 가볍게 떠나면 될 일이다. 얼마나 자유롭고 시원스러운가. 쾌감만 있고, 쾌락만 있고, 걱정도 고민도 미움도 없다.

청전은 어째서 어젯밤의 그 몇 시간을 그토록 심각하게 받아들인 것일까. 그녀가 무슨 말을 했지? 그 대여섯 시간을 탕원이 앞으로 자신과 살게 될 20년, 40년, 60년, 심지어 자신의 목숨과 맞바꾸겠다고 했던가. 이것이 21세기를 살고 있는 젊은 여자가 할 법한 말인가.

그녀는 정말로 너를 죽을 만큼 사랑해서 자신의 목숨도 버릴 수 있다는 말인가. 그녀가 그렇게 나올 만큼 네가 그렇게 대단한가. 아니면 단지 작은 투정으로 치부해버려도 좋았을까. 문제는 그녀가 왜 극단적인 방법으로 너를 위협했는가 하는 것이다. 샤오루가 너에게 이런 위협을 가한 적이 있었는가? 없다. 샤오루 이전의 여자들이 이렇게 너를 위협한 적이 있었는가? 역시 없다. 청전은 왜 그래야만 했을까? 충린의 말처럼 단지 죽어도 지기 싫어하는 고집스러운 그녀의 성격 탓일까. 혹은 그녀의 정신적 혹은 인격적인 결함으로 인해 빚어진 일일까.

결국 너는 굴복했고 머물렀다. 너는 졌고 그녀가 이겼다. 그녀의 요구대로 곁에 있어준 이상 네가 단호하게 그녀와 끝낸다 해도 그녀는 너를 붙잡을 수 없다. 하지만 너는 정말로 그녀를 떠날 수 있는가.

네가 먼저 그녀를 쫓아다닌 게 아니다. 네가 그녀를 처녀에서 여자로 만들어주지도 않았다. 매번 그녀로 인해 하늘로 날아오르는 듯한 극도의 쾌감을 맛본 적도 없었다. 그녀가 너의 아이를 가진 적도 아이를 지워버린 적도 없었다. 너는 그녀를 농락하고 버린 것이 아니다. 그녀가 너에게 신경질을 부렸다는 이유로 이렇게 모든 것들을 처음부터 없었던 일로 하고 떠나버리면 그만인가.

아마 청전은 아무런 소란도 피우지 않을 것이다. 어젯밤 너의 의사를 무시하고 너를 자기 곁에 잡아둔 일로 네가 떠나려고 한다면 떠나도록 내버려둘 것이다. 어젯밤에 그녀는 낙태수술의 상처가 아직 회복되지도 않은 몸으로 너와 섹스를 했다. 네가 원했기 때문에. 2, 3일이 지나면 그녀는 혼자 병원에 가서 다시 자궁검사를 받을 것이다. 자존심 때문에 그녀는 언제 병원에 가는지 어느 병원에 가는지 너에게 말해주지 않을 것이다. 그리고 너와 함께 한 날들이 남긴 몸과 마음의 상처를 안고 새로운 남자를 만나겠지.

너는 하룻밤 푹 자고 일어난 후에 그녀와 있었던 모든 것을 뇌리에서 떨쳐버리고 다시 네 눈에 들어오는 많은 여자들 가운데 너와 불륜을 나누고 싶어하는 새로운 여자를 찾아내겠지. 아마 그 여자는 오라면 오고 가라면 갈 것이다. 너와 그녀 사이에는 사랑은 없고 섹스만 있을 것이다. 너는 이것을 원하는가.

만약 이게 아니라면 또 어떻게 할 수 있을까.

너무나 다행하게도 너는 이미 한 차례 고비를 넘겼다. 모든 것이 원래의 궤도를 따라 다시 돌아간다. 너는 너대로 청전은 청전대로, 탕원은 탕원대로 이전처럼 그렇게 살아간다. 집에서 너는 여전히 충실한 남편이자 자상한 아버지이고, 청전에게는 여전히 달콤한 말을 속삭이는 따뜻하고 부드러운 애인이다. 아, 얼마나 좋은가. 하지만 다행은 운이 따라야 한다. 첫번째 고비를 넘기고 두번째 고비를 넘기고 세번째 고비, 심지어 모든 난관도 넘길 수 있다.

가능한 일인가? 네가 바라고 원한다 해도, 청전은? 그녀도 이렇게 바라고 원할까. 한번 가버리면 다시 돌아오지 않는 젊음을 이렇게 너와 어울려서 보내려고 할까.

장중핑은 오후 세 시 반이 되어서야 회사에 갔고, 그제야 후하이양이 왔다는 것을 알았다. 후하이양은 자신이 펑청호텔에 머물고 있으며 장중핑이 회사에 들어오는 대로 연락을 달라는 메시지를 남겨놓았다.

전화를 했을 때 그는 산사에 가 있었다. 장중핑은 곧바로 차를 몰고 그곳으로 갔다.

두 사람은 대웅전에서 만났다. 그는 한국에 다녀오는 길인데 칭톈주로 돌아가기 전에 친구나 만나보러 왔다고 했다. 그가 장중핑을 힐끗 보더니 말했다.

"하마터면 후원에 불이 날 뻔하지 않았습니까?"

장중핑이 어리둥절한 눈으로 물었다.

"왜 그러십니까?"

"내 말이 맞지요? 어려울 것 없습니다. 몇 가지 이유를 말씀드릴 테니 들어보시겠습니까? 첫째, 장 사장께서는 출장을 간 것이 아니었어요. 출장을 갔었다면 회사에 말도 하지 않고 갔을 리가 없겠지요. 둘째는 개인적인 일로 집에 있었던 것도 아니에요. 만약 그랬다면 휴대폰을 꺼놓을 필요까진 없었겠죠. 게다가 회사에다가 말해두었을 테고. 셋째는 사업을 하는 사람은 정보 교류가 중요한 법인데 제가 오전에 전화를 했을 때 전화기가 꺼져 있었고 정오에도 여전히 꺼져 있었습니다. 네 시가 다 되어서야 얼굴을 보게 되었으니, 이건 장 사장께 골치 아픈 문제가 생겼다는 걸 의미합니다.

장 사장과 사업 이야기를 하면서, 전 장 사장께서 게임의 룰을 중시하는 분이라는 걸 알았습니다. 그래서 십중팔구 사적인 문제 때문이구나 짐작한 거지요. 지금 장 사장의 안색을 보니 양미간이 하얗게 질려 있고 안색이 어두워요. 이건 잠자리가 지나쳤다는 걸 보여주는 것이고, 그러니 남녀문제라고 짐작을 한 거지요. 어떻습니까? 제 짐작이 이 절 주변에 전을 펼친 점쟁이들보다 낫지 않습니까?"

장중핑은 웃기만 할 뿐 아무 말도 하지 않았다.

호텔 객실로 들어오자 후하이양이 한국에서 가져온 같은 모양의 작은 핸드백 두 개를 꺼내어 침대 위에 꺼내놓았는데, 그 안에는 손톱깎이 세트도 하나씩 들어 있었다.

"부인께 선물로 드리려고 가져왔습니다."

핸드백이 제법 예뻤는데 겉에 전통복장을 한 미녀도가 그려져 있었다.

"두 개나 주십니까?"

"하나만 드리면 장 사장께서 곤란하실 것 같아서요. 제가 특별히 같은 모양을 고른 것은, 그러니까 혹시 장 사장께서 실언을 하시더라도 수습하기 편하실 거라는 생각에. 괜찮겠지요?"

그가 웃으며 말했다. 장중펑은 웃으면서 고맙다고 대답했다.

그가 이곳에서 이틀이나 머문 것은 샹수이 법인주식 경매 때문이었는데, 장중펑이 처음으로 그에게 정보를 털어놓은 후로 지금까지 수개월이 지나도록 여전히 아무 진전이 없자 걱정이 되어 알아보러 온 것이었다.

"상황은 같습니다. 모든 것이 절차에 따라 진행되고 있습니다. 이 일이 성 내에서 무척 중요하고 또 복잡하기도 해서 여러 방면으로 조율이 필요합니다."

후하이양이 고개를 끄덕였다.

"저도 짐작은 했었습니다."

"안심하십시오. 조건이 갖춰지면 곧바로 연락을 드리겠습니다."

"칭톈주 귀곡만 생태공원 프로젝트는 이미 정상궤도에 올랐습니다. 상수이 법인주식 경매는 제가 이미 장 사장께 말씀드렸다시피 결정을 내린 일입니다. 다만 행여 장 사장께 어쩔 수 없는 상황이 발생할까 염려가 됩니다."

"혹시 다른 경로를 통해 무슨 좋지 않은 소식이라도 들으셨는지요?"

"그럴 리가 있겠습니까. 그런 문제라면 안심하셔도 됩니다. 달리 밖으로 알아보러 다니지 않을 작정입니다. 장 사장을 성가시게 만드는 일은 없을 겁니다."

장중핑은 후하이양의 말이 진심인지 알 수가 없었다. '칭톈주'라는 브랜드로 보양주 등록상표 경매가 있기 전까지 두 사람은 일면식도 없던 사이였고, 일의 진척을 털어놓고 의논할 만한 관계는 더욱 아니었다. 장중핑으로서는 쉬이와 같은 실수를 하지 않기 위해 언제든 경계의 끈을 놓을 수가 없었다. 그렇긴 하지만 후하이양이 가져온 선물은 장차 두 사람의 관계를 사적인 교류로 발전시키려는 뜻이 있다는 것을 말해주고 있었다. 후하이양의 이런 생각은 일찍이 장중핑과 청전이 칭톈주에 갔을 때에도 느낄 수 있었다.

상수이 법인주식이 중요 프로젝트로 떠오른 후, 그는 젠거의 뜻에 따라 입찰 의향이 있는 투자자를 찾아야 했고, 또한 그 투자자는 필히 의심의 여지가 없는 자금능력을 가진 사람이어야 했다.

장중핑이 그를 선택한 이유는 두 가지였다. 하나는 과거에 증권시장에서 일한 경력을 살펴볼 때 그가 전략적인 투자자라는 판단이 들었고, 또 무엇보다도 그의 회사가 먼 곳에 떨어져 있어서 두 사람의 접촉이 샹수이 법인주식에 눈독을 들이는 다른 입찰자들의 촉각에서 벗어날 수 있다는 생각에서였다. 다른 한 가지는 그가 일단 후하이양을 만나서 정보를 말해준 이상 그것은 이미 쏟아진 물이나 마찬가지여서 도로 주워 담을 수가 없었다.

후하이양이 자신과의 비밀을 앞으로도 유지할 것인지 아니면 다른 문을 두드릴 것인지에 대해서 그로서는 달리 통제할 수단이 없었다. 일반적인 상황으로 보건대 그가 입찰 의향이 있다면 장중펑을 신뢰할 수 없거나 장중펑을 통해서는 원하는 것을 얻을 수 없다는 판단이 들지 않는 한 앞으로도 계속 장중펑과의 연결고리를 유지할 것이다. 공연히 일을 복잡하게 만들지 않는 것이 그에게도 이익이기 때문이다.

연애와 마찬가지로 사업도 적극적인 쪽이 상황과 진도를 주도하는 것처럼 보이지만 실상은 그렇지 않다. 오랫동안 경매일을 해온 장중펑은 입찰자들이 자신과 사적인 관계를 만들고자 하는 것은 단지 경매에서 자신의 도움으로 다른 입찰자들보다 유리한 자리에 서려는 목적 때문이라는 것을 알고 있었다. 모두 동일한 입찰자라면 그가 누구를 돕겠는가? 당연히 자신과 가까운 인물을 도와줄 것이다.

문제는 지금으로서는 두 사람의 관계가 아직 이 단계에 이르지 않았고, 더욱이 그는 경매를 위탁받는 과정에서 문제가 발생할 가능성을 염두에 두지 않을 수 없었다. 따라서 그는 후하이양으로 하여금 그가 기꺼이 도울 의지를 갖고 있다고 느끼게 만들되 한편으로 어느 정도 거리를 유지함으로써 최소한 이쪽의 속사정을 알게 해서는 안 되었다. 만약 자신이 아직 윤곽도 제대로 잡지 못했다는 것을 안다면 후하이양이 다른 방법을 찾지 않는다고 장담할 수 없기 때문이었다. 한 나무에 목매지 않는다는 속담처럼, 노련한 장사꾼은 마땅히 다음의 가능성에 대해 조처를 강구해놓아야 하는 법이다.

그는 후하이양의 생각을 알고 싶어서 웃음을 지어 보이며 말했다.

"후 사장님의 말씀을 들으니, 이 일이 다소 염려되시나봅니다. 만약 무슨 소문이라도 들으셨다면 거리낌 없이 말씀하셔도 됩니다."

후하이양이 손을 내저으며 말했다.

"오해하지 마십시오. 상수이 법인주식 경매에 있어 우리는 전적으로 동일한 전선에 서있는 전우입니다. 어떤 의미에서 보자면 제가 장 사장께 의지를 해야 하죠. 진심입니다. 만약 제가 무슨 걱정을 한다 해도 그건 순전히 사적인 성질의 것입니다."

"사적인 성질의 걱정이라? 만약 사업에 영향을 미칠 수 있는 일이라면 당연히 주의를 기울여야지요. 난처해하실 것 없습니다. 괜찮으시면 말씀하셔도 됩니다. 그럴 만한 이유가 있는지 제가 생각해볼 수도 있잖겠습니까? 일이 잘되면 우리 두 사람이 모두 승자가 되지만 일이 안 되면 모두 불이익을 당합니다."

"문제는 제가 하는 걱정을 어떻게 말씀드려야 할지 난감해서 말입니다. 좋습니다. 장 사장이시니까 말씀드리지요. 저는 〈주역(周易)〉을 아주 신뢰합니다. 중대한 투자 결정하기 전에 늘 점괘를 보죠. 결정을 전적으로 점괘에 의존하는 것은 아니지만 그 속에 나타나는 암시를 상당히 중요하게 생각합니다. 제가 한국에 가기 전에 점괘를 보았는데, '우물 괘'가 나왔습니다."

"주역이라니요? 우물 괘가 뭡니까?"

"말씀드리자면 깁니다. 아니, 이 일은 일단 접어두고, 먼저 제가 장 사장께 글자풀이를 좀 해드렸으면 하는데요?"

"이런, 정말로 반 신선이라도 되신 겁니까?"

"우스갯소리로 여기셔도 좋습니다. 하지만 만약 제가 드리는 말씀이 그럴듯하다고 생각하시면 주역과 우물 괘 이야기를 그때 다시 하기로 하지요. 어떻습니까?"

"글쎄요. 제가 무슨 글자를 써야 하는지, 무엇을 맞추신다는 말씀인지……"

"무슨 글자를 쓰시든 좋을 대로 하시고, 무슨 일을 맞추는가는 속으로 생각만 하시면 됩니다. 저한테 말씀하실 필요가 없습니다. 제가 말씀드리는 것이 그럴듯한지 아닌지 보시기만 하면 됩니다."

"좋습니다. 후 사장님의 신통력을 한번 보기로 합시다."

장중핑은 호텔 책상 위에 놓인 메모지를 가져오더니 5, 6초 정도 뚫어져라 쳐다보다가 연필로 물고기 어(魚) 자를 크게 썼다.

"글자풀이를 할 때, 그 사람이 아무 글자나 생각나는 대로 쓰는 것 같지만 실은 그렇지가 않습니다. 수천 자가 넘는 한자 가운데 하필이면 그 사람이 왜 다른 글자가 아닌 유독 그 글자를 선택했을까요? 분명히 그의 일상생활 속에서 자주 그 글자를 사용하거나, 우리가 꿈을 꾸는 것과 같은 원리로서 그러한 의향을 품고 있다는 의미입니다. 간단히 말씀드리면 어두컴컴하고 잡히지 않은 무엇 속에 어떤 신비한 힘이 있다는 말이죠.

그렇다고 지나치게 심각하게 생각하고 글자를 쓸 필요는 없습니다. 이것은 글자를 맞추는 사람의 수준과 관련이 있습니다. 모든 글자가 오묘한 이치를 감추고 있는데, 문제는 그 사람과 글자 사이의 오묘한 연관성과 정보를 정확하게 해석하느냐, 글자가 감추고 있는 오묘한 정보와 정신을 제대로 깨닫고 전달하느냐 하는 데 있습니다."

후하이양이 글자를 쓴 종이를 집어들었다. 장중펑은 그가 고개를 꼿꼿이 세우고 앉아서 눈썹을 움찔거리다가 다시 손톱으로 탁자 위에 놓인 종이의 방향을 이리저리 바꾸는 것을 지켜보았다. 그가 고개를 들어 장중펑의 시선을 정면으로 받으며 말했다.

"점쟁이의 첫 마디가 가장 중요합니다. 첫 마디가 상대의 마음을 사로잡지 못하면 상대가 심리적으로 점쟁이의 말을 거부하게 되거든요. 허튼소리를 한다고 여기는데 말이 귀에 들어올 리 있겠습니까?"

이렇게 말하면서 그는 장중펑이 쓴 글자를 쓱쓱 문지르더니 그 옆에 글씨 두 줄을 쓰고는 낮게 웃으며 장중펑에게 건넸다. 장중펑이 받아서 읽어보았다.

"머리가 칼인 듯하나 칼이 아니고, 꼬리가 물인 듯하나 물이 아니며, 입 속이 무성하게 떠 있으니, 강호의 사마귀가 매미를 잡아먹는구나."

장중펑은 두 번 읽어보고 웃으며 물었다.

"무슨 뜻입니까?"

"먼저 장 사장께서 현재 처한 상황부터 말씀드리죠. 이 절에 오셨을 때 제가 드린 말씀이 이 글자에서도 나타납니다. 장 사장의 후원에 정말로 불이 날 뻔했습니다."

장중펑은 고개를 들어 그를 바라보다가 웃으며 말했다.

"자세히 말씀해주시지요."

"머리 위에 칼을 이고 있으니, 위험하다 할 밖에요."

"물고기 어(魚)자의 모양을 보면 확실히 머리 위에 칼이 있는 것은 분명하지만, 어째서 후원에 불이 날 뻔했다고 하시는 겁니까?"

"글자풀이를 하기 전에 제가 왜 장 사장께 소원이 무엇이냐고 묻지 않았을까요? 그건 아주 간단합니다. 남자에게 있어 가장 큰 관심사가 몇 가지나 되겠습니까? 딱 두 가지입니다. 두 가지가 무엇이냐? 하나는 재물을 모으는 것이고 다른 하나는 여자죠. 좀 듣기 좋게 말하자면 하나는 사업이고 다른 하나는 가정입니다. 좀 속되게 말하면 위에는 먹을 것이 있어야 하고 아래에는 할 것이 있어야 한다는 말입니다.

제가 후원에 불이 날 뻔했다고 짐작하는 것은 장 사장에 대해 제가 알고 있는 정보를 종합적으로 분석한 결과입니다. 지난번에 칭톈주에 오셨을 때 그 분이 장 사장께 살갑게 붙어 있는 것을 보고 부인이 아니라는 걸 금세 알았습니다. 만일 아내가 그렇게 곰살맞게 군다면 다른 여자를 찾을 필요가 없겠죠. 죄송합니다. 이렇게 말씀드려도 괜찮은지 모르겠습니다."

"제게 늘 그렇게 붙어있습니다. 제가 운전할 때도 마찬가집니다."

"짐작했었습니다. 그래서 제가 지난번에 전화로 여자분에게 운전을 맡기라고 말씀드린 겁니다."

장중펑은 그런 이유였구나 생각하며 웃었다. 하지만 이것이 후원에 하마터면 불이 날 뻔했다는 것과 무슨 상관이 있단 말인가?

"글자에서 많은 정보가 들어나는 건 아닙니다. 제가 이곳에 온 지가 반나절이 다 되었는데도 장 사장과 연락이 안 되고 해서 줄곧 도대체 무슨 일일까 생각을 했지요. 장 사장의 안색을 보고 곧 그 일이구나 하고 짐작한 겁니다."

"아예 후원에 이미 불이 났다고 말하지 않은 건 무슨 이유입니까?"

"후원에 불이 났다면 장 사장이 여기 오셨겠습니까? 저와 앉아서 이런 이야기를 하고 있을 수가 없지요."

"그건 그렇군요."

"사실 많은 정보들이 사람에게서 나옵니다. 점을 보고 글자풀이를 하는 사람은 입으로 쉼 없이 말을 하면서 눈으로는 상대의 반응을 살핍니다. 반응이 없으면 지나가고 반응이 있으면 줄곧 그 얘기를 하는 거지요."

"일리가 있습니다."

"글자 이야기를 다시 해보죠. 일반적으로 물고기 어 자를 쓸 때 사람들은 아래쪽에 줄을 긋는데, 장 사장께선 점 네 개를 찍었습니다. 여기에 충분히 이용할 만한 정보가 담겨 있습니다. 물고기는 물에서 살아야 하고, 살아있는 것은 문제를 해결하고 임기응변할 줄도 알죠. 게다가 물은 불을 끕니다. 그러니까 장 사장께서 어제 오늘 겪은 일이 가슴을 쓸어내릴 일이기는 했지만 위험한 고비는 넘겼다고 볼 수 있습니다. 장 사장의 지혜로 위험을 벗어난 거지요."

"그럼 이 글자가 말하는 제 사업, 재운은 어떻습니까?"

후하이양이 웃으며 말했다.

"이번에 장 사장의 재운과 저의 운이 연관되어 있으니까 우리 둘을 묶어서 얘기해봤으면 합니다만."

"같이 말입니까?"

"우리의 협력이 어떨지 보려는 거죠."

"좋습니다."

"장 사장께선 재운이 아주 좋으십니다."

"말씀해주시겠습니까?"

"회사가 새로 문을 열면 하객들이 축하하러 와서 가장 많이 하는 인사말이 뭡니까? '재원(財源)이 풍부하게 날마다 들어오기를 기원합니다.' 보통 이렇게들 말하죠. 재물은 물의 성질을 가지고 있습니다. 장 사장이 쓰신 글자 속에 물 수(水) 자가 있습니까? 있습니다. 물이 많습니다. 안 좋을 리가 있겠습니까?"

"그렇게 간단한가요?"

"물론 그렇게 간단할 리가 없겠지요. 밭 전(田) 자를 보십시오. 무슨 생각이 드십니까?"

"글쎄요. 잘 모르겠습니다."

"이 글자를 몇 개의 글자로 나눌 수 있는지 한번 들여다보시죠."

"입 구(口) 자가 다섯 개군요."

"그게 다 어디에 있습니까?"

후하이양이 다시 물었다.

"아래위 좌우로 두 개씩, 그리고 큰 것이 하나 있습니다."

"이걸 어떻게 풀이할 수 있을까요?"

"입이 사방에 있다? 아래에는 물이 있으니 도처에 마실 물이 있고 아래위로 관통한다?"

장중펑이 생각나는 대로 말했다.

"아주 좋습니다. 그리고요?"

"그리고 이 칼 도(刀) 자인데, 칼은 전쟁을 뜻하니까 밭 위에 칼이 있는 것은 흉한 게 아닐까요?"

"그것도 한 가지 풀이가 되겠지요. 다른 풀이가 하나 더 있습니다. 칼은 전쟁을 말합니다. 하지만 전쟁 자체가 흉은 아닙니다. 만약 전쟁이 위험만을 가져온다면 군비증강을 꾀할 나라가 어디 있겠습니까?

칼은 도구입니다. 칼을 갈아서 쓰느냐 아니면 칼에 맞아서 죽느냐 하는 것이 중요합니다. 장 사장께서 잘 갈아둔 칼의 칼자루를 쥐고 있다면 당할 자가 없을 것입니다. 하지만 이 도구가 다른 사람 손에 있고 장 사장이 물고기라면 반 토막이 날 운명을 피할 수가 없지요. 제 말이 어떻습니까?"

"아주 그럴듯한 논리군요."

"장 사장께서 하신 해석은 지나치게 위험하고, 뒤에 제가 한 해석은 지나치게 주관적이고 임의적입니다. 이 둘의 의미를 합치면 곧 비밀이 드러나지요. 사실 어떤 사물이나 유리한 면과 불리한 면을 모두 갖고 있습니다. 많은 일들이 양날의 칼과 같지요."

"추상적이기는 하지만 분명 맞는 말씀입니다."

"구체적으로 말씀드릴 수도 있습니다. 예를 들어, 이 칼을 정부 기관이나 사법기관을 상징하는 것으로 볼 수도 있습니다. 이렇게 보면 곧 장 사장께서 하시는 일과 연결이 됩니다. 법원 덕에 먹고 사시지 않습니까? 장 사장의 사업이 그렇듯 순조롭게 발전한 이유를 이해할 수 있지요."

"법원 덕에 먹고 산다는 말은 듣기가 좀 그렇습니다. 하지만 최근 몇 년간 우리 회사가 법원 일을 그럭저럭 해온 것은 사실입니다. 후 사장님 해석대로라면 부동산 쪽으로 나갔어도 괜찮을 뻔했습니다. 밭 전(田)자가 있으니, 땅이나 부동산이 아니겠습니까?"

"이해가 빠르시군요. 벌써 입문을 하셨습니다. 하지만 강호의 세계는 위험하고 흉악합니다. 밭은 씨를 뿌려 농사를 짓는 곳이기도 하지만 사람들에게 짓밟히기도 하는 곳입니다. 사람이 강호에 들어서면 몸이 자유롭지 못하다는 옛말이 왜 있겠습니까? 결국에 가서 잡아먹히더라도 자신이 거대한 먹이사슬 가운데 어디쯤에 있는 지조차 모릅니다. 사업도 그렇고, 권력도 그렇고, 사랑도 그렇습니다."

"그렇습니다. 어떤 목적을 이루려고 아무리 노력을 해도 그걸 다 얻기는 어려우니까요. 심지어 목표와 정반대 쪽에 가 있을 때도 있지요."

장중펑이 맞장구를 쳤다.

"맞습니다. 남녀관계도 그렇습니다. 여자는 태생적으로 남자에게 최고의 학교입니다. 많은 남자들이 사실 여자로부터 인생을 배우고 사회의 경험을 쌓지요. 그런데 여자가 남자의 아내가 되면 상황이 복잡해집니다. 아내가 남편을 성공한 남자, 우량상품으로 만들어 놓으면 남자는 밖에서 자의 반 타의 반 여러 꽃을 찾아다니는 나비나 파리가 되지요."

후하이양의 말에 장중펑이 대꾸를 하려는 순간 그의 휴대폰이 울렸다. 탕원이었다.

"집에서 식사할 거예요?"

"준비하지 말고 밖에서 같이 먹지."

"왜 밖에서 먹어요? 나한테 사죄하는 뜻인가요?"

"사죄? 내가 당신에게 미안할 짓을 했다는 말처럼 들리는군. 칭텐주의 후 사장님이 오셨는데 당신 선물을 가져오셔서 그러는 거지."

그가 전화를 끊자 후하이양이 말했다.

"부인을 아직 뵌 적이 없으니 함부로 말하기는 그렇습니다만, 10년을 장 사장처럼 사업으로 바쁘신 분과 함께 살아오신 걸 보면 대단한 분인 것 같습니다."

"그렇죠. 모두가 대단하지요. 관둡시다. 이런 얘기는 그만하죠. 식사 때가 다 되었으니 제가 샹수이 강변에 있는 선상 해산물 전문점으로 모시겠습니다. 활어탕으로요."

"활어탕이라구요?"

"후 사장이나 저는 물고기를 잡아서 먹는 사람들 아닙니까."

후하이양이 그를 보고 웃으며 말했다.

"그렇죠. 물고기와 물고기를 잡는 것 중에서 고르라면 잡아서 먹는 쪽을 택해야겠죠."

"제 집사람 얘기가 나왔으니 드리는 말씀인데, 후 사장님께 제가 사죄를 드려야 할 일이 있습니다. 두 번이나 후 사장님을 판 적이 있거든요. 며칠 전에 집사람에게 칭텐주로 후 사장님을 만나러 간다고 말했던 적이 있었고, 또 한번은 후 사장님이 오셔서 주말에 나가봐야 한다고 했던 적이 있었습니다."

"남자가 이런 일이 한두 번쯤 없을 수는 없지요. 제 친구 하나가 〈서유기〉를 읽고 이런 말을 하더군요. 자신도 손오공처럼 털 하나를 뽑아서 또 한 명의 자신을 만드는 능력이 있었으면 좋겠다고 말입니다. 제가 그랬죠. 정말로 그렇게 되면 자네도 얌전히 있지는 않을 거라고 말입니다."

장중펑이 웃으며 말했다.

"남자 노릇 하기도 어렵습니다."

"이해가 됩니다. 하지만 이렇게 하시지요. 혹시 부인께서 물어오시면, 저는 그저 가만히 있을 테니 장 사장께서 나서서 말씀하시는 걸로 말입니다. 괜찮겠지요?"

"예. 그렇게 하지요. 말을 많이 하다보면 실수할 수도 있으니까요."

"제 생각을 하나 말씀드리자면, 남자는 가능한 이혼을 하지 않는 게 좋다는 겁니다. 이혼 한 번이 파산 한 번과 마찬가지입니다. 심적 괴로움이 그만큼 견디기 어렵단 뜻이지요."

제24장

영원한 이익이 있을 뿐 영원한 동맹은 없다.

　장중펑이 우려했던 일은 일어나지 않았다. 세 사람이 선상에서 활어탕을 먹는 내내 조용한 분위기가 이어졌고 탕원은 그런 얘기를 아예 꺼내지도 않았다.

　해산물 레스토랑으로 쓰이는 그 배는 실은 일종의 잔교(棧橋)로서 해안에서 20미터쯤 떨어진 강 속에 있었기 때문에 손님들은 작은 나룻배를 타고 왕래해야 했다. 늘 화려한 호텔 레스토랑을 주로 이용하던 사람들에게 이것은 오히려 시골스러운 낭만과 정취를 느끼게 해주었다. 샹수이 강변의 선상 음식점들이 가진 고질병인 급수와 배수 문제는 시민들과 매스컴의 비난의 표적이 되곤 했다. 그래서 이런 선상 식당들은 관련당국과 마치 유격전을 벌이듯 문을 열고 닫기를 반복했다.

　증시가 줄곧 하락세를 벗어나지 못하는 바람에 탕원은 적잖은 손해를 보고 있었다. 후하이양이 증권 일을 한다는 말을 듣자 그녀가 그에게 조언을 청했다. 평온을 찾은 듯한 탕원의 모습을 보며 장중핑은 어젯밤의 폭풍이 어느 정도 지나갔다는 생각이 들었다. 탕원이 후하이양에게 말했다.

"큰손들의 주식거래는 아주 근사할 것 같아요. 마치 마오(마오쩌둥) 주석이 혁명군을 지휘하는 것 같은 그런 기분이 들지 않으세요?"

"마오 주석과 재물의 신이 모두 우리를 도우시기를 바라긴 합니다만 멋있는 일과는 거리가 멉니다. 밖에서 보면 멋있어 보일지 모르지만 실은 정반대입니다. 작은 실수로도 참혹한 결과가 나오거든요. 그 기분은 뭐랄까, 말 그대로 바늘 끝에서 춤을 추는 것 같은 그런 기분입니다."

장중핑도 거들었다.

"증권시장이 자리를 잡아갈수록 주식거래도 그만큼 어려워질 거라는 생각이 듭니다. 자선사업을 하는 게 아닌 이상 이윤을 생각해야 하니까요. 법률의 한계선을 넘지 않는 범위 내에서 방법을 찾아야 하겠죠."

"장 사장 말씀이 맞습니다. 그렇지만 법률도 양날의 칼입니다. 개입하면 죽어버리고 놔두면 혼란에 빠지거든요. 중국에서 사업을 하자면 규정을 벗어나지 않고는 일이 안 된다는 말이 있지요. 상궤를 벗어나지 않으면 돈을 벌 기회가 없다는 뜻이겠죠. 그렇다고 지나치게 벗어나서도 안 됩니다. 나무가 지나치게 우뚝 솟으면 바람에 쓰러진다는 말이 있듯이 모두의 적이 되기 십상이죠. 가장 먼저 총에 맞아 죽는 새 꼴이 되는 거지요."

"주식시장은 정말 전쟁터죠. 다른 시장에 비해 더 잔혹하다는 생각이 들어요. 기본적으로 적과 아군의 구분도 없고, 모두가 경제동물이 되어서 이익추구를 유일한 목표로 돌진하기 때문이 아닌가합니다. 그러다 보니 혼전을 피할 수가 없는 거겠지요."

장중핑이 맞장구를 쳤다.

"주식투자가 본래 저가에 사들이고 고가에 내다팔아서 차액을 노리는 것인데, 공개된 시장에서 어디 그렇게 많은 차액이 날 잡아가쇼 하고 생겨주나요? 그러니 시장을 만들어야죠. 다른 건 관두고 조작에 대해 얘기해보겠습니다. 중국의 주식시장이 초창기 몇 년간은 4, 5천만 위안만 있으면 충분했습니다. 그런데 지금은 전체적으로 판이 커져서 일반 중소형주도 4, 5억에서 10억은 있어야 합니다. 그러니 혼자서는 안 되고 동맹을 맺어야 합니다. 하지만 동맹을 맺는 게 그리 쉽지가 않습니다. 영원한 이익이 있을 뿐 영원한 동맹은 없다는 말도 있잖습니까?

요즘은 사업하기가 너무 어렵습니다. 우선은 사람들이 하나같이 너무 똑똑해졌다는 것이 첫째 이유이고, 다른 한 가지는 신뢰를 지키는 사람이 손해를 보기 때문입니다. 이게 주식시장에서 더욱 두드러지게 나타납니다. 예를 들어 언제 들어가야 하는가에 대해선 그나마 모두의 의견을 조율하기가 쉬운 편이지만 언제 빠져나와야 하는가에 대해서는 그렇지가 않습니다. 이때 신뢰가 중요한데, 모두가 신뢰를 중시한다면 기존의 방침에 따라 처리해도 어느 정도 이윤을 볼 수 있습니다. 하지만 어느 하나라도 신뢰를 지키지 않을 가능성이 보이면 결국은 너나할 것 없이 신뢰를 저버리게 됩니다. 갈수록 속도가 빨라지는 일종의 도미노 현상이죠. 여론의 뭇매를 맞을 수 있는 상황에서 신속하게 처리하지 않을 도리가 없죠.

내가 쓰러지면 사람들이 내 시체를 밟고 지나가는 곳이 주식시장입니다. 내 돈을 벌어가놓고도 나를 덜 떨어진 놈이라고 멸시하기까지 하죠. 이게 한 가지 어려움입니다. 또 한 가지 어려움은 내 부조작 문제입니다. 어느 주식을 타깃으로 사고파는 데 수십 수백 명의 조작이 필요하고, 매매가 한곳에 집중되어서도 안 됩니다. 조사가 엄격하기 때문이기도 하고 개미들도 영리해서 큰손이 움직이는 방향을 언제든 파악하기 때문입니다. 주식시장이 저조할 때 특히 그렇습니다. 어느 주식의 주가를 올려놓기가 무섭게 사람들이 오히려 이를 매도의 기회로 삼는 거죠.

무엇보다 무서운 게 '노서창(창고를 갉아먹는 쥐. 주식 내부거래자를 이르는 중국 신조어)'입니다. 내부거래자들은 제각기 복잡한 인맥을 갖고 있어서, 매도 명령이 떨어지면 우선 암암리에 개인 창고부터 채워놓은 다음에 명령대로 움직이고, 매수 명령이 떨어지면 가장 먼저 팔아치우는 것이 개인적으로 관리하는 주식입니다. 배가 작으면 뱃머리를 조절하기가 쉽지만 배가 크면 그렇지가 않습니다."

"그건 회사에 불충한 행동 아닌가요? 그렇게 노서창이 되는 것도 쉽지는 않을 테구요."

탕원이 말했다.

"분명히 불충한 행동이지만 그것도 쉬운 노릇은 아니죠. 왜냐하면 내부거래자는 단지 국부적인 하나의 점, 그물망 속의 하나의 고리에 불과하기 때문입니다. 그가 받은 명령이 진짜 명령이라 해도 본부가 시장을 교란시키기 위해 퍼뜨리는 연막이거나 본부의 진짜 의도와 정반대일 가능성이 있거든요. 게다가 이렇게 엄호 임무를 맡은 내부거래자의 역할은 고정된 것이 아니라 계속 바뀝니다. 판세를 따라 움직이다가 언제 그물에 걸려서 잡아먹힐지 알 수가 없는 거죠. 주인이 노서창의 존재를 알고 때로 고의적으로 거짓 정보를 흘리기도 하니까요. 그러니 노서창 노릇을 하기도 쉽지는 않지요."

장중평이 끼어들었다.

"후 사장님께서 하신 말씀은 민간기관 투자자와 바닥에 있는 노서창의 관계에 관한 얘기인데, 이 기관 투자자가 국유자산이라면 어떻습니까? 상황이 좀 다르겠지요?"

후하이양이 웃으며 말했다.

"그쪽에서 먹여 키운 쥐는 보통 쥐가 아닐 테죠. 사마천이 〈사기〉에 쓰지 않았습니까. 조정의 양식창고를 드나드는 쥐와 변소를 드나드는 쥐는 완전히 다르다고 말입니다."

"그렇죠. 뉴스에도 자주 보도되잖아요. 정부관리가 수십 수백만의 대가나 뇌물을 받으려고 국가에 수천 수억의 손해를 입힌다는 뉴스 말이에요. 이런 사람들이 후 사장님께서 말씀하신 조정의 양

식창고를 드나드는 쥐겠지요. 죽여도 시원찮을 인간들이라는 생각
이 듭니다."

"역시 교수님이시군요. 나라 걱정을 하시고. 확실히 주식투자는
이미 중국사회에서 가장 위험한 업종 가운데 하나입니다. 위험도
가 가장 높은 10대 업종 가운데 세번째예요. 종군기자, 벌목꾼, 지
질탐사자, 광산노동자 등 전통적인 위험 직업군보다는 앞이고, 스
턴트맨, 시험비행조종사, 지뢰제거군인보다는 덜 위험한 것으로
분류되고 있습니다.

관련 보고서에 따르면 주식투자가 잘못되었을 경우에 초래되는
가정불화, 재산손해, 형사사건 등이 다른 업종을 합친 것보다 훨씬
높다고 하지요. 요즘 몇 년 동안 주식시장이 저조한 이유를 살펴보
면, 주식투자자들의 눈앞에 불리한 요인이 너무 많고, 큰손들이 한
바탕 돈을 쓸어담은 다음에 악의적으로 주가 하락을 유도하기 때
문입니다. 이건 사실입니다.

또 한 가지 사실은 주식시장이 현재 사람들이 가장 많이 몰려들
고 또 몰려든 사람들의 등급이 가장 복잡한 시장이라는 겁니다. 따
라서 주식시장이 다른 시장이나 영역에 비해 개방 정도가 높고, 또
차츰 질서를 확립해가는 과도기에 있다고 볼 수 있습니다.

주식시장에 많은 불확실한 요소가 존재하기는 하지만 참여자의
자유도는 어느 곳보다 높습니다. 언제든 들어가고 나올 수가 있으
니까요. 주식시장의 공개성이나 공평성도 상대적으로 높기 때문에
앞으로도 사람들이 계속 몰려들 것입니다.

주식시장의 최대의 문제는 게임의 규칙과 자금입니다. 정부에서 안정을 유지하면서 동시에 지속적으로 개혁개방을 추진하고 있으니까 주식투자로 큰돈을 벌 수 있는 기회가 반드시 또 올 겁니다.

사람의 인성이라는 측면에서도 그렇습니다. 사람이 가진 최대의 약점이 두 개인데, 바로 공포와 탐욕입니다. 이것은 투자자가 주식시장에 뛰어드는 동기이자 동시에 모종의 투자행위를 하는 심리적인 요인이기도 합니다."

장중펑이 맞장구를 쳤다.

"후 사장님 말씀이 맞습니다. 주식시장은 사회의 축소판이죠. 어떤 사람들에게 주식시장은 다른 선택의 여지가 없는 길이라는 생각이 듭니다. 마치 사람이 사회 속에서 살아가지 않을 수 없는 것처럼 말입니다."

"좀 이해하기 어렵네요. 대부분의 여자들은 단순한 생활을 더 바라거든요."

탕원이 웃으며 말했다.

"일단 주식시장에 발을 들여놓으면 단순한 생활을 할 수가 없습니다. 주식시장이라는 곳은 방금 말씀드렸던 탐욕과 공포처럼 인간의 취약성이 가장 극렬하게 드러나는 곳이거든요."

후하이양이 말했다.

"탐욕은 지나친 욕망이에요. 욕망의 바다는 메우기가 어렵다는 말이 있듯이 족함을 모르는 인간의 심리가 나쁜 사건들을 끊임없이 초래하니까요. 그런데 공포가 극도의 두려움이라는 것은 알겠지만, 이것이 어떻게 인간의 가장 주된 취약점인지 이해가 잘 안 되는군요."

탕원이 말했다.

장중평이 거들고 나섰다.

"공포는 사람을 우리에 가두어버리지. 이것도 무섭고 저것도 무서워지면 아무것도 할 수가 없어져. 하지만 다른 각도에서 보면 미래나 불확실한 무엇인가에 대한 공포가 있기 때문에 인간은 기를 쓰고 무언가를 소유하려고 들지. 그것이 자신에게 안정감을 줄 수 있을 거라고 생각하고 말이야. 예를 들어 돈이 그렇지. 돈을 싫어하는 사람이 어디 있겠어? 많을수록 좋은 것이 돈이라는 걸 모르는 사람이 어디 있겠어? 문제는 어떤 돈을 어떻게 벌 것인가를 분명히 알아야 한다는 거야.

또 다른 예를 들어보자구. 열 여자 마다할 남자가 없다는 말이 있지만, 심리학적인 각도에서 보면 바람기가 많은 남자는 감정적으로 취약할 뿐 아니라 어느 정도 인격적인 결함이 있을 가능성이 있어. 깊이 있고 안정적인 남녀관계를 만들어갈 능력이 없기 때문에 끊임없이 새로운 상대를 찾아다님으로써 감정적인 공허와 취약함을 위로받으려는 거니까. 이것이 곧바로 탐욕으로 이어지는 게 아니고 뭐겠어? 공포 때문에 탐욕이 생기는 거지."

"훌륭한 분석이십니다."

후하이양이 말했다.

"당신은 감정적으로 취약한 사람이 아니겠죠?"

탕원이 물었다.

"10년이 넘도록 같이 살았는데 아직도 내가 감정이 취약한지 아닌지 모른단 말이야?"

장중펑이 물었다.

"문제는 분수를 알아야 한다는 거겠죠. 어떤 일이든 지나치면 안 돼요. 그렇죠?"

이렇게 말하며 탕원이 장중펑을 바라보았다. 그는 "그야 당연하지"라고 짧게 대답했다.

"말이야 그렇지만 사람의 욕망은 매우 복잡한 물건입니다. 욕망을 좌지우지할 수 있다고 장담할 수 있는 사람이 누가 있겠습니까? 성인이 아니고서야 말입니다" 하고 후하이양이 거들었다.

"그렇습니다. 누구나 자기 뜻대로 안 될 때가 있고 어쩔 수 없을 때도 있으니까요."

장중펑이 맞장구를 쳤다.

"뜻대로 안 된다는 게 무슨 말이에요? 뜻대로 안 된다는 말이 욕망 앞에 무릎을 꿇은 것에 대한 변명이 될 수는 없죠."

탕원이 단호한 어조로 말했다.

후하이양이 탕원과 장중펑을 번갈아 보더니 급히 말을 받았다.

"저 앞을 보세요. 강바람 속에 떠가는 고깃배 등불도 하나의 풍경이고, 색색의 등불이 하나둘 불을 밝히며 끊임없이 이어지는 차들의 행렬도 하나의 풍경이죠. 밥을 먹고 나면 어쩔 수 없이 저 풍경 속으로 다시 들어가야 하죠."

탕원은 고개를 숙이고 말이 없었다.

"후 사장님의 말씀이 무척이나 철학적이십니다."

장중펑이 말했다.

활어탕이 나왔다. 복어였다. 장중펑이 직접 고른 것으로 자그마치 네 근이나 나가는 큰 놈이었다. 가끔 독이 있는 복어를 잘못 먹고 사람이 죽었다든가 복어가 국가의 보호동물이라는 보도가 있지만, 복어의 육질이 맛있고 싱싱해서 많은 사람들이 오히려 복어를 먹는 것을 생활의 특별한 경험, 즉 위험을 무릅쓰고 별미를 먹는 즐거움으로 여긴다. 후하이양이 한입 떠먹어보더니 "괜찮군요" 하고 말했다. 탕원이 "입맛에 맞으시면 많이 드세요" 하고 인사말을 건넸다. 장중펑도 연신 많이 드시라고 말하다가 한마디를 덧붙였다.

"다음번에는 다른 사람이 우리를 먹을지도 모릅니다."

이 말에 후하이양이 말했다.

"그건 뭐라 말하기가 아주 어렵군요. 정말로 그런 기회가 온다면 그들도 뼈만 남기고 깨끗이 먹어치울 테죠. 근데 이 생선을 먹고 나면 마음이 허전해지지 않을까요?"

"두 분 무슨 말씀을 하시는 거예요?"

탕원이 어리둥절해져서 물었다. 두 남자는 서로 마주보고 웃더니 어서 먹자고 말했다.

탕원을 집으로 바래다준 후 장중펑이 어디 가서 차 한 잔 하자고 말하자 후하이양이 말했다.

"됐습니다. 장 사장과 나 사이에 예의는 따지지 맙시다. 밖에서 이야기하는 것보다는 제가 묵고 있는 호텔로 가시죠."

이리하여 둘은 후하이양이 묵고 있는 펑청호텔로 다시 돌아왔다.

화제가 다시 주역으로 옮겨갔다. 후하이양이 말을 시작했다.

"일반적으로 사람들은 주역을 잘 모릅니다. 점괘를 보는 책쯤으로 알고 있지요. 진시황조차도 그렇게 생각하고 이 책을 하찮게 여겼고, 그 덕분에 분서갱유에서 살아남을 수가 있었지요. 공자 이후로 역대 유학자들은 이 책을 상당히 높게 평가해서 사서오경 가운데 으뜸으로 꼽았습니다. 요즘은 그 평가가 더욱 높아져서 이 책 속에 없는 것이 없다고들 말합니다. 천문학·역학·수학·음률·과학·철학·예술 심지어 의학·병법·술수 등을 포함해서 수많은 국내외 학자들이 주역의 저자인 '서백희창'을 신인(神人)이니 성인이니 하며 떠받들고 있으니까요."

장중펑은 웃으며 가만히 듣고 있었다. 그도 점괘를 본 적이 있기는 하지만 주역을 접한 적은 없었던 것이다.

후하이양이 계속했다.

"서백희창이 후대의 주 문왕인데, 그가 주역을 쓰기 시작한 것이 나이 여든둘에 죄인으로 감금되었을 때입니다. 한 무리의 수장(首長)에서 죄인의 몸이 되었으니 인생이 하루아침에 곤두박질 친 것이죠. 그를 감금한 사람이 누구냐? 바로 폭군 은 무왕이었습니다. 은 무왕이 왜 희창을 가두었느냐? 이유가 황당무개하기 짝이 없습니다.

사마천의 말에 따르면 무왕 때에 구후라는 대신이 있었는데 그에게 아름답고 지혜로운 딸이 있었답니다. 그녀가 은 무왕의 부름을 받고 궁으로 들어갔지만 왕의 방탕한 생활을 좋아하지 않았고 이에 노한 무왕이 그녀를 죽이고 그 아비인 구후도 처형해버렸습니다. 신하 악후가 구후를 위해 변론하다가 그마저 처형을 당하고 말았습니다. 당시는 사람을 죽이는 게 마치 밭에서 채소를 뽑는 것만큼이나 쉬웠던 시절이었죠.

은 무왕은 악후를 죽인 것도 성에 차지 않았는지 그의 몸을 장에 절여서 조림을 만들어 대신들에게 먹게 했답니다. 이 소식을 들은 서백희창이 긴 한숨을 내쉬었는데, 이것이 다른 사람에 의해 밀고가 되었고 이렇게 그가 투옥이 되고 말았지요.

어제까지 많은 무리를 이끌던 수장이 오늘 죄인의 몸이 되었으니, 천상천하 한 발자국 거리에 이승과 저승이 있었던 거지요. 구후와 악후의 죽음으로 인한 피비린내가 가시지 않은 때였으니 처음에는 그 자신도 언제고 죽을 것이라는 생각에 몸을 떨었겠지요. 오전에 우리가 물고기 어 자를 놓고 머리에 칼을 이고 있다고 풀이했지만, 이 칼은 희창의 머리 위에 놓인 칼에 비하면 아무것도 아니지요. 그의 머리 위에 놓인 칼이 떨어질지 또 언제 떨어질지 누구도 몰랐으니까요. 희창은 물론이고 은 무왕도 알지 못했습니다. 이치대로라면 희창의 목숨을 손에 쥔 그는 알고 있어야 했겠지만 그조차 자신이 느닷없이 무슨 생각이 들지 몰랐으니까요. 변덕이 그야말로 죽 끓듯 했던 인물이었죠.

죽음을 두려워하지 않는 사람이라도 죽은 것도 산 것도 아닌 상황은 두려운 법입니다. 희창이 이 상황을 벗어나기 위해서는 한 가지 방법밖에 없었습니다. 바로 스스로 점괘를 보는 것이었지요. 그때까지만 해도 점괘를 보는 데 사용된 것이 복희의 팔괘였는데 이건 거북의 껍질이 있어야 했습니다. 하지만 감옥에 갇힌 희창에게 어디 거북의 껍질이 있었겠습니까? 하는 수없이 가새풀로 대신했죠. 희창은 팔괘도를 가새풀 마디로 땅바닥에 만들어놓고 점괘를 보았는데, 방위를 보는 것만으로도 희창은 온몸을 떨었습니다.

은왕은 천자의 귀한 몸으로 위쪽 불에 속하는데, 자신은 저 아래쪽의 물에 속하니 두 사람이 상극이었던 것입니다. 희창이 은왕을 대적할 수가 없었으니 죽음밖에는 길이 없어 보였던 거지요. 하지만 죽고 싶은 사람이 어디 있겠습니까? 나이가 이미 여든둘이 된 희창이었지만 그래도 죽고 싶지는 않았습니다. 죽고 싶지 않으니 방법은 사지(死地)가 살길이 되도록 바꾸는 것밖에 없었지요. 어떻게 바꾸느냐? 지금의 말로 하자면 자리이동을 하는 거죠. 물길을 바꾸어서 강의 북쪽에서는 양이었던 곳이 남쪽에 이르러서는 음이 되도록 만드는 것입니다.

훗날 풍수에서 집을 지을 때 좌북조남(북쪽에 앉은 남향집)을 강조하고, 방향이 이미 정해진 건축물의 음양을 바꾸기 위해 장치나 조형물을 세우는 게 모두 인간의 행위를 통해 자연과 하늘이 이미 만들어놓은 원시상태를 바꾸려는 것입니다."

"잠깐만요. 제가 지난번에 후 사장님 사무실에 갔을 때 보니 벽에 팔괘도가 걸려 있던데, 방금 하신 말씀과 관련이 있습니까?"

장중펑이 물었다.

후하이양이 너털웃음을 웃으며 말했다.

"그런 셈이지요. 역(易), 그러니까 바꾸는 것이지요. 도마뱀이 바로 역입니다. 도마뱀은 냉혈동물로 언제든 온도의 변화에 따라 끊임없이 자신의 몸 색깔을 바꿉니다. 사람들은 이런 도마뱀을 두고 도덕적인 잣대로 비난을 하지만 저는 천성적으로 타고난 적응 능력에 대해 진심어린 존경을 표해야 한다고 봅니다."

"그래서 후 사장님 사무실의 다른 한쪽 벽에 도마뱀 그림이 걸려 있었던 거군요. 당시에 저는 이상하다는 생각이 들어서 물어볼까 생각하다가 말았습니다. 그건 그렇고, 서백희창의 이야기를 끝까지 해주시지요."

"서백희창이 몇 년간 옥살이를 했느냐. 7년입니다. 2천여 일이 넘는 밤낮을 옥에서 보낸 것이지요. 차츰 처음의 두려움도 둔탁해지고 소일할 일거리를 찾아내야 했습니다. 만일 그가 겁에 질려서 먹지도 자지도 못한 채 머리 위에 놓인 보이지 않는 칼만 생각했다면 얼마 못 가서 고통을 못 이겨 황천길로 갔을 겁니다. 서백희창은 복희의 팔괘를 연구해보기로 마음을 먹었지요.

이전에 궈모뤄(중국 근대의 극작가이자 사학자)가 팔괘의 근간에 대해 이런 말을 한 적이 있습니다. 팔괘는 고대에 생식기를 숭배했던 것과 관련이 있으며, 남근의 생김새를 닮았고 나누면 여자의 음부를 닮았는데, 여기에서 남녀, 부모, 음양, 강약, 천지의 개념이 나왔다고 말입니다.

서백희창의 눈에도 그렇게 보였던 모양입니다. 차츰 그의 눈앞에 우주가 펼쳐지고 갖가지 인간의 모습들이 나타나면서, 판에 새겨진 그림에 불과하던 것들이 생기에 넘친 살아 있는 물건으로 변모했습니다. 부자군신은 더이상 상존하비가 아닌 상호의존의 관계였습니다. 일년 사계절의 순환, 금목수화토가 상생상극하는 거지요. 천도가 음양이고, 지도가 강약이며, 인도가 인의입니다. 이 세 개의 도가 만상을 품고 상호견제하며 끝없이 변화하지요. 이렇게 하여 원래의 복희의 팔괘를 중첩하고 조합해서 64괘가 만들어지게 된 겁니다."

"후 사장님의 말씀이 무척이나 전문적이고 어렵군요. 근데 그의 머리 위에 놓인 칼은 어찌 되었습니까? 떨어졌습니까?"

"아뇨. 후에 은 무왕이 희창을 풀어주었습니다. 그리고 희창의 둘째 아들이 은왕을 멸하고 주를 세우고 희창을 문왕에 봉했습니다. 어떻습니까? 장이모가 만든 한 편의 영화 같지 않습니까?"

"장이모의 영화가 갈수록 형편없어지고 있어요. 최근에 나온 영화는 알맹이도 없이 무슨 만화영화 같더군요. 방금 희창의 이야기를 들으면서 한 가지 의아한 생각이 들었습니다. 세상일이란 게 정말 뭐라 말하기 어렵다는 생각이 듭니다. 은 무왕이 마음만 먹었다면 희창을 죽일 수 있었는데 왜 죽이지 않았을까요? 설마 그가 뿌리까지 뽑아버려야 화근을 없앨 수 있다는 이치를 몰랐을 리는 없을 테지요? 혹시 희창이 남몰래 신령님의 힘을 빌려 스스로의 목숨을 구한 건 아닐까요? 그가 투옥된 것은 그에게 큰 불행이었지만 이런 일이 없었다면 주역도 없었을 거라는 생각이 드는군요."

"아주 좋은 질문을 하셨습니다. 생각해보십시오. 이 사회에서 혼자가 아닌 사람이 어디 있으며 자신의 운명을 좌지우지할 수 있는 사람이 어디 있습니까? 희창이나 은 무왕도 마찬가지였습니다. 은 무왕이 방탕하고 잔인한 폭군으로 유명하지만 처음부터 그랬던 것은 아닙니다. 제왕에 오른 초기에는 그래도 양쯔강 유역의 중원문화를 발전시키는 데 일조를 했었습니다. 사람은 운명이라는 게 선천적으로 정해져 있고, 그래서 그가 그렇게 될 수밖에 없는 운명이었는지도 모르지요.

귀신의 힘은 초자연적인 현상이라기보다는 인간의 마음의 바람과 축원이라고 봐야 합니다. 그래서 고래로부터 유명 사찰이 복과 소원을 비는 중생들로 넘쳐나는 거겠지요. 밑바닥의 백성들도 그렇고 부귀영화를 누리던 귀족들도 마찬가지입니다. 후자가 그럴 수밖에 없었던 것은 예측할 수 없는 요소들이 너무나 많았기 때문이지요. 우리가 오후에 얘기했던 비유대로 하자면 그들이야말로 진짜 대어(大魚)지요. 물고기가 클수록 목표도 커지고, 그들을 노려보는 눈들도 많아집니다. 얼마나 많은 그물과 낚싯바늘이 그들을 낚으려고 기다리는지는 아무도 모르지요."

"후 사장님 말씀을 듣고 있자니 어쩐지 소극적인 숙명론이라는 느낌이 듭니다."

"틀렸습니다. 오히려 정반대입니다. 한계에 대한 인식과 통찰은 자유의 시작이라고 장 사장께서도 말하지 않았습니까? 우리는 누구나 사회라는 물에서 살아가는 한 마리 물고기입니다. 이왕에 물고기의 운명을 벗어날 수 없다면 당연히 대어가 되기를 바라야죠. 작은 물고기는 작은 물고기의 기쁨이 있고 큰 물고기는 큰 물고기의 위험이 있지만, 어쨌든 큰 물고기의 생존공간과 발전의 기회가 훨씬 많으니까요.

수많은 하천들이 바다로 흘러들고 큰 물고기는 큰 바다에서 논다고 했습니다. 오염되지 않은 동화의 세계, 환상의 낙원과 같은 바다는 물고기가 향해 갈 수밖에 없는 곳이지요. 얼마나 많은 비밀 통로가 있든지 간에 물고기는 늘 대해를 향해 나아갈 수밖에 없습니다. 이것이 우리의 숙명입니다."

장중펑이 웃으며 말했다.

"후 사장님께 그런 시적인 면이 있을 줄은 몰랐습니다. 20년 전으로 돌아갈 수 있다면, 우린 도리니 이치니 하는 이야기가 아니라 아마 어울려 앉아서 술잔을 기울이며 푸시킨이나 휘트먼을 읊조렸을 겁니다."

후하이양도 웃었다.

"나이 들어서 주책없이 객기 부린다고 탓하지나 마십시오. 이치를 말할 때는 흔히 비유를 들어서 말하지만, 비유라는 게 애매하다는 단점이 있습니다. 그래서 대화의 최고 경지는 말을 하지 않는 것이라든가 침묵이 웅변을 이긴다는 말들이 나왔겠지요. 그보다

한 단계 아래 경지가 말을 적게 하고, 말이 적어도 서로간에 어느 정도 마음이 통하는 것이지요."

장중펑이 연신 고개를 끄덕이며 말했다.

"그렇지요. 근데 후 사장님께서 어떻게 해서 주역에 심취하게 되셨는지 궁금합니다."

"저희 회사에 피 고문이란 양반이 있는데, 제가 주역에 흥미를 갖게 된 건 전적으로 그 양반 때문이지요."

"피 고문이라구요? 속세와 거리가 먼 은자이신가요?"

"은자도 기인도 아닙니다. 평범한 양반인데 과거에 공산당 간부를 지냈지요."

"항상 드는 생각인데 중국의 인재들 중에 십중팔구는 정당이나 정부 안에 있는 것 같습니다. 그런 대어를 자기 사람으로 두셨으니 대단하십니다."

"잘못 보셨습니다. 오래전에 간부직에서 물러났고, 형 집행 만기가 되어 석방된 양반입니다. 주 문왕처럼 옥살이를 했었지요."

"어쩌다가요?"

장중펑이 물었다.

"고문이란 직함은 제가 붙인 것이고 그 양반은 인정하지를 않습니다. 사실 그 양반은 제 친외숙이십니다. 따지고 보면 그 양반과 저의 관계도 평범한 외숙과 조카 관계는 아닙니다. 그 양반이 관직에 있을 때, 그러니까 제가 아직 사업을 하지 않던 때였는데, 직장을 바꾸고 싶어서 그 양반을 찾아간 적이 있었지요. 근데 한사코 도와줄 수 없다는 겁니다. 도와주기는커녕 도리니 이치니 하는 잔소리만 실컷 듣고 왔지요.

훗날 제가 사업을 해서 돈을 벌었는데, 그 양반 딸, 저하고는 외종사촌이 되는 동생이 대학에 들어가게 되었어요. 그래서 제가 5만 위안을 보내드렸죠. 예전에 외숙이 나의 직장문제를 도와주지 않고 혼자 해결하도록 놔둔 데 대한 감사의 마음도 있었고, 한편으로 어느 정도 과시하고 싶은 마음도 있었지요. 그 양반이 어떻게 했는지 아십니까? 한푼도 받으려 하지 않았어요. 오히려 공산당의 개혁개방이 없었다면 너 같은 벼락부자가 어디 가당키나 했겠냐면서 한바탕 꾸지람을 하더군요.

청빈한 양반이지요. 그 양반이 사는 형편이 얼마나 딱한지 아마 말씀드려도 못 믿으실 겁니다. 시멘트 바닥에 덩그러니 보잘것없는 소파가 하나 있고, 2, 30년은 족히 지난 가구들이 전붑니다. 조카인 저도 보기가 딱할 정도입니다. 자기가 얼마나 청빈한지 남에게 보여주려는 것도 아니고 천성적으로 타고난 기인이어서 그러는 것도 아닙니다. 단지 돈이 없기 때문이죠. 이 점만은 충분히 존경받아 마땅하다고 생각합니다.

오늘날 당정간부들 중에 순전히 자기 월급만으로 사는 사람이 몇이나 됩니까? 방금 장 사장께서 중국의 인재들 중에 십중팔구는 모두 정부나 당기관에 있다고 하셨는데 틀린 말이 아닙니다. 근데 이게 좋은 현상이라고만 보긴 어렵습니다. 저는 나라의 가장 뛰어난 인재들은 스스로 창업을 하고 기업을 운영해야 한다고 생각합니다. 그들의 능력만큼 결과를 얻을 것이기 때문이죠. 만일 성공하지 못한다 해도 그건 그 사람 문제입니다. 그렇지 못할 경우 국가기관으로 진출해서 능력을 발휘하면 그나마 다행이지만 그것도 안 되면 그저 평범하게 살면서 머리를 굴려 돈이나 긁어모으며 살겠지요. 말이 너무 멀리 간 것 같습니다.

제 외숙 이야기로 다시 돌아가서, 그 양반이 한때 꽤나 잘 나갔었습니다. 중학교 교장, 현 위원회 서기, 지방위원회 서기를 지냈고, 가는 곳마다 모범적인 공무원으로 주목을 받았어요. 어디서나 청렴한 이미지로 사람들의 칭송을 받았으니까요. 현에서 지방으로 전근할 때 수천 명의 주민들이 나와서 눈물을 흘리며 환송을 했는데, 직접 눈으로 보지 않았다면 텔레비전 드라마라도 찍는 줄 알았을 겁니다.

지방위원회 서기로 재임하는 동안에는 상급기관에서 높은 양반들이 와도 규정에 어긋나는 대접을 하는 법이 없었고, 부당하게 이용되는 공무수행용 차량을 몰수하고, 간부들이 위법한 방식으로 사택을 사용하지 못하도록 금지했습니다. 기관의 한 전문위원이 냉장고를 선물로 받았는데, 그 양반이 서너 차례 설득을 한 끝에 되돌려주도록 만든 일도 있었어요.

집으로 돈을 가져오기는커녕 오히려 월급의 일부를 민원으로 기관을 방문하는 주민들의 교통비와 숙식비에 썼습니다. 아무리 더운 날에도 한사코 에어컨을 마다하고 선풍기를 켜놓고 일을 했지요. 농촌과 공장에서 전력부족으로 애를 먹는데 조금이라도 아껴야 한다는 것이었습니다. 그 양반의 행적이 주요 매스컴을 통해 보도되고 전국 '10대 인물'로 선정되기도 했지요. 입으로는 청렴을 외치면서 밑으로는 추잡한 짓을 일삼는 그런 양반이 절대로 아니었어요.

그런 양반이 결국 수인의 몸이 되고 말았는데, 그것도 뇌물수수라는 죄명으로 말입니다. 저는 지금도 외숙이 뇌물을 수수했다고는 절대 믿지 않습니다. 분명히 권력투쟁의 희생양이 되었던 거지요. 그 원인이 복잡하다면 복잡하고 간단하다면 간단합니다. 늘 청렴한 행정을 강조하고 실천하다 보니 누군가의 원한을 샀던 것인데, 정치적 박해나 어느 소인배의 위해였던 거지요. 당시에 저는 그 '소인배'가 바로 저라는 걸 몰랐습니다.

외숙은 부패에 연루되는 걸 무척이나 경계했고 청렴함을 목숨보다 소중하게 여겼습니다. 당시에 저의 대학친구 한 명이 〈도시신용공사〉에서 일했는데 주임으로 승진할 기회를 맞게 되었어요. 세 명의 후보 가운데 제 친구가 심사 점수에서 가장 뛰어났지만 마음이 안 놓였든지 저를 찾아와서 외숙에게 말을 좀 잘해달라고 부탁했죠. 제가 사업을 시작할 때 그 친구의 도움을 받은 적도 있고 해서 부탁을 그냥 넘길 수가 없었어요. 그래서 외숙을 찾아갔는데 사실 특별히 뭘 봐달라고 간 것도 아니었습니다. 단지 엄정하고 공정하게 일을 처리해주기만 하면 되었으니까요. 다시 말해서 그 친구가 뒷구멍으로 들어가게 해달라는 게 아니라 다른 사람이 인맥을 이용해서 치고 들어오지 못하도록 막아달라고 찾아간 거였죠. 하지만 제 일도 본 체 만 체하는 양반에게 제가 무슨 말을 할 수가 있었 겠습니까?

그 친구는 승진을 했고 전 내심 외숙을 고맙게 생각했지요. 그 친구가 고맙다며 제 외숙모 명의로 2만 위안이 든 은행카드를 만들 어주면서 갖다드리라고 했는데, 안 받으실 게 분명했기 때문에 제 가 몇 번이나 거절을 했죠. 그러다 보니 그 친구와 의가 상할 지경 이 되고 말았습니다. 그래서 하는 수 없이 카드를 받아다가 외숙모 를 갖다드렸지요. 사실대로 말하면 안 받으실 게 뻔하니까 두 외종 사촌들 학비에 보태라며 대략 얼버무렸지요.

공교롭게도 며칠 후 외숙이 당(黨) 중앙학교에 갈 일이 있었는 데, 외숙모께서 제가 보내왔다는 말을 안 하고 그 은행카드를 외숙 에게 드렸고, 외숙은 집의 돈이라고 생각했었지요. 후에 신용공사 주임으로 있던 그 친구가 횡령한 공금 수백만 위안을 마카오에서 도박으로 탕진했는데, 그 사실이 발각되어 조사를 받다가 그 2만 위안에 관해서도 털어놓았고, 그게 외숙이 뇌물을 수수한 증거가 되고 말았던 겁니다. 외숙은 직무 해임, 당적박탈, 징역 2년 집행유 예 3년을 선고받았고, 그 양반의 정치 인생도 그렇게 끝이 났습니 다.

외숙이 유치장에서 7개월을 복역했는데, 외숙모를 모시고 외숙 을 만나러 가던 날, 내가 그 양반을 그렇게 만들었다는 생각에 낯 을 들 수가 없었습니다. 저는 외숙이 초췌한 몰골에 얼어붙은 듯이 굳은 표정을 하고 있을 것이라고 생각했습니다. 그동안 안에서 적잖이 고초를 겪었고 벽에 머리를 박아서 자살을 하려 했다는 말까지 들었거든요. 근데 너무나 뜻밖에도 외숙은 다소 피로해 보이는 기색 외에는 거의 달라진 게 없었습니다. 그런데 변하지 않은 것은 그 양반의 겉모습뿐이었고, 일거수일투족에서 배어나던 위엄은 이미 어디에서도 찾아볼 수 없었어요. 평온한 표정과 깊게 침잠한 눈빛은 마치 초연하게 마음을 비운 지자(智者) 같은 느낌을 주었습니다.

사회적으로 외숙에 대한 평가는 극단적이었습니다. 일반 시민들은 가슴을 치며 안타까워했지만 몇몇은 속으로 쾌재를 불렀죠. 외숙은 사흘을 꼼짝도 않고 집에 계시다가 다시 일을 시작했습니다. 외숙께서 일하셨던 지방위원회 건물 맞은편에 있는 구멍가게 앞에 담배 좌판을 차린 것입니다. 이 일이 또 한바탕 구설수에 올랐어요. 외숙께 죄송한 마음을 떨쳐버릴 수가 없어서 제 회사의 고문으로 모시려고도 해보고 상당히 많은 회사 주식을 드리려고도 해보았지요. 근데 외숙께선 어쨌든 제 어리석은 소치로 인해 일이 벌어진 것이니 미안한 마음은 받아들이겠지만 군자는 그저 던져주는 것은 먹지 않는 법이라시며 저의 제안을 기어코 마다하셨어요.

저는 외숙을 이해해보려고 사흘간 곁에서 담배를 팔아보기도 했습니다. 둘이 아무 말 없이 그저 사흘간 앉아 있었지요. 마지막 날 좌판을 거두면서 그때야 외숙께서 입을 여셨어요. '매일같이 옛 동료들이 걸어서 혹은 자전거로 혹은 자가용으로 문을 드나드는 것을 보고 있으면 저들이 물고기 떼와 다름없다는 생각이 든다. 세상 모든 것들이 이익을 쫓아오고 이익을 쫓아가는데, 내게는 이제 정치적 부담도 이익을 위한 다툼도 없고 보니 오히려 진짜 사람이 된 것 같다. 사람의 일생에서 가장 중요한 것은 자유와 건강, 이뿐이다.' 이런 말씀을 하시더군요. 외숙이 말한 그 물고기들은 한번도 길 건너 외숙의 담배좌판에서 담배를 사간 적이 없었어요. 그도 그럴 것이 얼굴을 본들 무슨 할 말이 있겠습니까?

다시 얼마간의 세월이 흐른 후에 외숙의 옛 동료들이 밤에 사람들의 이목을 피해서 외숙의 집을 찾아왔는데, 옛 동료의 정을 못 잊어서가 아니라 외숙께 글자풀이로 점괘를 봐달라고 찾아온 것이더군요. 그때쯤 외숙께선 글자풀이 점괘로 꽤나 유명해져 있었거든요. 하지만 외숙께선 관도를 봐달라고 부탁하면 오늘은 이미 세 차례 점괘를 봤으니 더 알고 싶은 게 있으면 내일 다시 오라고 말하고는 피하셨어요. 결국 그 사람이 이튿날 일찌감치 다시 오면 어제와 똑같은 말씀으로 돌려보내셨죠.

한참 시간이 지나고서야 사람들도 외숙이 관도에 관한 점괘는 봐주지 않는디는 걸 알게 되었지요. 그런데 이것이 오히려 외숙을 더 유명하게 만들었어요. 저는 사람들이 외숙에 대해 하는 말들을 듣고도 그다지 믿지를 않았어요. 담배 좌판 벌이가 신통치 않으니까 점괘를 봐주고 얼마라도 돈벌이를 해서 보태 쓰려나보다 하고 생각했지요.

이렇게 몇 년이 지나 제 생각을 바꿔놓는 계기가 된 일이 있었습니다. B주식시장(외국인 전용 시장)이 국내에서 개방된 것을 장 사장께서도 알고 계시죠? 개방이 되기 전에 많은 기관 투자자들이 얼마간씩 B시장의 주식을 보유하고 있었지만, 국내에서는 거래를 할 수 없었고 홍콩에 가야만 거래를 할 수가 있었지요. 그것도 홍콩 주민신분증이 있어야 가능했습니다.

하지만 B주식시장이 시간이 지나도 살아날 기미를 보이지 않고 이래저래 1천만 위안을 그 속에 박아두었던 저는 조급해져서 팔아치울 준비를 하고 있었지요. 그즈음에 외숙을 뵐 기회가 있었는데 뵌 김에 외숙을 모시고 홍콩에 다녀와야겠다는 생각이 들어서 말씀드렸더니 안 가겠다고 하시며 제 점괘나 한번 봐주겠다고 하시더군요. 근데 간담을 서늘하게 할 만큼 놀라운 점괘가 나왔고, 저는 내심 창고를 비워야겠다는 결심을 더욱 굳혔지요."

"무슨 점괘가 나왔습니까?"

장중펑이 참지 못하고 물었다.

"아닐 부(否)자였습니다. '천지가 교류함이 없고, 음양이 끊어지고, 천지가 막히며 상하가 통하지 않는다.' 그때 저는 속으로 B주식시장이 살아날 가망이 없겠구나 하고 생각했지만 별말 없이 답답한 심정으로 문을 나왔지요. 그리고 홍콩으로 향했는데 곧바로 외숙께서 전화를 하셨어요. B시장의 주식을 모두 팔 생각이냐고 물으시더군요. 그럴 생각이라고 말씀드렸더니 외숙께서는 팔지 말고 가능하면 더 사들이라고 하시더군요. 그래서 제가 직접 점괘를 보시고도 안 믿으시냐고 물었지요.

외숙께서 그러시더군요. '예순네 개의 괘는 나쁜 괘도 좋은 괘도 없으며 이것이 사람들에게 말해주는 것은 일종의 변증법이다. 네 점괘에 부(否)자가 나온 것은 네가 이미 부정적인 결정을 내렸다는 의미이다. 하지만 천지가 교류하지 않고 만물이 통하지 않는다는 것은 B주식시장의 현재 상황일 뿐, 이 상황에서 네가 어떻게 하느냐는 별개의 문제이다. 나는 주식시장을 모르지만, 정부에서 개혁개방을 추진하고 있는 지금 맥을 못 추는 그 시장을 그대로 내버려둘 리가 없다고 생각한다. 점괘에서도 처음은 아니지만 후에 기쁨이 있을 것이라고 나왔다. 쉽게 말하면 여명이 밝기 전에 어둠이 더 깊다는 말과 같다. 그러니 잘 생각해보아라.' 이렇게 말씀하시고는 전화를 끊으셨어요.

저는 외숙의 말씀을 듣고 한참을 생각했지만 마음을 정할 수가 없었습니다. 그래서 외숙께 다시 전화를 드렸더니 외숙모께서 받으셔서 지금 주무신다고 하셨어요. 외숙은 그 후로 다시는 제 전화를 받지 않으셨어요.

증권시장 쪽에서 일하는 지인들의 의견은 제각각이기는 했지만 대부분 지금 팔아치우는 것은 현명하지 않다는 쪽이더군요. 이미 손해를 볼 만큼 본 마당에 더 손해 볼 것도 없으니 계속 두고 보는 것이 낫다는 얘기였어요. 하지만 다시 자금을 더 투자하는 것에는 아무도 찬성하지 않았어요. 시장이 이 모양인데 뭣하러 돈을 더 집어넣느냐는 것이었지요. 이익을 낼 가능성이 절대로 없다고 볼 수는 없겠지만 다른 투자할 만한 곳을 놔두고 굳이 죽어 있는 시장에 돈을 묻는 것은 손해라는 논리였어요.

하지만 저는 외숙의 말을 믿고 한번 해보자는 생각이 들었습니다. 그래서 A주식시장(내국인 전용 주식시장)에 투자했던 자금의 3분의 1을 홍콩달러로 전환해서 모두 B주식시장에 투자했지요. 결국 어떻게 되었겠습니까? 한 달이 채 못 되어 정부가 B주식시장정책을 내놓았고, 저는 적게는 여섯 배에서 많게는 열아홉 배의 차익을 남겼습니다.

후에 이 정보가 사전에 누출되었다느니 어쨌다느니 말이 많았지만, 제가 계속 자금을 쏟아부으면서 유일하게 의지했던 것이 바로 외숙이 제게 봐준 점괘였습니다. 지금은 이렇게 대수롭지 않게 말씀드리지만 당시에 동료들 사이에서 저는 부러움과 시기의 대상이었습니다. 전쟁터에서는 얇디얇은 한 장의 종이가 생사를 가른다는 말이 있지 않습니까?

그때부터 저는 외숙의 신통력을 믿게 되었지요. 그 후에 외숙께 2백만 위안을 드리려고 했지만 거절당했습니다. '내가 재물을 좋아했다면 지금까지 이렇게 있었겠느냐. 네 외종들도 대학을 졸업하고 좋은 직장을 얻었으니 내게 돈이 더 있어서 뭐 하겠느냐. 담배 좌판을 하는 건 내가 나름대로 살아가는 방식인데 네 돈을 받으면 내 방식이 변하게 된다. 난 바꿀 생각이 없다.' 이러시더군요. 재미있는 노인네지요."

"재미있군요. 그렇게 힘든 일을 겪으시고도 그토록 의연하게 사시다니 정말 대단한 분이십니다. 참, 오전에 상수이 법인주식 경매에 대해 얘기하면서 외숙께서 이번에도 점괘를 봐주셨는데 '우물

정(井)' 자가 나왔다고 하셨잖습니까?"

후하이양이 웃으며 대답했다.

"호기심이 동하셨군요? 제가 장 사장께 글자풀이나 제 외숙에 관해 이야기해드린 것이 헛수고는 아니었나봅니다. 장 사장께서도 주역에 관심을 가지게 되었으니까요. 맞습니다. 외숙께서 저를 위해, 아니, 우리를 위해 점괘를 봐주셨는데, 정 자가 나왔습니다. 주역 제48괘를 보면 정 자에 대해 이렇게 적고 있습니다. '마을을 바꿀 수 있으나 우물은 바꿀 수 없다. 마름도 없고 넘침도 없으며, 오가나 늘 맑다. 거의 이르고도 우물 밖으로 올리지 못하니 그것이 깨지면 흉함이라.'"

"후 사장님께서 지금까지 긴 말씀을 하신 것은 이 우물 정 자에 관해 말씀하시려고 했던 것이군요? 상황이 안 좋습니까?"

"상황이 좋은지 안 좋은지는 저도 모릅니다. 우선 앞에 몇 마디부터 해석해보겠습니다. 마을을 옮길 수 있지만 우물은 바꿀 수 없다. 우물물은 아무리 끌어올려도 마르지 않고 넘치지도 않는다. 많은 사람들이 오가며 마셔도 늘 맑다. 항아리를 거의 끌어올리고도 우물 밖으로 길어올리지 못하면 도중에 물 항아리가 깨지거나 뒤집혀 물이 쏟아져 뜻을 이루지 못한다는 뜻입니다."

장중펑은 말없이 후하이양을 바라보다가 웃으며 말했다.

"그러니까 이 일이 결국 성공하지 못한다는 말씀이십니까?"

"점괘로 본다면 분명히 그렇습니다."

"그렇습니까?"

"제가 급히 장 사장을 찾아온 것도 이 때문입니다. 간단하게 말해서 제가 바라는 것은 성공이지 실패가 아닙니다."

"또 달리 해석할 방법이 없습니까? 지금까지 제게 많은 이야기를 해주신 것이 주역이 얼마나 신통한지를 말씀하시려는 건 아니지 않습니까? 설마 우리가 천명을 거스르는 짓을 하려는 것은 아니겠지요? 만약 우리가 성공하면, 주역이니 점괘니 하는 것들이 결국 믿을 게 못 된다는 걸 입증하는 게 아닙니까?"

"하늘의 뜻을 알면 이를 바꾸기가 쉽고, 하늘의 뜻이 바뀌지 않으면 우리가 변하면 될 것이며, 우리가 바뀌면 전혀 다른 결과를 얻을 수 있는 법이지요. 이것이 주역의 핵심입니다. 서백희창의 점괘는 언뜻 단순해 보이지만 그 안에 무궁한 오묘함을 감추고 있지요. 단순히 첫인상만을 가지고 당황해서는 안 됩니다.

이번 점괘도 그렇습니다. 만약 이것을 결과에 대한 일종의 암시로 봤다면 제가 장 사장을 왜 찾아왔겠습니까? 제 생각에 이 괘의 의미는 일종의 경고입니다. 그러니까 시작이 순조롭다고 해서 긴장을 놓치면 안 된다는 겁니다. '주식시장에서는 주머니에 들어와야 내 돈이다'라는 말이 있습니다. 매일 전광판을 보며 얼마를 벌었는지 계산하는 건 쓸데없는 숫자 놀음에 불과하고, 주식을 매도하고 거래 금액이 내 계좌에 들어와야 내 것이라는 말이지요.

마찬가지로 우물 입구까지 물을 길어올리는 건 아무 의미가 없습니다. 줄이 휘청하기라도 하면 항아리가 깨질 수 있기 때문입니다. 하지만 우리가 사전에 이런 상황이 발생할 것을 예상하고 적극적으로 대처해서 의외의 상황이 발생하는 것을 미리 막으면 되지 않겠습니까?"

장중펑이 고개를 끄덕이며 말했다.

"맞는 말씀입니다."

"게다가 제가 오기 전에 외숙께 장 사장의 점괘를 봐달라고 부탁을 드렸습니다."

"그렇습니까? 대신 점괘를 봐줄 수도 있습니까? 어떻게 나왔습니까?"

"제59괘 '흩어질 환(渙)' 자가 나왔습니다. 이것은 흩어진 걸 모으고 어지러운 상황을 헤쳐나가는 이치를 담고 있지요. 주역을 보면 이 점괘는 왕이 사당을 세우는 데 지극하며 배를 띄워 큰 내를 건너는 이로운 운세입니다. 여기서 말하는 왕을 기업의 경영주라고 생각할 수가 있는데, 흐트러진 마음을 제사를 지내듯 하나로 모아 정도를 걸으면 오히려 전화위복이 되어 성공할 수 있다는 것입니다."

"제가 절에 가서 불공을 드려야 한다는 뜻입니까?"

후하이양이 웃으며 말했다.

"안 될 건 없겠지요. 안 될 건 없는 게 아니라 제 생각에는 꼭 그렇게 하셔야 할 것 같습니다."

후하이양이 바쁘실 테니 이제 그만 일어서자며 말했다. 장중펑이 자리에서 일어나면서 청전 얘기를 하자 후하이양은 서둘러 집에 들어가라며 문 앞까지 나와서 당부했다.

　시계가 열 시를 가리키고 있었다. 평상시라면 장중펑에게는 이른 시간이었다. 운전석에 앉아서 그는 어느 쪽으로 차를 몰아야 할지 생각을 정하지 못하고 있었다. 이치대로라면 그는 마땅히 집으로 차를 몰아야 했다. 탕원이 밤새껏 잠 한숨 못 잤다고 했고 자신도 밤새도록 설사에 시달렸다고 말하지 않았던가. 지난밤의 오해가 사라진 지금 일찌감치 잠자리에 들어 쉬는 것이 옳았다.

　하지만 그는 청전을 떠올렸다. 탕원 쪽의 문제가 해결되자 청전에 대해 품었던 원망도 어느새 사라지고 없었다. 차에 앉아 있는 그 잠시 동안, 비어 있는 옆자리가 참을 수 없이 그녀를 그립게 했다. 그 자리에 청전이 앉아 있었다면, 그의 팔짱을 끼고 머리를 기대는 것을 좋아하는 그녀가 벌써부터 자신에게 몸을 기대어왔을 것이다.

　어젯밤에 자신은 정말로 그렇게밖에 할 수 없었던가. 상황이 더이상 주체할 수 없을 만큼 심각했던 것도 아니었는데 왜 그토록 허둥대고 당황했을까. 며칠 전에 수술을 하고 조리를 해야 할 그녀에게 자신은 아무것도 아랑곳하지 않는 짐승이었다. 너는 무엇을 믿고 그러는 것인가. 청전은 독선적이거나 까다로운 여자가 아니다. 다소 제멋대로인 것은 네가 자신을 아버지처럼 사랑하고 아낀다고 생각하기 때문이다. 너를 필요로 하고 그리워하는 것이 그렇게 잘못이었나.

　고집스럽게 너를 붙잡는 그녀로 인해 당황했던 것은 분명하지만 꼭 그런 식으로 그곳을 나오려고 해야 했을까. 왜 좀더 차분히 그녀를 마주하고 이야기할 생각을 하지 못했나. 그런 그녀를 왜 성가시게만 여겼을까. 여자의 심정을 헤아릴 생각은 왜 하지 못했나. 그녀와 비슷한 또래인 차오는 충린과 연인 사이라는 것을 얼마든지 세상에 드러낼 수 있고 또 그녀 앞에는 결혼이라는 미래가 놓여 있지만, 너는 청전에게 무엇을 줄 수 있는가.

청전은 이제 겨우 20대, 샤오위보다 고작 몇 살 정도 많을 뿐이다. 그런 그녀가 바라는 삶이 무엇일지는 너무나 분명하지 않은가. 그런 바람들이 너와의 관계로 인해 물거품이 되었고, 그로 인해 짜증을 내거나 변덕을 부린다면 그건 지극히 당연한 일이 아닌가. 어쩌자고 그렇게 냉혹하고 차갑게 행동했단 말인가. 그녀를 전혀 사랑하지 않는가. 그녀의 고통이 바로 너로 인해 비롯되었다는 것을 생각조차 해보지 않았단 말인가.

장중펑은 음악을 켰다. CD케이스 안에 류뤄잉, 타오징잉, 린이렌, 나잉, 장훼이모, 아두, 판웨이보, 저우제룬 그리고 하루아침에 스타가 된 다오랑의 CD들이 빼곡하게 들어있었다. 판웨이보와 저우제룬은 샤오위가 졸라서 산 것이었고 그 외는 모두 청전이 사다 둔 것이었다. 너는 정말로 청전에게서 떠나온 것인가. 그렇게 할 수 있는가. 정말 그녀의 잘못인가. 그녀가 무슨 잘못을 했는가.

하지만 장중펑은 집으로 차를 몰았다. 청전은 잘못이 없지만 그녀에게 달려가는 것은 잘못이 네게 있다는 걸 인정하는 것이다. 이번에는 잘못을 인정하고 넘어간다 하더라도, 네가 여전히 자신을 사랑하고 있다는 것을 믿고 다음에 더 큰 욕심을 부리면 어쩔 것인가. 만에 하나라도 너와 청전의 관계를 탕원이 안다면 둘의 관계가 지속될 수 있는가. 모든 것이 일단 밝혀지면 탕원은 또 어떻게 되는가. 그리고 네가 그토록 사랑하는 딸 샤오위는? 만일 세 여자 가운데 하나 혹은 둘, 심지어 세 명 모두에게 상처를 줄 수밖에 없다면 너는 누구에게 상처를 주게 될까.

당연히 누구도 상처 입지 않기를 원하지만 일이 결국 그렇게 되고 만다면 어떻게 할 것인가. 답이 없다. 그렇다면 냉정하게 처리하리라. 냉정한 처리. 만약 탕원이 그렇게 너에게 속은 채로 계속 살아간다면, 그것은 그녀에게 문제가 존재하지 않는 것이나 마찬가지일 테니 차갑고 뜨겁고 할 것이 없다. 더욱 조심하면 그뿐. 만약 청전이 다시 문제를 일으킨다면, 냉정한 태도로 대함으로써 두 사람의 현실이 어떤 것인지, 그녀의 제멋대로인 행동이 자신을 얼마나 성가시게 만드는지 알게 해주리라.

류뤄잉의 노래가 흘러나왔다.

"당신은 그렇게 할 수 있는지 묻고 싶어요, 당신이 말한 것처럼 나를 사랑할 수 있는지, 당신은 그렇게 할 수 있는지 묻고 싶어요. 나처럼 이렇게 사랑 때문에 미칠 수 있는지……."

청전이 가장 좋아하는 노래였다. 청전은 류뤄잉의 〈먼 훗날〉이라는 노래도 좋아했다.

"먼 훗날. 나는 사랑하는 법을 배웠지요. 하지만 당신은 이미 사람들 사이로 사라져버렸네요. 먼 훗날. 마침내 눈물 속에서 알게 되었지요. 한번 스쳐가버리면 다시 오지 않는 사람이 있다는 것을……."

그녀는 툭하면 이렇게 물었다.

"여보, 나를 사랑해요?"

장중펑의 대답은 늘 똑같았다.

"사랑해. 죽을 만큼 사랑해."

그러면 청전이 다시 물었다.

"여보, 나를 영원히 사랑할 거예요?"

"당연히 못하지" 하고 그가 대답하면 청전이 왜 못하느냐고 물었다. 그러면 그는 "살다가 두 가지 상황이 나타날 수가 있으니까" 하고 대답했다. 그녀가 두 가지 상황이 뭐냐고 물으면 그는 "복숭아나무에서 사과가 열리고, 바다에서 벼가 자라는 일" 하고 대답했다.

"난 당신을 꼭 물고 안 놓아줄 거예요. 정말로 당신을 죽을 만큼 사랑해요. 만약 내가 당신 곁을 떠나면 어떻게 할 거예요?"

"그렇게 할 수 있어?"

"정말 미워 죽겠어. 내가 못할 것 같아요?"

"내가 보기엔 가능성이 별로 없어. 왠지 알아? 내가 생각해봤는데 복숭아나무에서 물고기가 자라는 건 가능해. 바다에서 포도가 자라는 것도 가능하지. 근데 복숭아나무에서 사과가 열리고 바다에서 벼가 자라는 건 비교적 어렵더라고."

집에 거의 도착했다. 앞에서 모퉁이만 돌면 아파트 단지로 들어가는 좁은 길이 나타날 것이다. 차가 갈수록 느려졌다. 하루 종일 청전에게서는 전화도 문자 메시지도 없었다. 열 몇 시간이 지나도록 그녀는 어떻게 지냈을까. 밥은 먹었을까. 가냘프기만 한 그녀가 어제의 고통을 어떻게 견뎌냈을까. 자신을 뿌리치고 가버린 남자를 어떻게 생각할까. 청전은 왜 너와 같이 있고 싶어하는 걸까. 너의 재산을 노려서일까. 너의 외모가 좋아서일까. 자기보다 스무 살이나 많은 나이 든 남자의 외모에 반하는 건 말도 안 된다. 재산을 원해서? 그녀가 언제 너에게 무엇을 바란 적이 있었던가. 또 너는 그녀에게 무엇을 준 적이나 있었던가. 언젠가 그녀가 이런 말을 한 적이 있었다.

"난 정말 대책이 없다는 생각이 들어요. 어쩌자고 당신에게 이렇게 빠진 건지 모르겠어요. 당신에게 볼 게 뭐가 있다고, 볼품없는 아저씨를."

장중평은 청전의 이 말이 오히려 믿어도 좋을 그녀의 진심이라고 생각했다. 사실, 그동안 거쳐온 여자들과 청전을 비교하지 않았다고 자신할 수는 없었다. 그는 자신과 살을 맞대었던 그 여자들을 좋아했다. 그녀들은 그의 삶을 화려하게 만들어주었고 남자로서 그의 허영심을 만족시켜주었다. 그는 그녀들에 대한 승리를 시아위로부터 버림받은 고통에 대한 복수로 삼았고 그녀들의 몸에서 균형을 찾았다.

하지만 청전에 대해서만은 그렇게 되지가 않았다. 그녀에게서 얻는 기쁨이 육체적인 쾌락이든 정신적인 즐거움이든 그것은 더없이 확실한 느낌으로 그에게 다가왔다. 처음에 그는 이 또한 시아위 때문이고, 청전은 시아위에 대한 환상을 일깨워준 것일 뿐이라고 생각했다. 그러나 조금씩, 청전은 그에게 실제적인 존재가 되어 그의 생활 속에 출현했던 여인들이 남긴 모든 흔적들을 차단해버렸다.

"내가 당신을 얼마나 사랑하는지 알아요?"

"나이가 들면 어려운 건 몰라. 바보 같은 아가씨의 생각을 어떻게 알겠어?"

"난 정말 바보예요. 약도 소용없는 바보. 불구덩인지 진흙탕인지 알면서도 뛰어드니까요."

"난 심장이 약해. 놀라게 하지 말아줘. 먼저 뛰어들어가서는 나까지 불구덩이나 물구덩이로 끌어넣는 건 아니겠지?"

청전이 고개를 저으며 말했다.

"아뇨. 난 당신을 잡아끌지 않을 거예요. 당신이 먼저 뛰어들어서 나와 같이 있어주기를 바랄 거예요."

"바보 아가씨, 남자가 얼마나 이기적인지 몰라? 만약 내가 뛰어들지 않으면? 그럼 어떻게 할 거야? 정말로 목숨을 던져버릴 거야?"

"난 몰라요. 정말로 몰라요. 아마 어쩌면, 당신이 위에서 바라봐주기만 해도 정말로 기꺼이 죽어갈 수 있을지도 몰라요. 어쨌든 나혼자서는 올라갈 수가 없잖아요. 뭐예요, 정말로 나를 끌어올리지 않고 보고만 있겠단 말이에요?"

"아! 뭐라고 소리를 질러야겠지? 상황이 상황이니만큼 나도 모르게 소리를 지르겠지. 위험해! 이봐, 정신 차려. 안 되겠어. 잠깐만 기다려. 경찰 아저씨 불러올게."

이런 말을 할 때 청전에게 가식적인 마음이 없었을까? 청전 자신만이 알 것이다. 하지만 다소 과장이 있다 하더라도 그것은 여전히 청전의 솔직한 심정일 것이다. 그녀의 고의적인 과장은 단지 너를 감동시키기 위해, 너로 인해 가슴이 뛰는 자신의 마음을 네가 알아주기를 원해서일 뿐이다. 언젠가 청전이 여자가 남자에게 감동을 주고 남자를 위해 무엇이든 기꺼이 하는 것은 남자에게 무엇을 바라서가 아니라, 남자로 하여금 늘 자신에게 빚을 진 것 같은 마음이 들게 해서 남자가 일생 동안 그것을 돌려주기를 바라기 때문이라는 말을 한 적이 있었다.

청전은 말이 곧 생각인 그런 여자다. 이런 이야기를 할 때마다 그가 늘 농담처럼 그녀의 말을 받는 것도 어쩌면 의도적으로 그녀의 진심을 피해 가려는 행동이었는지도 모른다. 그녀의 말에 말할 수 없는 평안함과 따뜻함을 느끼면서도 그녀가 정말로 그렇게 할까봐 두려운 것이다.

왜 너를 사랑하고 좋아하는 여자에게 상처를 주려고 하는가. 그녀의 말대로라면 단지 자신을 바라봐주는 너의 시선만으로도 그녀는 가슴 벅찬 기쁨을 느낄 텐데. 너에게 바라는 것이라곤 약간의 사랑과 진심어린 마음이 전부인 여자에게 너는 기어이 진심을 줄 수 없는가.

하지만 탕원과 샤오위는 어떻게 할 것인가.

장중펑은 천천히 차를 길가에 세우고 비상등을 켰다. 그리고 눈을 감고 머리를 뒤로 기댔다. 지금까지 이렇듯 깊은 피로를 느껴본 적이 없는 것 같았다. 자신도 모르게 머리를 왈칵 앞으로 숙이다가 클랙슨에 머리를 받았다. 갑자기 울려 퍼진 경적소리에 그는 화들짝 정신이 들었다.

잠시 후 그는 주머니에서 동전을 꺼냈다. 그는 동전을 손바닥에 잡고 좌우로 10여 차례 흔들고는 펼쳤다. 액셀러레이터에 발을 올리고 곧바로 차를 돌려 중앙선을 넘어 청전에게로 향했다. 동전이 그를 대신하여 결정을 해주었고, 그는 스스로를 설득했다.

그래, 네가 한 게 옳아. 너는 청전에게 빚을 졌어. 사랑하는 여자에게 빚을 지고도 마음 편할 남자는 없어. 청전에게 빚을 질 순 없어. 당연히 탕원에게도 빚을 질 수 없고 샤오위에게는 더더욱 그럴 수 없지만, 탕원은 아직 아무것도 모르지 않는가. 그럼 일단 접어두자.

청전의 집 앞에 도착한 후 그는 올라가야 할지 말아야 할지 다시 주저했다. 달려오는 내내 줄곧 청전의 좋은 점을 떠올리며 그녀에게 따뜻하게 대해주리라 생각했지만 막상 눈앞에 닥치자 다시 두려움이 몰려왔다.

무엇이 두려운 거지? 이렇게 올라가면 잠시 후 내려오지 못할지도 모른다는 두려움. 중간에 탕원이 왜 집에 안 오느냐고 전화라도 하면? 그럼 다시 청전을 달랠 방법을 생각해야 한다. 다행히 달랠 수 있다면 서둘러 일어나서 다시 차를 몰고 집으로 갈 테지. 청전의 얼굴을 본 셈이니 마음에 걸려 있던 부담 하나는 내려놓는 셈이될 것이다.

만일 어리광을 부리는 청전을 달래지 못한다면? 다시 화를 낼수는 없는 일이다. 콜레라는 이미 이용해먹었으니 이제는 페스트를 써야 하나? 최근 2년 동안 시끌벅적했던 사스 조류독감도 있다. 이것은 일종의 시소놀이다. 15년 어쩌면 7, 8년도 지나지 않아 탕원에게 발각이 될 것이다.

하지만 그는 이렇게 집으로 돌아가는 것도 내키지 않았다. 장중핑은 차창을 내리고 머리를 내밀어 건물 위쪽을 올려다보았다. 청전의 창에서 노르스름한 불빛이 새나오고 있었다. 건물 위와 건물아래가 마치 수천 리 아득한 길처럼 느껴졌다. 방금 차를 몰고 올때까지만 해도 자신이 얼마나 그녀를 사랑하는지, 얼마나 그녀를아끼는지 생각하며 두세 계단씩 뛰어올라가 벌컥 문을 열고 들어가서 그녀를 힘껏 품에 안을 것만 같았는데, 지금의 이 침착함은무엇이란 말인가. 왜 또다시 어찌해야 좋을지 몰라한단 말인가.

갑자기 휴대폰이 울렸다. 탕원의 눈이 쫓아왔을지도 모른다는생각이 뇌리를 스치며 전율을 느꼈다. 청전이었다.

"왜 아직 안 올라오고 있어요?"

장중핑이 놀라서 물었다.

"내가 아래에 와 있는 걸 알고 있어?"

"어서 올라와요. 어서요."

그가 문을 들어서자 청전이 허리를 껴안으며 말했다.

"그거 알아요? 줄곧 창가에 서서 당신을 기다렸어요. 당신이 올 줄 알았어요."

"내가 오리란 걸 어떻게 알았어?"

"그냥 알았어요. 나를 사랑하잖아요."

"봐, 또 훌쩍거리잖아. 말해봐. 전생에 혹시 수도꼭지 아니었어? 눈물 때문에 못난 얼굴이 되는 것도 아랑곳 않고 툭하면 눈물바람이잖아."

"그럼 웃지, 뭐. 헤헤헤."

"그건 더 이상하잖아. 울다가 웃다가, 바보같이."

"그럼 내가 어떻게 했으면 좋겠어요?"

"나도 모르겠어."

"당신 때문에 심장이 오그라드는 줄 알았어요. 당신이 다시는 나를 아는 척하지 않을까봐."

"내가 왜 당신을 모른 척하겠어?"

"내가 나쁘니까. 제멋대로이고, 내가 잘못했으니까."

"무슨 잘못을 했지?"

"억지로 당신을 붙들었잖아요. 당신을 괴롭혔잖아요."

"잘못한 건 알아?"

"알아요. 다시는 안 그럴게요."

"중요한 건 잘못을 바로잡는 거야. 잘못을 알았으니 고쳐야지. 그래야 당신을 향한 나의 문이 언제나 활짝 열려 있을 거야. 말만

해놓고 안 고치기 없기야. 알았지!"

"그토록 너그러우심에 감사드리옵니다. 정말로 나한테 화난 거 아니죠? 너무너무 무서웠단 말이에요."

장중핑은 갑자기 힘껏 그녀의 허리를 감싸 안으며 고개를 숙여 거칠게 입술을 찾았다. 적극적으로 반응하며 한참을 매달리던 청전이 거친 숨을 몰아쉬며 말했다.

"미안해요. 정말로 미안해요."

"그만해. 미안한 건 나야. 당신은 몰라. 당신이 나를 얼마나 아프게 하는지."

"내가 당신의 마음을 아프게 하는군요. 그렇죠?"

"응. 근데 뭐 좀 먹었어?"

청전이 입술을 뾰족 내민 채로 그를 바라보면서 고개를 저었다.

"아침, 점심, 저녁 아무것도 안 먹었다는 말이야?"

장중핑이 물었다.

청전은 여전히 입술을 내민 채로 다시 그를 보며 고개를 끄덕였다.

"어쩌자고 그런 거야? 어떻게 그런 식으로 나의 사랑하는 보배를 대할 수가 있어? 우리 보배를 학대한 데 대한 책임을 물을 거야."

청전이 도리어 힘껏 그의 품에 안겨오며 말했다.

"당신이 나를 보배라고 부르는 게 좋아요. 책임을 물어요. 책임을 물어줘요."

"가만 있어봐. 국수라도 시킬까?"

"국수는 싫어요."

"그럼 뭘 먹고 싶어?"

"만든 국수를 먹고 싶어요."

"만든 국수?"

"바보. 만든 국수도 몰라요. 밀방망이로 밀어서 만든 국수 말예요."

"까다롭기도 하지."

"난 당신의 보배가 될 거예요. 당신을 위해 미치고 당신을 위해 정신이 나가고 당신을 위해 풍랑을 일으키면서 까다롭게 굴 거예요. 나를 어쩔 거예요? 당신이 때린대도 무섭지 않아요. 당신이 어떻게 한대도 무섭지 않아요."

두 사람은 입씨름을 마치고 부엌으로 들어갔다. 냉장고를 열어본 장중평은 반 공기 정도 밥이 남아 있는 것을 발견하고 말했다.

"내가 계란볶음밥을 만들어줄게."

청전이 실눈을 뜨며 웃었다. 그러고는 다가와 뒤에서 그의 허리를 안으며 머리를 등에 기댄 채로 그의 발걸음을 따라 같이 움직였다. 그러다 보니 장중평의 움직임이 우스꽝스러워졌다.

"아직 말해주지 않았어요. 그쪽은 어떻게 넘겼어요?"

"어느 쪽?"

"알면서 모르는 척하지 말고 어서 보고해봐요."

장중평이 몇 마디를 해주자 청전이 "당신 정말 대단해요. 난 당신에게 방법이 있을 줄 알았어. 하지만 어제 당신이 너무 거칠어서 지금도 좀 아파요."

"그래. 전부 내 탓이야. 나도 마음이 정말 편치 않았어."

"다음부터는 나한테 잘해주기. 알았죠?"

"그래."

"자기 말에 책임져요. 음, 먹여줘요."

장중펑의 휴대폰이 울렸다. 청전이 화들짝 놀라더니 몸을 돌려 침실로 달려 들어가서 휴대폰을 가지고 나왔다. 휴대폰에 찍힌 전화번호는 세 개의 8로 끝나는 번호였다. 후하이양이었다.

"방금 부인께서 제 방으로 전화를 하셔서 휴대폰을 안 받는다며 장 사장을 찾았습니다."

"어떻게 말씀하셨습니까?"

"방금 전에 가셨다고 말씀드렸어요. 통화가 안 되는 건 아마 엘리베이터인 모양이라고 했습니다."

"고맙습니다. 후 사장님."

전화를 끊고 10초도 안 되어 다시 그가 전화를 걸어왔다.

"장 사장, 제 호텔방 전화번호가 휴대폰에 찍혔을 텐데 삭제하는 게 좋을 것 같습니다. 제가 알려준 게 아닐까 의심할지도 모르잖습니까."

"네, 그렇게 하지요."

"그리고 제 친구 중에 장 사장과 비슷한 상황에 처한 친구가 있는데, 그 친구가 한 말을 장 사장께 해드리고 싶습니다."

"무슨 말인지요?"

"'집에서는 사람이 되고 밖에서는 귀신이 되라.' 전화 끊겠습니다."

"후 사장님이 뭐라고 했어요?"

"밖에서 귀신이 되라고. 그렇게 바보같이 당신에게 상처를 주지 말라고 했어."

청전이 아무 말 없이 바라보기만 하더니 한참 후 입을 열었다.

"왜 당신 휴대폰이 안 된 거죠? 그분이 왜 그쪽으로 전화를 했을까요?"

"내 생각엔 어제 일에 대해 아직 의혹이 풀리지 않은 것 같아. 그 사람이 미심쩍어하면 골치 아파져."

청전이 가만히 몸을 기대오며 그의 허리를 안았다. 잠시 후에 그녀가 말했다.

"일찍 들어가세요."

"공연히 겁을 집어먹을 필요는 없어."

청전이 옅은 미소를 지으며 말했다.

"억지 부리지 말아요."

"미안해. 나의 보배."

"그런 말 하지 말아요. 당신 마음속에 내가 있다는 거, 나를 사랑한다는 거 알고 나니까 내 마음도 편해졌어요."

"그렇다고 했잖아."

"그래요. 가세요. 과속하지 말구요. 맹세할게요. 당신의 보배를 학대하지 않고 편안하게 재울게요."

　"이리 와. 진하게 뽀뽀해줄게."

　"뽀뽀라니. 난 당신 몰라요."

제25장

규칙을 만들 수 없다면 규칙에 적응하라.

젠거가 전화를 걸어서 장중펑에게 회사의 자료들을 잘 준비해 두라고 했다.

"그 일입니까?"

장중펑이 물었다.

"관계가 있네. 최근의 신문들을 눈여겨 살펴봐. 법원에서 공개적으로 평가와 경매를 담당할 중개기관을 모집한다는 공고를 낼 거네. 일이 코앞에 닥쳐왔다는 얘기지. 성 고급법원에서도 말이 나오고 있네."

장중펑은 며칠 전에 중급법원 사법기술실 펑 주임으로부터 이 얘기를 들어서 이미 알고 있었다. 펑 주임에게는 올해 대학시험을 치는 아들이 있었다. 장중펑의 대학동창 가운데 마침 성 교육위원회 고시원에서 일하는 친구가 있어서 그는 펑 주임 아들의 대학입학 문제를 떠맡고 나섰다. 최근 그 친구가 몹시 바빴기 때문에 장중핑이 몇 번이나 연락을 한 끝에 겨우 약속을 잡을 수 있었다.

법원에서 일하는 펑 주임으로서는 교육기관에서 일하는 사람과 만날 기회가 거의 없었고 연결이 닿으려면 중간에 여러 다리를 거쳐야 했다. 그는 장중핑이 직접 학생모집 담당자와 그것도 처장과 연락이 되는 것을 보고는 무척이나 안도하는 듯했다. 자리를 마련하는 것만으로는 부족하다고 생각한 장중핑은 두 사람이 서로 술잔을 권하도록 유도하면서 자기가 펑 주임 아들의 대학입학을 보장하겠다며 주제 넘는 장담을 했다. 그의 친구는 그의 말에 웃으며 고개를 끄덕이기만 할 뿐 말을 하지 않았지만 이런 자리에 나와서 앉아 있는 것 자체가 이미 어느 정도의 의사를 표명한 셈이었다. 장중핑은 펑 주임이 매우 흡족해한다는 것을 어렵잖게 알 수 있었다.

나중에 펑 주임이 그에게 시 중급법원 집행국이 현재 이관받은 안건이 많지는 않지만 3D가 일을 잘하니까 앞으로 시 중급법원에서 기회가 있을 것이라는 뜻을 넌지시 내비쳤다. 펑 주임은 성 고급법원의 사법기술실 둥 처장을 만나보겠다는 말도 했다. 그는 성 의학원을 졸업했는데, 둥 처장은 그와 동기생이었다.

"둥 처장이 언젠가 시 중급법원의 방식이 괜찮은 것 같아서 성 고급법원에서도 평가와 경매업무를 일괄적으로 관리하는 방안을 추진하고 있다는 말을 한 적이 있지요."

펑 주임이 말했다.

장중핑은 이 정보를 속으로 곱씹어보았다. 만약 성 고급법원이 정말로 평가와 경매업무를 일괄적으로 관리하게 된다면, 3D에게는 득보다는 실이 크다고 할 수 있었다. 이유는 우선 3D와 성 고급법원 집행국과의 관계가 상당히 긴밀해서, 젠거는 말할 것도 없고 다른 집행국 담당자들과도 상당히 좋은 관계를 유지하고 있었기 때문이었다. 그 덕분에 매년 크고 작은 안건을 따올 수 있었다.

둘째는 시 전체의 5, 60개의 경매회사 가운데에서 시 중급법원이 열 개 업체를 선정하고 나면 아마 성 고급법원 또한 적어도 10여 개의 업체를 선정하게 될 것이었다. 지금까지 성 고급법원으로부터 경매를 위탁받은 업체는 서너 곳뿐이고, 이 업체들도 나름대로 인맥을 갖고 있어서 아직까지 무난하게 공존해왔다. 하지만 공개적으로 업체를 선발하게 되면 경쟁이 치열해질 게 분명했고 모두 같은 출발선에 서는 것과 마찬가지였다.

장중핑은 3D가 선발업체 안에 드는 문제에 대해서는 비교적 자신이 있었지만, 문제는 새롭게 끼어들 업체들이었다. 죽이 충분해도 밥그릇을 내미는 사람이 두 배로 늘어나면, 원래 죽을 받아오던 업체로서는 그만큼 먹는 양이 반감되는 것이나 마찬가지였다.

셋째는 새로운 정책이 나오면 과거와는 다른 변화들이 있게 마련인데, 이미 익숙하게 다져놓은 방식을 손봐야 하기 때문이었다. 어쩌면 대대적인 수리가 필요할 수도 있었다. 이것은 곧 새로운 사람과 새로운 관계를 처음부터 다시 만들어가야 한다는 것을 의미했다. 현재 장중핑에게 가장 큰 관심사는 당연히 샹수이 법인주식 경매였다. 지금과 같은 중요한 시기에, 성 고급법원이 중개기구가 선정될 때까지 이 안건을 잠정적으로 보류한다면 상황이 훨씬 복잡해질 게 틀림없었다.

오전에 출근한 지 얼마 되지 않아서 젠거가 사무실 전화로 장중핑에게 전화를 걸어왔다. 두 사람은 짧은 대화를 주고받았지만 장중핑은 젠거와 상의해야 할 문제들이 더 있다는 생각이 들었다.

그는 망가뜨린 휴대폰을 곧바로 수리했지만, 사용하기 불편하다는 핑계를 대며 휴대폰을 새로 구입했다. 번호를 개통할 필요 없이 사용할 수 있는 선저우 휴대폰(요금을 미리 충전한 카드를 칩처럼 휴대폰에 끼워서 사용하는 방식의 전화)이었다.

최근에 영화 〈휴대폰〉이 전국적으로 상영된 뒤로 호박씨를 까던 유부남들이 다소 난처해졌다는 우스갯소리가 돌았는데, 그 영화에서 그들이 사용한 수법들을 고스란히 보여주었다는 것이다. 요즘 들어 남편에게 부쩍 촉각을 곤두세우고 있는 탕원이 만약 그 영화 속에 나오는 다양한 수법들을 보았다면 청전도 유력한 의심인물로 지목되었을 것이다.

선저우 카드는 구입할 때 신분증이 필요 없었고 통신기록도 남지 않았다. 장중핑은 오후 퇴근시간 무렵에 선저우 휴대폰으로 젠거의 집에 전화를 해봐야겠다고 생각했다. 선저우 휴대폰은 탕원의 의혹을 방지하는 것은 물론이고 젠거와의 비밀을 유지하는 데도 효과적인 수단이 될 터였다.

곧바로 젠거와 약속이 잡혔고, 만나는 장소는 늘 그랬듯이 〈블루스카이〉 사우나 VIP룸이었다.

장중평은 먼저 후하이양과 만났던 일을 그에게 설명했다. 그의 능력이나 진의가 전혀 문제가 없으며 오히려 조급해하고 있다고 말했다. 젠거는 말없이 고개를 끄덕이며 듣기만 했다. 장중평이 화제를 성 고급법원의 중개기구 공개 선정 문제로 돌리자 젠거의 말수도 차츰 늘어났다.

"그건 대세일세. 시 중급법원이 그렇게 한 것도 다른 곳을 벤치마킹한 거지. 선전, 베이징, 상하이가 다 그렇게 한다고 〈인민법원보〉에 보도되기도 했으니까. 문제는 일괄 관리가 대세긴 해도 어디로 일괄시킬 것인가 하는 걸세.

시 중급법원의 경우만 해도 기준이 없어. 사법기술실의 기능은 법의학적인 측면에서 검증하는 거잖아. 기술실의 직원들이 모두 의대 졸업자들인 것도 그때문이고. 엄격히 말하면 기술실 사람들은 법관이라기보다는 기술적인 부문을 다루는 중개기구라고 봐야 해. 만약 그곳으로 법원의 평가와 경매업무를 일괄시킨다면, 사법 집행의 직무를 맡기는 것이나 마찬가지니까 혼란이 야기될 수가 있네. 그리고 집행국은 또 뭐가 되겠나?

이건 내 의견만이 아니라 기층조직에서도 이렇게들 생각하고 있네. 시 중급법원의 루빙이란 사람을 자네도 알지? 이 사람이 제일 적극적으로 반대하고 있어. 그들이 전에 몇 개의 안건을 사법기술실에 이관해서 처리한 적이 있었는데 문제도 많고 결과가 상당히 좋지 않았던 모양이야.

가장 큰 문제가 뭔지 아는가? 자네니까 말하네만, 집행국에 대한 불신이야. 대놓고 말하지를 않으니까 그쪽에서도 뭐라고 말을 못하는 거지. 옛날에는 집행국이 법원기관들 가운데 지위가 가장 낮았기 때문에 다들 그곳에 가고 싶어하지 않았지. 어떤 사람들이 갔느냐? 전역한 군인, 덩치만 큰 사람, 억지 잘 쓰고 문제나 일으키는 인물들이 주로 갔었네. 그래서 마치 입씨름하고 주먹다짐하는 것이 경매집행이라는 말이 나올 정도였다네.

나중에 경매일이 늘어나면서 그 사람들의 위법행위가 속속 밝혀졌지. 상부에서 집행국의 업무가 중요하다는 걸 인식하고 그때부터 규율과 관리감독을 강화했는데, 이건 잘한 일이지. 그런데 집행국의 지위가 높아지고 이권을 챙길 수 있는 기회도 많아지니까, 이 인사들이 온종일 하는 일이라곤 여기저기 다니며 손을 벌리는 짓이야. 집행신청인이나 피집행인을 찾아다니며 접대를 받는 게 하루 일과가 되어버린 거지. 이렇다 보니까 이제는 사람들이 집행국에 들어가고 싶어서 안달을 해. 그러니 상부에서는 다시 이들을 관리할 방법을 생각해내야 했지.

자네 시골에서 나귀가 연자매를 돌리는 거 본 적 있나? 연자매를 돌릴 때는 나귀의 눈을 가리고 입에는 작은 바구니를 씌워놓지. 눈을 가리는 건 나귀가 맴을 돌고 있다는 것을 모르게 하기 위해서고, 바구니를 입에 씌워놓는 건 나귀가 갈고 있는 콩이나 깨를 먹지 못하게 하기 위해서야. 그렇지 않으면 나귀가 코앞에 있는 먹음직스런 먹이를 그냥 두겠나? 그러니까 입을 가려두는 거지.

문제는 우리의 이런 중국식 관리방식을 어떻게 추진하는가 하는 걸세. 정책이나 제도에 근거할 것이냐 아니면 새로운 다른 기관을 중간에 두어서 균형을 유지하도록 만들 것이냐. 균형을 잡든 못 잡든 이렇게 하는 건 어쨌든 일을 잘해보자는 거 아니겠나. 하지만 이 균형을 잡는 게 제대로 안 되면 공연히 사람만 들들 볶는 꼴이 될 수 있다는 거야. 우리가 하는 일이 법률업무, 법제도 확립이지만, 이렇게 저렇게 해도 안 되면 결국에 가서는 인치(人治)의 문제, 즉 사람이 문제라는 식으로 구태의연한 결론에 도달할 수가 있어.

무엇보다도 큰 문제는 제도를 통해서는 집행국 내의 개별 법관의 부패 문제를 해결할 수는 없다는 거야. 성 고급법원 집행국의 상황이 최근 몇 년간 어땠는지 자네도 알지 않나? 대형 부패사건이나 뇌물사건이 없었느냐고 물으면 할 말이 없잖아. 경매업무에서 유독 많은 부패 문제가 발생한다면, 그럼 사법기술실에서 일괄 관리하면 이런 문제가 해결될 것이냐를 물어보지 않을 수 없는데, 그렇다고 대답하긴 힘들지.

나와 루빙은 다르네. 루빙은 바닥에서 법원으로 올라온 사람이고, 난 집행국에서 일한 지가 10년이야. 만약 중개기구가 집행국에 일괄적으로 이관되지 않고 사법기술실에 맡겨지면, 그 사람들이 와서 내가 하는 일에 평가를 내리는 경우가 생긴다는 말이지. 하지만 이런 생각을 법원에서는 말할 수가 없네. 누가 뭐라고 한 것도 아닌데 나서서 떠들다간 일만 꼬일 테니까 말이야. 자네니까 내 속내를 털어놓는 거네. 자네는 밖으로 이야기를 물고 나갈 사람이 아니라는 걸 아니까.

어쨌든 공개적으로 중개기구를 선정하는 건 정확한 판단이네. 평가든 경매든 이전처럼 담당법관 한 사람이 단독으로 결정할 수가 없게 될 테니까. 이건 재판 독립과는 별개의 문제야. 법관의 개인적인 권력을 제한하지 않으면 문제가 생기기 쉬워. 이건 우리 집행국은 물론이고 법관 개인을 보호하는 길이기도 하지. 내가 방금 말했듯이 평가와 경매를 일괄 관리하는 것은 막을 수 없는 대세야.

현재의 상황을 보면, 법원심사위원회를 포함해서 법원당위원회 내에서도 집행국이나 사법기술실로 할 것인지 아니면 다른 제3의 기관으로 귀속시킬 것인지 이견이 분분하네. 하지만 대부분은 집행국으로 귀속시켜야 한다는 생각인데, 등록청, 심사감독청, 기율위원회의 직원들이 공동으로 참가하는 방안이나 다른 사무기구와 통합하여 집행국 산하에 두는 방안을 고려할 수 있다는 거지.

집행국이 본래 사법기술실에 비해 반 단계 상위기관이니까 이렇게 하는데 무리가 없을 거야. 나는 이것도 상당히 좋은 방안이라고 생각하네. 대부분의 사람들이 집행국의 업무와 나의 일처리 방식을 상당히 긍정적으로 평가한다는 것을 말해주는 대목이지. 지금 밖에서는 이런저런 말들이 많은데 다 쓸데없는 소리들이야. 혹시 그런 말을 듣더라도 괘념치 말게."

장중핑은 젠거가 이렇게 많은 말을 하는 것은 처음 본다는 생각이 들었다. 그가 말하는 동안 장중핑은 수시로 고개를 끄덕였다. 그의 말이 장중핑의 마음을 적잖이 안심시켰던 것이다. 지금까지 경매위탁이 성 고급법원의 명의로 이루어지기는 했지만, 실은 다른 심사과정을 거치지 않고 담당법관이 이미 법원직인이 찍힌 집행통지서에 서명만 하면 통과되는 방식이었기 때문에 법관에 의해 좌우될 수 있는 문제점이 있었다. 만일 일괄 관리하는 부서가 생긴다면 적절한 조정규칙과 시 중급법원처럼 부속조항들이 많이 만들어질 것이다.

법률을 전공한 장중펑은 규정이 많으면 많을수록 허점도 많다는 것을 알고 있었다. 겉으로 보기에는 엄격해 보이지만 실상은 조작 가능한 공간이 오히려 더 커진다. 게다가 무엇보다 큰 장점은 사적인 조작의 흔적을 규칙과 절차에 따른 처리라는 허울 속에 감출 수가 있다는 것이었다. 일은 사람이 하는 것이고 사람이 바뀌지 않는 한 문제는 그 안에서 해결되게 마련이었다. 설령 사람이 바뀐다 해도 새로 온 사람이 외계인이 아닌 이상 문제될 것이 없었다.

"법원당위원회와 법원심사위원회가 이미 이 안건을 건의한 이상 전체적인 틀을 논의할 수밖에 없을 텐데, 판이 어떻게 짜여질지 모르겠군요?"

장중펑이 말했다.

"지금까지는 집행국에게 유리해. 장 사장도 알겠지만 현재의 상황을 단정하기는 어렵네. 아주 유동적이어서 언제든 상황이 바뀔 수가 있지. 하지만 우선 집행국이 방안을 마련하는 것으로 이미 정해졌어. 오늘 내가 자네한테 전화를 한 것도 자네를 만나서 경매회사의 의견을 들어보고 이 틀을 어떻게 짜는 게 좋을지 들어보려는 거였네."

"무엇보다 엄격한 진입제도를 만드는 것이 급선무라고 봅니다. 성 고급법원으로부터 경매위탁을 받는 일이 아이들 장난이 아닌 이상 당연히 신망이 있는 업체만 진입할 수 있도록 해야 한다고 봅니다. 제가 보기에는 등록자금, 설립시기, 국가에 등록된 경매사의 보유상황, 과거 3년 동안의 경매거래액 그리고 성 내의 경매업계 서열 등에 대한 조건을 정해놓고 셋 내지 다섯 업체 정도 선발하면 괜찮을 것 같다는 생각이 듭니다."

"우리 3D의 구체적인 상황은 어떤가?"

젠거가 물었다.

"3D는 설립된 지 이미 5년째로 접어들었고 등록자금은 1천만 위안, 국가에 등록된 경매사 보유인원은 세 명, 매년 경매거래액이 평균 5천만 위안을 상회하고, 연속 3년 동안 성 내에서 상위 경매업체에 올라 있습니다. 이 기준에 부합할 수 있는 업체는 전체 성을 통틀어 네다섯 개 정도일 겁니다."

젠거가 고개를 끄덕이며 말했다.

"상당히 괜찮은 생각이군. 우수한 업체를 선정하려고 하는 이상 어느 정도 까다로운 조건이 없어선 안 되겠지. 어제 회의를 했는데, 제1라운드에서는 우리가 이겼네. 사법기술실 둥 처장이 시장경제시대는 단번에 막대한 이윤을 챙기는 시대가 아니라며 서두를 꺼내더니, 몇 개 업체에게 집중해주면 심각한 문제가 생길 수 있으니 정식 인가를 받은 경매업체는 누구나 진입할 수 있게 하자고 하더군.

내가 단번에 이의를 제기하고 나섰지. 성 내에 경매회사가 몇 개냐? 1백여 개가 넘는다. 시내에만 5, 60개 업체가 있다. 정식 인가라는 건 있으나마나 한 조건이다. 정식으로 인가를 받았지만 그만한 능력이 안 되는 업체는 어떻게 할 작정이냐? 정식 인가를 받은 업체를 다 들어오게 하면 나눠줄 밥그릇이라도 있느냐? 들어오지 못하면 모르되 일단 들어오고 나면 모두 밥솥 국솥만 쳐다보고 있을 거다. 경매안건이 들어오면 하나같이 이런저런 인맥이나 관계를 동원해서 담당자를 찾을 테고 상부에서도 전화를 해댈 텐데 그렇게 되면 담당자가 일을 제대로 할 수가 있겠나. 이렇게 맞받아쳤지.

근데 네다섯 개 업체는 너무 적지 않겠나? 시내에 있는 경매업체 수의 20분의 1밖에 안 되지 않나. 지나치게 적으면 사람들의 표적이 되기가 쉽네. 현재 법원의 주요 핵심인사가 대략 열 명 정도인데, 몇 명은 벌써 내게 입질을 시작했네. 어느 법원장은 내게 아주 솔직하게 말하더군. 자기 질녀가 어느 경매회사의 주주인데 그 회사가 일을 따내고 못 따내고는 차치하고 일단 들어오게만 해달라는 거야. 진입 업체 수를 지나치게 제한하다보면 봐줘야 할 사람들의 청도 들어주기가 어려워져서 자칫 고립무원이 될 수가 있네. 이런 일일수록 주위에서 북도 치고 장단도 맞춰줄 사람이 있어야 해. 다 방법이 있어야 한다는 거지. 자네 생각은 어떤가?"

장중펑은 연신 고개를 끄덕였다. 사실 이런 일은 젠거가 자신에게 말해줄 필요가 전혀 없는 일이었다. 법원 내에서 어떻게 정하든 그가 나서서 이러쿵저러쿵 할 수 있는 일이던가? 하지만 젠거의 언행이나 일처리가 능숙하고 노련한 점이 바로 이런 곳에서 드러났다. 그가 직접 이런 말을 해주는 이유는 우선 상대에게 의견을 말할 수 있는 기회를 주려는 것이고, 둘째는 집행국의 상황이 여전히 자신이 제어할 수 있는 범위 안에 있으므로 자신을 신뢰해도 된다는 것을 드러내 보이려는 것이었다.

장중펑은 샹수이 법인주식 문제를 이 기회에 한 걸음 더 진척시켜야겠다는 생각이 들었다. 후하이양을 만난 후부터 그는 줄곧 경계를 늦추어서는 안 되겠다는 생각을 하고 있었다. 자칫 다른 회사가 치고 들어오게 되면 그와 젠거는 속수무책으로 당할 수도 있었다.

"그 일과 이 일이 어떤 구체적인 관계는 없습니까?"

장중펑의 질문이 무엇을 말하는지 알아들은 젠거는 잠시 생각에 잠겼다가 입을 열었다.

"당연히 직접적인 관계나 필연적인 연관성은 없네. 중요한 건 시간이야. 하지만 모르는 일이지. 한자리에 모이게 되면 무관하던 것도 유관한 것이 될 수도 있으니까. 하지만 어찌되었든 장 사장은 다른 사람과 다르지. 같은 출발선상에 서있는 게 아니니까. 안 그런가?"

"그야 당연합니다. 형님이 전적으로 봐주고 있으니까요."

"그 일은 연관된 것들이 많아서 문제가 생길까 걱정이네. 구체적으로 어떻게 조종해나갔으면 좋을지 무슨 좋은 생각이라도 있나?"

장중핑은 한동안 젠거를 직접 만나지 못하고 있었지만, 샹수이 법인주식 경매에 관한 외곽작업을 줄곧 해오고 있었다. 그에게 있어 가장 주된 문제는 두 가지였는데, 하나는 입찰자였고 다른 하나는 돈이었다. 장중핑은 이런 일은 오래 끌수록 불리하다고 생각했다. 사업은 언제든 뜻하지 않은 변화가 발생할 수 있으므로 쇠뿔도 단김에 빼야 했다.

일단 성 고급법원이 중개기구 선정 작업에 돌입하게 되면 젠거가 다시 위탁업무를 주관하기는 어려울 것이다. 그건 상당히 민감한 문제가 될 수 있었다. 만일 누군가가 푸상비치 경매 건과 연관시켜서 이의를 제기하기라도 하면 운신의 폭이 상당히 좁아질 수 있었다. 어디에서 날아들지 모르는 화살을 막을 재간은 없는 법이다.

방금 젠거의 말을 들으면서 그는 주관기관이 사법기술실이 되느냐 집행국이 되느냐의 문제를 놓고 법원 내에서도 이견이 있고, 젠거가 자신에게 말하지 않은 상황도 있을 것이라는 생각이 들었다. 하지만 젠거가 말을 하든 안 하든 내부의 힘 겨루기가 상당히 치열하다는 것을 상상하기는 어렵지 않았다.

그중에는 정면공격으로 뜻을 이루지 못하면 뒤에서 술책을 부리는 인물도 있을 것이다. 정면으로 대응하지 않고 이쪽의 사소한 문제들을 걸고 넘어지면 상당한 타격을 입을 수 있었다. 이쪽의 허점이 상대에게 포착되면 그만큼 위축되고 수동적이 될 수밖에 없기 때문에 양측의 힘 겨루기에도 변동이 발생할 것이다. 만일 무작정 덤벼들었다가는 상대의 덜미를 잡기는커녕 허공에다 대고 주먹질을 하다가 이쪽의 약점만 노출시키는 꼴이 되기 십상이다. 평상시에 좀처럼 속내를 드러내지 않고 침착하던 젠거가 오늘 이렇게 말이 많은 것도 혹시 이런 이유 때문이 아닐까.

장중평은 기왕에 이런 분위기가 마련된 이상 수수께끼를 하듯이 이야기를 돌릴 것이 아니라 솔직하게 터놓고 문제의 핵심을 찾아야겠다는 생각이 들었다. 더욱이 이것은 자신과 젠거 두 사람 모두의 문제였기에 두 사람의 협력이 무엇보다 중요했다. 젠거가 좋은 생각이 있느냐고 묻는 것은 공을 이쪽으로 던진 것이나 마찬가지였다.

"제 쪽은 현재 모든 것을 준비해놓고 동풍(東風)을 기다리고 있는 상황이라고 말할 수 있습니다. 형님의 위탁서만 떨어지면 곧바로 경매를 진행할 수가 있습니다."

이전에 수도 없이 그랬듯, 그들은 블루스카이에 오면 먼저 일 이야기를 끝낸 후 발 마사지 같은 다른 활동들을 했다. 그들은 사우나실로 들어가지 않고 각자 침대 머리맡에 비스듬히 기대앉아서 이야기부터 나누었다.

장중평의 말을 듣고도 젠거는 명상이라도 하듯이 눈을 감고 아무 말이 없었다. 그는 젠거를 힐끗 훔쳐보다가 얼른 시선을 거두고는 자신도 가만히 눈을 감았다. 재촉한다는 인상을 주어서는 안 되었기에 장중평은 그가 먼저 입을 열기를 기다렸다. 마침내 젠거가 긴 한숨을 내쉬면서 고개를 들어 장중펑을 바라보며 입을 열었다.

"이전처럼 자네 같은 경매회사들이 담당법관의 손에서 직접 위탁서를 받아가던 상황을 비유적으로 말한다면 어떻게 말할 수 있을까?"

장중펑은 허리를 곧추세우며 그를 바라보았다. 그의 말뜻을 얼른 알아차렸지만 어떻게 대답해야 좋을지 몰라서 어색하게 웃음을 띠며 말했다.

"글쎄요. 생각해본 적이 없어서 말입니다. 형님이 말씀해보시죠. 어떻게 비유할 수가 있을지요?"

"난 물통 속에 든 물고기를 잡는 것과 같다고 말하고 싶네."

"그렇습니다. 법원이 위탁한 물건은 대개 쉽게 경매가 이루어지니까요."

장중펑이 곧바로 받았다.

젠거가 손을 저으며 말했다.

"그런 의미가 아닐세. 내 말은 법관과 경매회사의 관계를 말하는 거야. 법관이 물고기가 가득 든 물통을 자네 앞에 갖다놓으면 자네는 손을 뻗어 잡기만 하면 된다는 거지. 그런 것 같지 않은가?"

장중펑이 다시 웃음을 띠며 말했다.

"그렇게 말할 수도 있겠지요."

"법원도 그렇고 법관도 그렇고 왜 경매회사를 찾아야 하겠나? 경매회사만이 경매를 할 수 있기 때문이네. 하지만 경매회사가 갈수록 늘어나고 있는 상황에서, 만약 어느 법관이 물통에 물고기만

들어왔다 하면 특정한 경매회사에 갖다 넘겨준다면, 이게 적절한 일인가?"

젠거가 물었다.

장중펑은 침대에서 일어나 똑바로 앉아서 그를 쳐다보며 말했다.

"만약 형님이 합법이냐 아니냐를 묻는 것이라면 전 확실하게 대답할 수 있습니다. 합법이죠. 법관이 물고기가 든 물통을 어디에다 줘야 하는지 법에 명문으로 규정해놓지는 않았으니까요. 다시 말해서 법관이 물통을 어디에 줘서는 안 된다는 금지조항이 없다는 말입니다."

"맞네. 하지만 내가 묻는 건 합법이냐 합법이 아니냐의 문제가 아니라 적절한가 아닌가를 묻는 걸세. 적절한가 아닌가 하는 문제는 합법이냐 아니냐의 문제보다 훨씬 더 복잡하네. 여기서 우리 깊이 있게 얘기를 나누어보세. 만일 많은 경매회사들이 물통에 큰 물고기가 들어있다는 것을 알고 있고, 이 물통이 여전히 그 법관의 통제권하에 놓여 있다면, 그 법관은 그 물통을 원래의 그 경매회사에게 넘겨줄 수가 있느냐는 거야."

장중펑은 무슨 말을 해야 할지 잠시 생각했다.

"어떤 의미에서 보자면, 그 법관이 그 물통을 어느 경매회사에게 줄 것인지는 그의 재량으로 결정할 수 있는 일이지요."

"맞네. 하지만 공교롭게도 문제가 바로 여기에 있다는 걸세. 법률용어를 가지고 이 문제를 논하자면 간단해지네. 사실 이것은 '불확정 이익'에 대한 이해의 문제니까. 불확정 이익이란 게 뭔가?

통상적으로 법률이나 정책 혹은 규정에 근거하여 다수의 사람이 합법적인 방식과 경로를 통해 모종의 합법적인 이익을 획득할 수 있으며, 다만 이런 이익을 취득하는 과정에서 경쟁이 존재하기 때문에 경쟁의 조건을 갖춘 사람 모두가 이익을 취할 수도 그렇지 않을 수도 있어서 그중의 일부만이 실제로 이 이익을 취할 수 있다는 것이지. 이 합법적인 이익의 귀속이 확정되기 전까지 이것은 불확정 이익이라고 불리네.

불확정 이익이 결국에 가서는 확정이 되어야 하는데, 그렇다면 그 이익을 획득한 사람과 그 이익의 귀속을 결정할 수 있는 권한을 가진 사람간의 관계가 지극히 중요해지네. 만일 양자의 관계에 물질적 금전적 거래가 있었다면, 이것은 뇌물증여 및 뇌물수수죄에 해당되지. 당연히 뇌물증여와 뇌물수수죄가 성립되려면 조사가 선행되어야 하지만."

장중펑은 그가 문제를 에둘러 말하고 싶어하지 않는다는 것을 일었다. 두 사람 모두 법을 진공한 사람들이고 따라서 법률용어로 문제를 논하면 곧바로 문제의 핵심을 건드릴 수가 있었다. 듣기에 거북하고 말고 하는 문제에 구애될 게 없었다.

장중펑은 젠거가 푸상비치 3, 4층에 대한 경매 건을 자신이 따낼 수 있도록 해주었고 따라서 의혹을 피하기 위해 샹수이 법인주식 경매위탁을 다른 경매회사에 넘길 수도 있다는 생각을 이미 여러 차례 했다.

젠거에게 있어서 안전은 불변의 제1원칙이었다. 도적질을 한 것이 겁나는 것이 아니라 도적질한 것이 기억될까봐 겁난다는 속담이 있다. 두 사람간의 뒤처리가 아무리 잘되었다 해도 다른 사람들의 의혹을 사서 기억되기 시작하면 골치 아파질 건 틀림없었다. 따라서 젠거는 절대 안전이라는 자신의 기본적인 게임의 룰에 근거하여 움직이려 할 것이다. 그렇다면 젠거는 지금 자신을 버리고 다른 경매회사로 바꿔 탈 준비를 하고 있다는 말인가.

그는 그러한 장중평의 내심을 꿰뚫어 보기라도 한 듯 말했다.

"자네 같은 친구를 얻기란 결코 쉽지 않네. 달리 생각하진 말게. 요즘 내가 왜 자네와 연락을 하지 않았겠나? 이 문제를 생각하느라고 그런 걸세. 물통 속에서 물고기를 잡아올리는 이 게임을 더 복잡하면서도 완벽하게, 합법적이면서도 적절하게, 어떠한 하자나 결점도 없이 만들 방법이 없을까 하는 거지. 안 그런가?"

장중평도 일찍이 이 문제에 생각이 미쳤지만 요 며칠간 청전에게 얽혀 있느라 그만 놓치고 있었다. 친구가 자신을 돕도록 만들려면 친구에게 그럴 만한 충분한 이유를 주어야 하는 법이다. 장중평은 젠거의 말에서 자신과의 관계를 버리려고 하는 것이 아니라는 것을 알고 내심 깊은 안도의 한숨을 쉬었다. 그렇지 않고 설령 젠거가 다른 경매회사를 찾는다 해도 그로서는 속수무책일 터였다. 참고 인내할 수밖에 달리 어쩌겠는가? 다행히도 젠거는 그런 사람이 아니었다. 그는 다만 방법적인 문제를 생각하고 있었던 것이다.

지금 이 문제가 막상 눈앞에 놓이고 보니 장중평은 다소 난감한 기분이 들었다. 그렇다고 가만히 있을 수도 없었기에 그는 웃음으로 얼버무리며 판에 박힌 말로 대꾸했다.

"옛말에 군자가 재물을 취함에 도(道)가 있어야 한다고 했잖습니까. 좋은 말이지요. 하지만 보통 사람들의 도에 대한 인식이래야 도덕적 단계, 기껏해야 합법이냐 아니냐의 문제에 머물러 있죠. 사실은 도라는 것도 기교인데 말입니다."

"맞는 말이네. 우리가 찾아내야 하는 것이 바로 그런 절묘한 방법이야."

젠거가 말했다.

"형님에게 좋은 생각이라도 있습니까?"

"먼저 사우나부터 하지."

두 사람은 옷을 벗고 사우나실로 들어갔다.

젠거가 입을 열었다.

"사업하는 사람들 사이에 이런 말이 있다지? 규칙을 만들 수 없다면 규칙에 적응하라. 법원이 우리에게 규칙을 정할 수 있는 권한을 주었는데도 이 판을 제대로 만들지 못한다면 말이 되겠나? 그래서 지금 생각중이야. 이 물통을 내가 자네 회사에 주는 게 아니라, 우선 이 물고기를 연못에 놓아주고는 모두가 낚시질을 하게 한 다음 최종적으로 자네가 낚는다면 어떨까 하고 말이야."

젠거의 이 말에 장중펑은 마침내 한숨 돌리는 심정이 되었다. 그의 고민은 장중펑과 일을 같이 하느냐 마느냐가 아니라 어떻게 일을 하느냐였던 것이다. 그에게 무엇보다 중요한 것은 절대적인 안전이었고, 장중핑은 그런 그의 뜻을 헤아리고도 남음이 있었다. 젠거의 안전이 없이는 3D의 안전도 없었다.

게임의 영역이 확대되고 참가인원이 늘어난 상황에서 이들 속에 몸을 숨긴 채, 합법적이고 안전한 절차를 거쳐 표면적으로는 불확정적인 이 이익을 자신의 확정적인 이익으로 과연 만들 수 있을 것인가? 이 게임에 참가하는 사람들이 누구던가. 장중핑은 현재 잘 나가는 경매회사의 경영인들에 대해 너무나 잘 알고 있었다. 그들이 대어가 자신의 낚싯바늘에 걸리는 걸 그냥 두고 볼 사람들인가. 다른 사람의 낚싯바늘에 걸려든 대어를 도로 빼앗아 올 재주가 자신에게 있기나 한가. 젠거는 이런 가능성을 고려하고 있을까. 아니면 그가 한바탕 도박을 해보려는 것일까.

"그 사람들에게 낚시질을 할 수 있는 권리는 주되 물고기를 낚을 가능성은 주지 않는 거야. 그러면 내가 자네를 돕는다는 것을 아무도 눈치 챌 수 없을 걸세. 이건 괜찮은 시나리오야. 자네도 잘 생각해보게."

장중핑은 얼마 전 시대의 빛과 빅토리빌딩 경매를 진행했던 일을 떠올렸다. 쉬이의 경솔한 행동으로 인해 하마터면 일을 망칠 뻔했었다. 쉬이는 여물려면 아직 멀었다. 만약 애초부터 경매 주관사가 3D였다면 과연 달랐을까.

그는 잠시 말이 없다가 젠거의 의중을 살피며 말했다.

"예를 들어 상수이 법인주식 경매와 이번에 성 고급법원의 중재기구 선정 건을 아예 같이 묶어서 고려해볼 수도 있을 것 같습니다. 지금 경매회사들에게 가장 큰 관심사는 선정 요건입니다. 구체적인 경매 건은 그 다음이죠.

우선 상수이 법인주식 경매에 관해서는 그들에게 비밀로 해두었다가 선정이 끝나고 나면 곧바로 이것을 첫번째 경매 프로젝트로 발표하는 겁니다. 이와 동시에 인수자를 최종적으로 누가 찾느냐, 이 인수자가 어느 경매회사의 이름으로 등록했느냐에 따라 경매수수료는 그 회사에 지급되는 것으로 규정을 정하는 겁니다.

겉으로 보면 물고기를 놓아주는 것 같지만 실상은 물고기를 놓아주는 척한 것일 뿐이죠. 수면에 드러나지 않을 뿐 실제로는 물고기의 입에 이미 낚싯바늘을 물려놓고 낚싯줄을 드리운 격이니까요. 때가 되어 집행국이든 사법기술실이든 낚시 대회가 시작되었다고 선포하기만 하면 우리는 낚싯대를 드리웠다가 들어올리는 시늉만 하는 겁니다."

젠거가 엷은 미소를 띠며 그를 바라보았다. 그가 말을 마치자 젠거가 수증기로 축축해진 그의 어깨에 손을 올려놓으며 말했다.

"우리 두 사람의 생각이 사전에 맞춘 것처럼 똑같군. 대단해. 이건 5천 미터 장거리 달리기야. 표면적으로는 같은 출발선에 서있는 듯 보여도 자네는 이미 다른 사람보다 2천 미터는 앞선 걸세. 자네의 체력이 약한 것도 병이 든 것도 아닌 바에야 승산의 가능성이 얼마든지 있다고 봐야지."

"여전히 문제는 남아 있습니다. 후하이양을 물고기에 비유한다면, 이 연못 속에 더이상 다른 물고기가 없다고 어떻게 보장하느냐는 겁니다. 만약 다른 물고기가 더 있어서 다른 경매회사의 낚싯바늘을 문 채 연못에 들어있다면, 우리가 보는 앞에서 그 경매회사가 대어를 낚아올릴 수도 있다는 거지요."

"이 문제도 생각해봤네. 우리가 더 깨끗한 연못, 이제 막 정화를 거친 연못을 선택하면 되지 않겠나?"

그는 젠거의 의중을 쫓아가며 생각을 굴렸다. 이것은 경매의 조정절차에 속하는 문제였다.

"언론매체의 선정이 관건입니다. 입찰에 관심이 있는 사람들이 아예 볼 수 없는 곳이나 볼 수 있는 가능성이 비교적 낮은 매체에다 경매공고를 낸다면 결과가 달라지겠죠. 안정성을 위해서라는 이유를 대면 될 겁니다. 누구나 다 아는 언론매체에다 공고를 내면 공연한 논쟁만 불러일으킬 텐데 그럴 필요가 있느냐고 하는 거죠. 하지만 성에서 발행하는 신문에다 낸다면 얘기가 달라지죠. 이런 신문은 당 조직이나 정부기관이 구독하는 신문이고 외부에서는 구입할 수가 없는 신문이니까요. 형님 생각에는 어떻습니까?"

젠거가 한참 동안 장중평을 바라보며 말이 없었다. 그러다가 천천히 입을 열었다.

"어찌 된 건가? 내가 언젠가 자네에게 최고급법원의 국유기업 법인주식과 사회법인주식 처리에 관한 문건을 봐두라고 하지 않았나? 안 보았나?"

장중평은 정신이 번쩍 든 듯이 연신 자신의 머리를 툭툭 치며 말했다.

"아, 그렇군요. 법인주식 경매공고는 반드시 증권 관련 신문에 게재해야 한다는 규정이 있었지요."

젠거가 고개를 끄덕이며 말했다.

"맞네. 이런 신문에다 내면 낚싯대로든 무엇으로든 물고기를 낚아올리고 싶어하는 사람은 누구나 보겠지."

"그래도 무엇보다 걱정은 이 바닥 사람들입니다. 물고기를 낚으려는 경매회사들이 수단과 방법을 가리지 않고 매입자를 물색할 테니, 정보가 도는 것은 시간 문제죠. 시한을 촉박하게 정해놓는 것도 한 가지 방법입니다. 또 입찰보증금을 높게 책정할 수도 있을 겁니다. 하지만 다른 대어가 정보를 알고 오더라도 스스로 낚싯바늘을 물지는 않을 것입니다. 일단 오면 이들을 처리하는 게 쉽지가 않습니다."

"내가 말하지. 우린 입찰자의 자격에 대해 엄격한 심사를 진행할 거야. 이건 성 정부의 요구이기도 하고 우리도 결코 아무나 물속으로 뛰어들도록 두지는 않을 거야. 이걸 제외하면 자격 문제가 남지. 수급관계를 결정하는 건 자격이야. 금을 예로 들어보세. 100위안의 가치가 나가는 금을 100위안에 거래했다면 파는 사람이나 사는 사람이나 공평하다고 생각하지. 만약 80위안에 거래가 된다면 파는 사람은 손해를 보고 사는 사람은 이익을 보겠지. 또 110위안에 거래가 된다면 파는 사람은 이득을 보고 사는 사람은 손해를 보겠지. 자네가 찾은 입찰자가 재촉을 한다고 했잖은가? 그 사람이 100위안짜리 금에 110위안을 지불할 의사가 있는 사람인가?"

"단정하기는 어렵습니다. 그 사람이 금값이 곧 상승할 것이고 다른 곳에서는 동일한 물건을 구입하기 어렵다고 판단한다면, 앞으로 금값이 상승하리라는 기대를 가지고 더 많은 돈을 주고 구입을 하겠죠. 법인주식도 이런 예상이 가능한 물건이니까요. 문제는 다른 입찰자들도 동일한 생각을 할 거라는 말입니다. 내가 할 수 있는 계산을 다른 사람이 못할 리가 없죠. 특히 경매시장에서 이루어지는 구매행위가 전적으로 이성적인 판단에 따라 이루어진다고 보기는 어렵습니다. 평가액보다 몇 배 높은 가격으로 거래가 이루어질 가능성이 얼마든지 있다는 거죠."

"하지만 경매시장이 가격하락 폭이 가장 큰 시장이기도 하잖나? 법원이 위탁한 경매가 특히 더 하지. 현재 다른 매입자들이 입찰가가 떨어지기를 기다리든 아니면 100위안을 다 주고 살 생각이든 모든 경우를 고려해볼 때, 우리가 찾은 매입자가 110위안부터 값을 부른다면, 자네는 승산이 어느 정도라고 보는가?"

"문제는 우리 매입자가 이 상황을 알면 자기가 지나치게 손해를 본다고 생각할 수 있다는 겁니다."

"예를 들어서 어떠냐는 거네. 손해를 보고 안 보고는 그 사람이 계산할 문제고 우리가 신경 쓸 필요가 없지. 자네 생각을 말해봐. 어떤가? 백 퍼센트 확신할 수 있는 일이 어디 있겠나? 대어가 든 물통을 자네 앞에 들이밀 용기가 내게 없다고 보지는 말게. 내가 눈 질끈 감고 설령 자네에게 준다 해도 그게 결론적으로 잘한 행동일까? 사람들이 눈에 핏발을 세우고 자네를 지켜보고 있는 상황에서, 자네는 물통에 손을 넣어서 물고기를 건져올릴 수 있겠는가?

그렇게 할 수도 있겠지. 왜냐하면 자네는 어쨌든 정상적이고 합법적인 경영활동을 하고 있는 것이니까. 하지만 누가 자네에게 다른 경매회사에게 동일하게 주어진 기회가 어떻게 3D에게만 허락된 기회가 되어버렸느냐고 물어본다면? 다시 말해서 어떻게 불확정적인 이익을 확정적인 이익으로 만들었느냐고 한다면 어쩌겠나? 자네는 다른 사람을 끌고 들어가지 않는다고 말할 수 있나? 자네와 나의 관계를 어떻게 설명하겠나? 그럼 자네는 공연한 의혹이 아니라 분명한 증거를 대보라고 하겠지. 하지만 여기는 중국이야. 많은 일들이 우리가 생각하는 것보다 훨씬 복잡한 나라지. 그러니까 방금 했던 기본적인 생각은 바꾸지 말게.

자네가 조금 전에 말한 생각들이 아주 좋아. 최대한 세부적인 문제를 분명히 정리해둬야 해. 다른 회사가 우리처럼 이런 식으로 끼어들려고 하는지도 살펴야 하고. 적어도 지금으로서는 없어. 이게 우리에겐 강점이지. 그러니까 자네는 그 매입자가 어떤 의중을 가지고 있는지, 입찰가를 얼마까지 예상하는지 알아봐야 해. 만일 그가 평가액보다 백만이든 천만이든 높은 가격에도 상관없이 매입할 의사가 있다면 좋겠지. 신문에 기한이 게시되면 다른 대어가 더 있는지 어떤지 알게 될 거야. 자네가 찾은 매입자가 돈을 더 지불할 준비를 미리 해두는 게 좋아. 만일 등록한 사람이 그 사람 한 명뿐이라면 그가 억울하게 돈을 더 내야 할 필요가 없어지지. 그렇잖나?"

"그야 물론입니다. 이런 계산은 그 사람에게 맡겨두시죠."

"하지만 우리가 우위에 있어. 자네의 능력을 포함해서 전체적으로 말이야. 자네가 유능하다는 걸 잘 알고 있네."

"고맙습니다. 모두 형님 덕분이지요."

"그럼 이 일은 여기까지 해두세. 자네 회사의 자료들을 확실하게 빈틈없이 잘 준비해두게. 성 고급법원의 공고가 신문에 나면, 요건에 맞춰서 자료들을 제출하고 나한테는 주지 말게. 나는 등록업체가 제시한 자료들을 수합해서 실사를 벌일 거야. 어느 회사든 제출한 자료에서 거짓이나 허위가 있다고 판단되면 법원당위원회와 심사위원회에 보고하고 기각하도록 건의할 거야. 쫓아내는 거지. 신문이고 텔레비전이고 하나같이 신뢰를 외치는 판에 법원이 신뢰가 없어서 되겠나? 그러니 3D의 자료도 내가 직접 점검을 하게 될 거야. 조금이라도 거품이 있어서는 안 되네."

"알겠습니다. 이렇게 되면 잘 나가는 일부 업체들이 낙마할 수도 있겠군요. 허세를 부리는 업체들이 적지 않으니까요. 자기가 최고라는 걸 알리지 못해서 안달이거든요. 딱 한 곳에만은 예외라면 예외죠."

"어디? 세무국 말인가?"

"예. 세무국입니다."

젠거가 웃으며 말했다.

"역시 사업가는 별 수 없군. 그렇게 돈을 많이 벌어들이면서도 국가가 몇 푼을 세금으로 거두어가는 걸 떼먹으려고 드니 말이야."

장중펑도 웃으며 말했다.

"그렇게 말씀하시면 제가 억울하죠. 탈루니 세금포탈이니 하는 짓은 우리 3D와 거리가 멉니다. 우리 장부를 조사해보시면 다 나옵니다. 세금 피하려다 배가 뒤집어질 짓을 왜 하겠습니까?"

"그렇다면 다행이지. 사업도 법을 지켜야해. 이것도 제대로 못하면 다른 건 말할 것도 없지."

"예, 방금 형님이 하신 말씀 말인데요. 만일 성 고급법원이 경매회사를 대상으로 엄격한 자격심사를 실시하고 정말로 몇몇 잘 나가는 업체가 탈락하게 되면, 앞으로 우리와 경쟁할 업체는 두세 업체뿐이겠군요. 잘된 일입니다."

"거짓이나 허위가 발각되어 나가떨어지면 다른 사람 탓도 못하지."

"누구 탓을 하겠습니까?"

사실 장중펑에게는 다른 한 가지 문제가 더 있었다. 그들이 대어라고 말했던 후하이양이 다른 낚싯바늘을 물 가능성이었다. 하지만 그는 이것이 상대적으로 처리하기 쉬운 문제라고 생각하며 젠거에게는 당분간 말하지 않는 편이 좋겠다고 판단했다. 그가 이런 생각을 하고 있을 때 젠거가 입을 열었다.

"이 바닥에서 자네 같이 속내를 털어놓을 수 있는 친구를 만나기가 쉬운 일이 아닐걸세. 농사꾼 아들인 내가 무슨 배경이 있겠나? 오늘 이 자리에 오기까지 정말이지 간단치가 않았네! 내 말이 무슨 뜻인지 알겠나?"

"압니다."

장중펑은 이렇게 대답하며 십분 수긍한다는 듯 고개를 끄덕였다.

두 사람은 한참동안 아무 말이 없었다.

"무슨 회사라고 했지? 예술품 경매를 준비한다더니 얼마나 남았나?"

"달포 가량 남았습니다. 형수님하고 상의해서 잘 처리해놨으니까 안심하세요."

"그냥 생각이 나서 물어본 걸세. 자네가 하는 일에 안심 못할 게 있겠나? 정말일세. 이제 사람을 불러서 마사지나 받지."

장중펑이 그러자고 대답했다.

"먼저 발 마사지부터 받지. 최근에 어떤 글을 읽었는데 발 마사지가 몸에 좋다더군. 발바닥이 제2의 심장이라고 할 만큼 서른세 개의 혈과 다른 혈관이나 신경도 많이 분포하고 있다는군."

"당신 시간 낼 수 있어요?"

탕원이 물었다.

장중펑이 왜 그러냐고 묻자 "샤오위가 곧 방학이잖아요. 애를 데리고 바람 좀 쐬러 갈까 해서요. 개학하면 2학년인데 내년 여름방학에는 대학 입학시험이 눈앞에 있으니까 여행 갈 시간도 없을 거예요. 이번 여름방학만 지나면 학교에서 보충수업을 하니까 더 어려울 거고. 이렇게라도 데리고 나가지 않으면 애가 하루 종일 컴퓨

터만 껴안고 있을 거예요."

"당신 시험은 어쩌고?"

"얼마 안 남았어요. 하지만 갈수록 자신이 없어져요. 나이 들어서 이제 막 대학을 졸업한 젊은 애들과 경쟁하려니 자신이 없어요."

"시험이 끝난 후에 당신이 샤오위와 같이 갔다 오는 게 어때? 걔가 티벳에 가보고 싶다고 했잖아?"

"달랑 세 식구뿐인데 같이 가야 의미가 있죠. 당신도 종일 일만 하느라 바쁘니까 머리를 좀 식혀야죠."

"지난번에 후 사장이 올라온 거 당신도 봤잖아. 법인주식 일이 코앞인데 어디를 가겠어? 아니면 충린의 딸애도 데리고 가든지. 샤오위도 친구가 있으면 좋을 테고, 그렇게 해."

"그래도 당신이 갔으면 좋겠어요."

"다음에 갈게. 지금은 정말로 몸을 뺄 수가 없어. 성 고급법원의 업체 선정 문제도 그렇고 법인주식 경매 건도 그렇고 모두 중요한 일이야. 놀러 갈 정신이 있겠어? 같이 간다 해도 다른 사람들에게 방해만 될 거야."

장중펑이 충린에게 전화를 걸었더니 충린이 말했다.

"우리 애 방학 스케줄은 벌써 꽉 찼어. 학교에서 하이난으로 캠핑을 갔다 돌아오면 다시 외할머니 댁에 가야 하거든."

장중펑이 탕원에게 전화를 걸어서 상황을 설명하자 탕원이 대답했다.

"생각해봤는데, 당신이 안 가면 나도 별로 기분이 안 나요. 샤오위가 왜 놀러 안 가느냐고 보채지만 않으면 이번 여름방학은 관두려구요. 그간에 당신을 제대로 못 돌봐준 것도 만회하구요."

충린이 반장 가족들에게 칭톈주로 같이 놀러 가자고 말했다며 다시 전화를 걸어왔다. 반장은 갈 수 있을지 시간을 봐야 하고, 그의 아내와 아이는 갈 수 있다고 했다. 그는 장중핑에게도 미리 가족 스케줄을 잡아서 함께 가자고 말했다. 장중핑은 주저 없이 그러자고 대답했다.

충린이 동구법원 법원장으로 부임하는 문제가 보류되었다. 한동안 그의 이름이 물망에 오르내렸고 인민대표자대회와 상부에서 몇 차례나 시 중급법원으로 감사가 나왔을 때도 모두 좋은 평가를 받았다. 우선 그를 임시 법원장으로 임명했다가 인민대표자대회가 열리면 정식으로 임명한다는 소문까지 돌았다. 충린이 일하는 법원 내에서는 벌써 그를 법원장이라고 부르고 있었다. 하지만 느닷없이 모든 것이 보류되고 만 것이었다. 이 때문에 충린의 입장이 다소 난처해졌다. 시 중급법원의 처장인 그를 법원장이라고 부른 것이 적절했다고는 볼 수 없는 일이기 때문이었다.

장중핑이 여기저기 찾아다니며 인사라도 하라고 말하자 그가 말했다.

"나도 알아. 근데 어디로 찾아가야 하는 거야?"

"문제는 자네가 안 가도 다른 사람은 갈 것이고, 그러다 자네가 밀려날 거란 거야. 공무원을 안 할 거라면 몰라도 이왕에 할 거면 잘해야 한다는 거지. 잘한다는 게 뭔가? 승진하는 게 잘하는 거야. 더욱이 자넨 여전히 평행이동만 하고 있잖아."

"그만한 것쯤은 나도 알아. 근데 문제가 어디 있는지, 어디서부터 손을 써야 하는지를 모르겠어. 그런 마음이야 진작부터 굴뚝같았지."

여름방학이 시작되고 며칠 후 반장의 아내가 아들을 데리고 왔다. 장중펑이 차를 몰고 충린과 함께 공항으로 마중을 나갔다. 그 전에 반장이 자기는 도저히 시간을 낼 수가 없으니 아내와 아들을 잘 부탁한다며 장중펑에게 전화를 걸어왔다. 장중펑이나 충린보다 몇 해 일찍 결혼을 한 덕분에 반장의 아들은 올해 대학 입학시험을 쳤다. 그의 아들은 키가 훤칠한 것이 장중펑보다 한 뼘은 더 컸다. 그의 아내는 살이 쪄서 젊은 시절 외국어과를 대표하는 미인으로 뽑힐 정도로 예뻤던 모습 대신 전형적인 중년의 아줌마가 되어 있었다. 장중펑과 충린은 누가 먼저랄 것도 없이 반장의 아들을 칭찬하다가 반장의 아내를 보며 여전히 변함이 없다며 듣기 좋은 소리를 늘어놓았다. 반장의 부인은 듣기 싫지 않은 듯했지만 겸손하게 말을 받았다.

"만약 대학시절에도 제가 이런 모습이었으면 우리 집 양반 눈에 문제가 있었던 거겠지요."

"어딜요. 지금도 예전과 다름이 없으십니다. 길에 나가면 쳐다보느라 넘어지는 사람도 있을걸요."

충린이 말했다.

반장의 아내가 법관도 그런 말을 할 줄 아느냐며 쾌활하게 웃었다. 치샤호텔에 두 모자의 여장을 풀게 한 후, 충린과 장중핑은 며칠간의 일정을 상의했다.

"반장 가족들이 온 걸 알면 젠거도 가만히 있지 않을 테니까 그양반에게도 연락하지. 내일부터 내가 데리고 교외의 가볼 만한 곳으로 다닐 테니까, 주말에 자네도 휴가를 내서 칭텐주로 4, 5일 놀러 갔다 오자구."

장중핑이 말했다.

"그래. 칭텐주에 갈 때 자넨 누구하고 갈 건가?"

충린이 물었다.

장중핑이 한숨을 쉬며 말했다.

"그때 가봐야지."

"그때까지 갈 게 뭐 있어. 말해봐."

충린이 말했다.

"자네 생각엔 어떤가?"

충린이 웃으며 말했다.

"이건 자네 일이야. 청렴한 공무원이 자네 가정사에 끼어들 순 없지. 하지만 이치대로 말하면 탕 교수하고 가야지. 근데 두 사람이 밖에 나와 있으면 샤오위는 어떻게 해? 아니지. 벌써 방학을 했지? 아예 같이 데려가면 되겠군. 우리 애는 캠핑을 갔어. 안 그러면 같이 데려갈 텐데. 그럼 가족모임의 성격도 되잖아. 나는 차오하고 갈 거야. 어쨌든 차오와 곧 수속을 밟을 생각이거든."

장중펑은 지난번에 칭텐주에서 서둘러 돌아왔던 것도 만회할 겸해서 청전을 데려갈까 생각했지만 충린의 말을 듣자 머쓱해서 아무 말도 하지 않았다. 예전에 베이징으로 신혼여행을 갔을 때 탕원과 반장의 아내가 만난 적이 있었다. 그리고 지금이 방학기간이라그녀가 같이 가겠다고 하면 거절할 수도 없었다.

사람의 감정이란 것이 이상한 물건이어서 난리가 있었던 그날 밤 이후로 청전은 그에게 더욱 연연해하며 마치 그가 화를 낼까봐 두려워하는 것처럼 조심스럽게 행동했다.

"당신, 요즘 갈수록 자아 상실인 거 알아? 텔레비전을 주름잡던 유명한 기자라고 말하면 누가 믿겠어?"

"그렇다고 당신한테 나쁠 건 없잖아요? 당신이 나한테 무슨 약을 먹여서 귀신이라도 들리게 만들었나보죠. 맞아, 칭텐주에서 나를 독충에 물리게 만들었죠?"

"오히려 당신이 나를 독충에게 물리게 만든 거 아냐? 그렇지 않고야 이렇게 당신보다 더 좋은 여자가 없을 리가 없잖아?"

"내가 당신이 하루 종일 손에 쥐기도 하고 주머니에 넣고 다닐 수도 있는 물건이었으면 좋겠어요."

"하루 종일 손에 쥐기도 하고 주머니에 넣고 다니기도 하는 건 휴대폰뿐인데. 그렇지만 휴대폰은 자주 바꿔야 하는데 그래도 괜찮아? 남자들이 왜 자주 휴대폰을 바꾸는지 알아? 남자들은 새것을 좋아하고 이미 가진 것에 대해 쉽게 싫증을 내는데, 마누라를 바꾸자니 대가가 너무 크고 골치 아프니까 휴대폰으로 푸는 거야."

"당신은 휴대폰을 바꾼 적이 없잖아요. 떨어뜨려서 고장이 난 것 말고는. 그것도 똑같은 브랜드에 똑같은 모델로 샀잖아요."

"내가 옛것을 소중히 여기는 사람, 한결같은 사람이란 걸 보여주는 거지."

청전이 한참 동안 그를 바라보며 아무 말도 하지 않았다. 그제야 그는 자신의 그 말이 청전에게 앞으로도 영원히 미래가 없을 거라고 말한 것이나 다름없다는 것을 깨달았다. 그는 청전의 허리를 안으며 말했다.

"당신을 사랑해."

"이런 달콤한 말은 이미 배부르도록 들었어요."

칭텐주로 떠나기 전날 밤, 장중펑이 함께 가겠느냐고 묻자 탕원은 별로 흥미가 없어 보였고 샤오위도 마찬가지였다. 샤오위는 티벳 외에는 아무 데도 안 가겠다고 했다. 그런데 장중펑과 청전이 충린과 차오를 차에 태우고 치샤호텔 앞에 거의 도착할 무렵 탕원으로부터 전화가 걸려왔다. 샤오위가 지난번에 리화강을 유람했던 것이 재미있었다면서 다시 가고 싶어한다고 말했다.

장중펑은 자신도 모르게 벌컥 화를 냈다.

"안 가겠다고 해놓고 다시 가겠다니 도대체 어쩌자는 거야?"

탕원이 전화 저편에서 말했다.

"당신의 금쪽같은 딸이잖아요. 걔가 가겠다면 당신인들 방법이 있어요? 왜 그래요? 곤란해요?"

"곤란할 게 뭐가 있어? 두 사람이 더 늘어나면 차를 바꾸어야 하니까 그렇지. 샤오위한테 물어봐. 꼭 갈 건지?"

"당신이 직접 말해요."

"아빠, 왜 그래? 아빠가 일하러 가는 것도 아니잖아? 나랑 엄마랑 계속 말다툼을 하다가 이제 결정을 한 거란 말이야. 어쨌든 쉬러 가는 거니까 가는 게 좋겠다고 말한 건데. 안 돼?"

샤오위가 전화를 받아서 말했다.

장중펑의 휴대폰 음량이 워낙 커서 그들 세 사람의 대화를 차 안에 앉은 사람들도 모두 듣고 있었다. 차가 멈추기가 무섭게 충린이 차에서 내리며 말했다.

"차오하고 위에 가서 두 모자를 데리고 내려올게."

그러고는 차오의 손을 잡고 가버렸다.

장중펑은 운전석에 꼼짝도 않고 앉은 채로 한숨을 내쉬며 핸들만 뚫어져라 보았다. 청전은 장중펑이 전화를 받는 순간부터 줄곧 아무 말 없이 앉아 있다가 조용히 다가와서 그의 어깨에 기댔다. 잠시 후 그녀가 말했다.

"내가 내릴게요. 같이 가세요."

장중펑이 팔을 뻗어 청전의 팔을 붙잡았다. 청전이 보일 듯 말 듯 웃으며 말했다.

"다른 방법이 있어요? 없잖아요."

장중펑은 한숨만 내쉴 뿐 끝내 아무 말도 하지 않았다. 그녀가 다른 팔을 뻗어서 자신의 팔을 잡고 있는 그의 손을 토닥이며 말했다.

"괜찮아요. 정말로 괜찮아요. 4, 5일 정도는 금세 지나가요."

장중펑이 말했다.

"반장 처와 인사라도 할래?"

"그냥 갈게요. 인사는 해서 뭐하게요. 속으로 나를 비웃으라구요?"

"미안해. 정말로 미안해. 일이 이렇게 될 줄은 생각지도 못했어."

"달리 방법이 없잖아요. 이런 상황에서 어린애보고 어른에게 양보하라고 할 순 없잖아요?"

장중펑은 당신은 집사람보다는 어리지 않느냐며 농담을 하려다가 목구멍으로 삼키고, 미안하다는 말만 힘주어 하고는 입을 다물었다.

장중펑은 다시 차에서 내리려던 청전을 붙잡았다.

"잠깐 기다려봐. 내가 다시 전화해볼게."

그가 집으로 전화를 걸었다.

"당신과 샤오위는 이번에 안 가는 게 어때?"

저쪽에서 탕원이 아무 반응이 없다가 말했다.

"뭐예요, 당신? 아직도 그러는 거예요? 우리가 안 갈 거면서 일부러 간다고 하는 줄 아세요? 우린 결정했다구요. 혹시 다른 계획이라도 있었던 거예요?"

"지금 무슨 말을 하는 거야? 다른 계획이 있을 게 뭐가 있어? 당신과 샤오위가 안 간다고 하기에 내 차로 가기로 했는데 이제 갑자기 간다고 하니까 큰 차로 바꿔야 해서 그렇지."

"정말로 그 이유뿐이에요? 그게 어려우면 회사 차도 있잖아요? 아니면 충린 씨에게 당신 차를 몰고 오라고 하고 우리 셋은 다른 차로 따라가면 되잖아요."

"그럼……. 그래, 집에서 기다려. 전화할게."

"그만해요. 내가 안 가면 돼요. 또 무슨 문제라도 터질까봐 겁나요."

청전의 말에 장중펑은 그녀를 자신의 품으로 당겨 안으며 말했다.

"그래. 충린이 내려오면 먼저 가라고 하고 내가 집까지 바래다줄게. 그리고 회사로 가면 돼."

"혼자 갈게요. 지금은 그 사람들을 보고 싶지 않아요. 돈 좀 줘요. 근처에서 장이라도 보게요."

30분 후 충린 일행이 내려왔다. 장중펑은 급히 로비의 데스크로 가서 결제를 하고 차로 돌아왔다. 충린이 일은 잘 해결되었느냐고 물었다. 장중펑이 피식 웃으며 고개를 끄덕였다.

"청전 씨는 정말 마음도 좋아요."

차오가 말했다.

반장의 부인과 아들을 데리고 교외로 관광을 다닐 때 장중펑은 청전을 데려갔었다. 청전에 대한 인상이 좋았든지 반장의 아내가 차에 오르더니 물었다.

"칭텐주에 같이 간다고 하지 않았어요?"

"형수님을 잘 모시기 위해 이번에는 격을 좀 높여서 마님을 직접 모시고 온답니다."

충린이 말했다.

"정말 남자들이란. 어떻게 말해야 좋을지 모르겠군요."

반장의 아내가 말했다.

"장중펑 이 친구처럼 부자들은 어쩔 수가 없어요. 공무원이야 마음이 없다기보다는 할 엄두를 못 내는 거죠. 그럴 능력도 없구요. 반장이야 얼마나 성실합니까."

충린이 말했다.

차오가 나섰다.

"당신도 아주 성실해요."

"중펑 씨 안사람 이름이 뭐죠? 두 분이 결혼식을 하고 베이징에 왔었잖아요?"

반장의 아내가 말했다.

"예. 탕원이에요. 지금은 대학에서 학생들을 가르치죠. 그때 그 사람하고 기숙사에서 같이 밤을 보냈었죠?"

장중펑이 말했다.

"생각나요. 중펑 씨 안사람도 아주 좋은 사람이에요."

그녀가 말했다.

충린이 거들고 나섰다.

"문제가 바로 이거잖아요. 둘 다 괜찮다는 것. 우리의 장중펑이 어떻게 결론을 낼지 정말 궁금하다니까요."

이때 갑자기 반장의 아들이 끼어들었다.

"차가 산자락에 이르러도 길이 있게 마련이고 배가 다리에 이르러도 앞으로 나아가게 마련이죠."

차 안에 있던 사람들이 일제히 웃음을 터뜨렸다. 웃음이 가라앉자 장중핑이 말했다.

"베이징 대학에 지원했다지? 수재로구나."

제26장

하늘에 나는 새를 모두 잡을 수는 없다.

칭텐주에서 돌아온 장중펑은 곧바로 청전에게 달려갔다.

한바탕 뒤엉킨 탐닉의 시간이 지난 후, 청전이 서랍에서 옷가지들을 잔뜩 꺼내놓으며 샤워를 하고 나온 장중펑에게 갈아입으라고 말했다.

"이게 뭐야?"

"그냥. 당신 입으라고 몇 가지 샀어요. 바지, 양말, 허리띠, 구두, 팬티까지 모두 갈아입어요."

"갈아입어? 그걸 입고 사람들을 만나라고?"

"무슨 말이 그래요? 말끔하게 차려입고 사람들을 만나면 안 돼요?"

"아니, 내 말은……. 좀 있다가 저쪽에 가서…… 어떻게 말하냐는 거지."

"말 못할 게 뭐가 있어요? 자기 모습을 좀 봐요. 진작에 이렇게 해줬어야 하는 거였는데. 시골 공무원같이 입고 어쩌자는 거예요? 다른 사람이 당신을 챙겨주지 않으면 내가 챙겨줘야죠. 내가 당신을 세련되고 멋있게 꾸며줄 거예요."

"내가 늙었다고 그러는 거야?"

"그래요. 며칠 동안 다니면서 당신에게 주려고 고르고 골랐어요. 내 옷은 한 벌도 안 샀단 말이에요. 그러니까 입어요."

"내가 걱정하는 건 너무 멋있게 차려입고 나가면 여자들이 줄줄 따라 올까봐 그러지. 정신 못 차리고 있다가 채가기라도 하면 당신이 골치 아프잖아."

"다른 사람이 좀 낚아채갔으면 좋겠네. 자기가 뭐 그렇게 대단한 줄 알아요?"

"대단한 건 내가 아니라 당신이야. 됐지?"

"안 됐어요."

"그럼 내가 어떻게 하면 좋겠어?"

"큰소리로 이렇게 말해요. 장중펑 미워 죽겠어, 장중펑 미워 죽겠어. 쉬지 말고 백 번 말해요."

"좋아. 말할게. 쉬지 않고 백 번."

장중펑은 의아했다. 지금껏 청전과 쇼핑을 하러 나간 적도, 그녀에게 자신의 허리나 신발 치수를 말해준 적도 없었지만 청전이 사온 옷가지며 신발은 맞춤인 듯이 그의 몸에 꼭 맞았다. 차려입고 거울에 비춰 보니 제법 근사했다. 장중펑은 흡족한 미소를 지으며 청전을 향해 한쪽 무릎을 꿇고 앉아서 그녀의 손을 가져다가 입을 맞추었다. 청전이 그를 잡아 일으키며 "사나이가 아무렇게나 무릎을 꿇어요? 정말로 무릎을 꿇으려면 빈손은 곤란하죠" 하고 말했다.

"미안해. 잘못했어."

청전이 옅은 한숨을 내쉬며 말했다.

"그럴 것까진 없구요. 당신을 정말 모르겠어. 진짜 바보예요, 아니면 바보인 척하는 거예요?"

"당신이 그런 느낌이 들었다면 아마 정말로 바보일 거야."

청전이 아무 말 없이 그를 거울 쪽으로 잡아끌더니 그의 팔로 자신을 감싸 안게 하고는 거울에 이리저리 비춰 보다가 갑자기 그를 밀쳐내며 말했다.

"어쩜 이렇게 밉살스러울까. 못난이."

장중평은 집에 돌아가서 탕원에게 어떻게 말해야 할지 난감했다. 겉옷은 그나마 반장의 식구들을 배웅하는 길에 반장에게 선물할 옷을 사면서 자기 것도 샀다고 둘러댈 수가 있었다. 하지만 속옷은? 청전은 집에 가서 유식하신 분께 빨아달라고 하라며 장중평이 벗어놓은 옷가지들을 종이가방에 챙겨넣었다. 그런데 그가 벗어 내놓은 파란색 팬티는 쓰레기통에 던져버렸다. 쓰레기통에 넣기 전에 청전은 그를 보며 말했다.

"봐요. 이게 돈 많은 사장님의 속옷이에요? 구멍이 숭숭 났잖아요. 새가 쪼아 먹으려고 달려들까봐 겁 안 났어요?"

"구멍 나는 데 도와준 것도 없잖아."

"말도 안 되는 소리 그만 해요. 버릴 테니까 내가 사준 걸로 입어요. 내가 당신 사주를 봤는데 올해엔 빨강색 속옷을 입어야 악운을 피할 수 있데요."

그녀가 고의로 자신을 난처한 상황에 빠뜨리려고 하는 것일까? 일이 있든 없든 누가 밖에서 속옷을 갈아입는단 말인가. 탕원에게는 어떻게 설명한단 말인가. 티셔츠나 바지는 그렇다쳐도 도대체 팬티를 어디서 벗었다고 할 것인가.

장중펑은 청전의 집에서 나오자 마자 백화점으로 달려갔다. 청전이 버린 그 팬티는 흔한 브랜드의 제품이었고 색깔도 무난했다. 하지만 새것과 입던 것과는 차이가 나게 마련이었다. 그 브랜드는 두 장의 팬티가 한 세트로 묶여 있었다. 장중펑은 갈아입기 전에 함께 포장되어 있던 다른 노란색 팬티는 버렸다. 그리고 거윈이 알려준 위조 골동품 도자기를 만드는 비법을 써서 새 팬티가 낡아 보이도록 구멍을 몇 개 냈다.

아쉬운 대로 이렇게 해두었다가 저녁에 집에 가서 샤워를 할 때 쓰레기통에 버리고 내일 출근할 때 쓰레기봉투를 들고 나와야겠다고 생각했다. 탕원이 수사관처럼 세심하게 관찰하지 않는 한 문제가 생기지는 않을 것이다. 하지만 청전이 산 붉은색 팬티는 쉽게 찾을 수가 없었다. 가게마다 붉은색 팬티가 적잖이 나와 있었지만 모두 청전이 산 브랜드가 아니었다.

파란색 팬티로 갈아입고 벗은 붉은색 팬티는 포장을 뜯기 전의 상태대로 만들어놓아야 했다. 그래야만 탕원의 의심을 피할 수 있을 터였다. 한편 나중에 다시 붉은색 속옷을 입었을 때 브랜드가 달라진 걸 알면 청전이 그냥 넘어갈 리 만무했다. 장중핑은 두 여자 사이에서 고군분투하는 자신의 모습이 우습기도 하고 또 어쩔 도리가 없다는 생각도 들었다. 장중핑은 청전이 치샤호텔에서 내렸으니 근처에서 샀으리라고 생각하며 가게마다 들어가보았다. 그리고 마침내 찾았다.

그 후 몇 시간 동안 그는 백화점 안을 돌아다녔다. 탕원과 샤오웨이에게 무어라도 사줘야 할 것 같았다. 하지만 무엇을 사야 할지 정하는 것도 여간 골치 아픈 일이 아니었다. 그는 탕원에게 옷을 사주고 싶었지만 가슴둘레, 허리 어느 곳 하나 치수를 아는 게 없다는 사실을 그제야 알았다. 그렇다고 아무것이나 사들고 갔다가는 핀잔을 들을 게 뻔했다.

핸드백이 그의 눈에 들어왔다. 무척 세련된 디자인의 핸드백이었다. 값이 만만치 않았지만 탕원이 마음에 들어할지 확신할 수가 없었다. 신발 코너를 한 바퀴 둘러보았다. 다양한 모양의 구두가 즐비하게 진열되어 있었지만 언뜻 손이 가지 않았다. 그는 아내의 발 치수는 알고 있었다. 240밀리. 장중핑 자신의 발 치수도 240밀리에서 250밀리 사이였는데, 결혼 전에 자주 대발녀, 소발남이라며 서로를 놀리곤 했었다.

"발이 큰 여자가 천하를 호령했던 거 몰라요? 주원장의 아내 마황후의 발이 커서 전족을 할 수조차 없었지만 그 발로 자기 남편을 황제로 만들었다구요."

"발이 작은 남자는 훌쩍 날아가버릴 수 있다는 거 몰라? 자기 긴장해야 할걸. 자칫 잘못하면 도망가버릴지도 몰라."

"도망가는 건 뭐 아무나 해요? 그리고 자기가 도망가겠다고 하면 난들 어쩌겠어요? 발에 족쇄를 채워놓을 순 없잖아요. 기어이 날아가려면 방향이나 잘 보고 가요. 똥구덩이에 떨어지지 않게."

장중평은 결국 그 핸드백을 샀다. 탕원이 마음에 들어하지 않는다면 보는 눈이 그렇게 없냐고 타박을 주면 그뿐이었다. 하지만 구두는 그게 아니었다. 길이가 맞다 하더라도 발볼이 맞는지 직접 신어봐야 한다.

샤오위에게는 무엇을 사준다? 옷을 사주는 것도 여의치 않았다. 평상시에 두 모녀가 쇼핑을 가면 언쟁을 벌이기 일쑤였다. 탕원은 샤오위의 체격이 계속 크고 있으니까 값싸고 질 좋은 것으로 고르려 하고, 샤오위는 나이키니 아디다스니 하는 브랜드가 아니면 안 된다고 버텼기 때문이었다. 행여 뭘 사갔다가 아이가 마음에 들어하지 않으면 발품만 판 꼴이 되기 십상이었다.

무엇보다 중요한 문제는 생각이 난 김에 선물을 사왔다는 티가 드러나야 했다. 반장의 선물을 사려고 돌아다니다가 언뜻 두 사람 생각이 나서 선물을 사왔다고 하면 될 테니까. 일부러 혼자 쇼핑을 가서 사왔다고 하면 왜 주말에 세 식구가 같이 나가지 않고 혼자 갔느냐며 추궁을 당할 수 있었다. 장중평은 샤오위에게 전동 칫솔을 사주기로 결정했다. 충전도 되고 건전지로도 사용할 수 있는 칫솔이었다. 샤오위는 고등학생이 되도록 제 엄마가 잔소리를 해야

양치질을 했다. 2백 위안이나 주고 산 전동 칫솔을 보고 아이가 재미있어 하며 열심히 이를 닦을 수도 있지 않겠는가.

그는 또 액세서리 코너에서 소뼈를 조각해서 만든 목걸이를 하나 샀다. 샤오위가 틀림없이 좋아할 것이다. 사춘기 여고생이었지만 아이는 여전히 장난기가 넘쳤고, 어느 날은 아이가 "아빠, 껌" 하고 내밀기에 장중펑이 무심코 손을 내밀었다가 바퀴벌레가 튀어나오는 것을 보고 질겁하며 놀란 적도 있었다. 알고 보니 그것은 바퀴벌레 모양의 장난감이 튀어나오도록 고안된 껌이었다.

당연히 청전에게 줄 선물도 사야 했다. 칭텐주로 가기 직전에 청전이 그에게 돈을 달라고 했고 그는 쇼핑으로 마음을 달래려나보다 생각하며 5천 위안을 주었다. 청전이 돈을 달라고 한 것은 그때가 처음이었다. 여자들이 우울하고 답답한 기분을 느끼면 흔히 두가지 습관으로 나타난다고 했던가. 자신의 몸이 견디지 못할 정도로 먹어대는 것과 남편 지갑이 견디지 못할 정도로 닥치는 대로 사들이는 것. 둘 다 뒤틀린 심사를 풀 요량으로 하는 행동들일 것이다.

하지만 뜻밖에도 청전은 돈을 모두 그의 물건을 사는 데다가 썼다. 그는 청전이 이 가게 저 가게 들어가서 자신을 위해 옷이며 신발을 고르는 모습이 눈에 선하게 떠올라서 자신도 모르게 가슴이 뻐근해졌다. 요즘 들어 부쩍 온순하고 상냥하게 자신을 대하는 청전의 모습에 그는 드러내지는 않았지만 희미한 통증이 가슴속을 지나가는 것을 느끼곤 했었다. 입 안의 혀같이 구는 그녀로 인해 이제 그는 일부러라도 퉁퉁거리며 성질을 부릴 수조차 없게 되었다.

그는 남자가 마음에 흠모하는 여자 앞에 무릎을 꿇을 때는 손에 무엇이든 들어야 한다는 것, 그리고 그것은 마땅히 장미꽃이나 반지여야 한다는 것을 알고 있었다. 눈만 돌리면 색색의 장미꽃을 어디에서든 살 수 있었고, 도금이든 순금이든 혹은 다이아몬드든 반지도 얼마든지 살 수 있었다. 하지만 이미 결혼한 남자에게 반지는 금지된 선물이었고 넘어서는 안 될 상한선이었다. 이 상한선을 넘어서 선물하는 반지는 칼로 변할 수 있다. 생각만 해도 끔찍한 일이었다.

장중핑은 청전을 위해 옥으로 만든 염주 팔찌를 샀다. 그리고 그녀가 일생동안 즐겁고 행복하기를 바라며 순금 목걸이를 샀다. 그는 후하이양의 말에 따라 〈칭산사〉로 불공을 드리러 갈 계획을 이미 세워두었다. 칭산사의 스님에게 불공을 드려달라고 청하고 자신이 직접 불교 장신구를 청전의 가슴에 달아주리라 마음먹었다. 그리고 5분, 10분 심지어 30분 동안 그녀의 허리를 가만히 안고 눈을 감은 채로 하늘을 보며 축원을 드릴 것이다.

장중핑이 문을 들어서자 탕원과 샤오위가 오랜만에 만나기라도 하는 듯 반갑게 맞이했다.

"와, 아바마마 환영하옵니다."

샤오위가 호들갑스레 말했다. 무슨 새신랑이라도 등장했냐며 탕원이 어리둥절한 눈빛으로 웃었다. 예상대로 샤오위는 목걸이를 무척 마음에 들어했지만 전동 칫솔을 보더니 고개를 저었다.

"아빠는 내가 아직도 유치원생인 줄 알아?"

그러고는 제 엄마에게 주려고 산 핸드백을 보며 아빠도 제법 물건을 볼 줄 안다며 치켜세웠다. 탕원은 가격표를 힐끗 보더니 이렇게 비싼 걸 샀냐고 했다.

"돈이 뭐야? 쓰라고 있는 거잖아. 남자가 돈을 왜 벌겠어? 자기 여자한테, 제 자식에게 쓰려고 버는 거야."

"난 아빠 말에 전적으로 동감이야. 아빠가 나이키 운동화 하나만 더 사주면 진짜진짜 기쁠 텐데."

"왜 아니겠어요. 올해만도 벌써 두 켤레나 사셨으니."

탕원이 말했다.

잠자리에 들었을 때, 탕원이 그에게 뭔가 변했다는 생각이 든다며 바람둥이같이 하고 다닌다고 말했다.

"왜 그런 말을 해?" 하고 장중핑이 물었다.

"아니, 그냥 당신이 좀 달라진 것 같아서. 흰 바지에 흰 구두까지. 좀 거슬려서 그러죠."

"좀 신경 써서 말끔해 보이면 좋잖아. 당신도 좀 꾸미고 그래."

"근데 문제가 하나 있어요. 위줴가 얼마 전에 그러는데, 요즘엔 자기 남자친구에게 줄 물건들을 쇼핑하는 게 그렇게 즐겁데요. 그러고는 마음에 미안한 생각이 들어서 남편에게 줄 선물도 하나 산데요."

"당신 요즘 좀 이상해. 자꾸 의심이 많아지는 것 같아."

"그건 아니구, 위췌하고 그런 이야기를 많이 하다보니까 우리 부부 생각이 나서 그런가봐요."

"남의 속내를 시시콜콜 들어주는 역할은 당신에겐 안 맞는 것 같군. 어떤 정신과 의사가 그랬다지. 환자들의 걱정이나 스트레스를 풀어주려고 얘기를 들어주다가 너무 몰입한 나머지 나중엔 자기가 병이 났다나."

"설마요?"

"설마라니. 몇 년 전에 사회자가 시청자들의 온갖 고민을 듣고 대답해주는 텔레비전 프로그램이 있었잖아? 하지만 그런 온갖 문제들의 본질을 들여다보면 결국 돈과 권력 두 가지로 귀결되지. 그 프로그램 사회자가 자신이 대학에 다닐 때 꿈꾸었던 이상이나 신념이 돈과 권력 앞에서는 환상에 불과해지는 현실 때문에 염세주의에 빠졌고 결국 자살하고 말았잖아."

"겁주지 말아요. 이만한 것쯤은 견딜 수 있어요."

"나도 당신이 그만한 힘은 있다는 걸 알지. 하지만 당신이 감정적으로 위췌 씨의 영향을 받지 않는다고 말할 수 있어?"

"내 말 좀 끝까지 들어봐요. 아직 얘기가 안 끝났단 말이에요. 위췌의 남편, 저우 교수는 또 어땠는지 알아요? 채팅으로 연애를 하다가 그애한테 딱 걸렸잖아요. 저우 교수가 변명할 틈도 주지 않고 달려들어서 저우 교수 얼굴을 손톱으로 긁어버렸대요."

"자기가 하면 로맨스고 남이 하면 불륜이라는 말이군. 위췌 씨가 바람을 피운다는 것을 저우 교수도 분명히 느꼈을 거야. 적어도 냉

랭한 거리감이 있을 거란 말이지. 인터넷으로 사랑을 나눈 게 어떻다는 거야? 마음의 위안을 구한 정도가 고작일 텐데."

"당신은 어때요?"

"나? 인터넷 사랑을 하느냐고? 난 인터넷에 들어가서 자판을 두드리는 것도 못해."

"그럼 진짜로 하는 건?"

"말 하고는."

"어떠냐구요. 해요 안 해요?"

"어떻게 그래?"

"왜 못 그래요?"

"당신이 좋으니까 그렇지."

"당신 말을 들으니까 더 수상해요. 마흔이 다 된 내가 그렇게 좋아요? 남자는 스무 살에는 스무 살 여자가 좋고 서른 살에도 스무 살 여자가 좋고 마흔 살에도 스무 살 여자가 좋고, 50, 60이 되어서도 스무 살짜리가 좋다고 하던대요. 또 그런 말도 있다면서요. 여자 나이 열여덟은 한 떨기 꽃이고 여자 나이 마흔은 두부 찌꺼기라고."

"내 마누라는 다르지. 당신이 그렇게 말하니까 정말로 마음이 동하는걸. 솥단지 하나 들 힘도 없어지기 전에 말이야."

"농담으로 한 말이에요. 당신은 안 그러리라는 거 나도 알아요. 어느새 우리가 만난 지도 17년이 넘었어요. 샤오위가 열여섯이 다 되었으니까. 나름대로 힘든 세월이었는데 어떻게 당신이 그런 생각을 하겠어요?"

"당신이 좋으니까 그런 거야. 정말이야."

"당신도 대단해. 우리 둘 다 대단해. 어제 물건을 정리하다가 우리가 만난 지 얼마 안 되었을 때 찍은 사진을 봤어요. 흑백 사진들이었는데, 그중에 당신이 마치 달려들어서 물 것처럼 재미있는 표정을 짓고 있는 사진이 있더군요. 그리고 당신이 내게 써준 간지러운 시들도. 그 시들이 당신이 나한테 쓴 건지 줄곧 물어보고 싶었어요. 다른 사람이 쓴 걸 베껴서 나한테 보낸 거죠?"

"무슨 소리야? 그때 내가 그럴 주제나 되긴 했겠어?"

"말이 좀 이상해요. 그럼 지금은 그런 주제가 된다는 말이에요?"

"말하는 거 하고는."

"요즘은 젊은 애들도 다 알아요. 우리 반에 한 남학생은 어떤 영화배우하고 닮았는데 같은 반에 세 명의 여학생에게 똑같은 내용의 연애편지를 써서 보냈다고 하더군요. 세 여학생이 나중에 어떻게 알았는지 한꺼번에 그 남학생을 찾아갔대요. 근데 그 남학생이 전혀 당황하는 기색도 없이 뭐라고 했냐면, 세 명 다 좋아한다고 누구를 더 좋아하고 더 사랑하는지 모르겠다고 똑같이 좋아한다고 말했대요. 세 명에게 모두 진실했고 연애편지도 복사한 게 아니라 직접 쓴 거라나요. 게다가 요조숙녀인 척하지 말라면서 주말마다 남자가 찾아오고 누구는 낙태까지 하지 않았냐, 따질 사람은 너희 셋이 아니라 너희가 만나는 그 남자들이라고, 양다리를 걸친 건 너희들이라며 큰소리를 쳤대요. 샤오위가 나중에 커서 그런 일을 당하면 어떻게 해요?"

"샤오위는 아직 어려."

"세월이 빠르니까 그렇죠. 샤오위를 나은 게 엊그제 같은데…….
난산이어서 하루 낮 하룻밤을 꼬박 진통을 했고 당신도 그때까지
물 한 모금 안 마셨잖아요. 옆에 앉아서 내 손을 꼭 잡고 콧물을 훔
치며 소리 없이 울었잖아요. 진통이 시작되고 너무 아파서 당신 팔
에 손톱자국이 깊이 팰 만큼 당신 팔을 잡고 놓지를 않았는데. 그
때는 정신이 없어서 아무것도 몰랐어요. 많이 아팠을 텐데 바보같
이 그렇게 잡혀 있었어요.

나중에 들으니까 결국 수술을 하기로 결정하고 수술실로 들어갈
때, 의사와 간호사가 강제로 손을 놓도록 만들었다고 하더군요. 같
은 병실에 있던 산모들이나 간호사들이 모두 나를 무척 부러워했
대요. 저렇게 아내를 사랑하는 남편은 처음 본다면서."

"그때 당신하고 같은 방에 있던 산모는 남편이 병원에 두 번밖에
와보지 않았잖아. 아내가 병원에 입원할 때하고 아이를 낳고 퇴원
할 때하고. 다른 곳에서 줄곧 마작을 했다더군. 그전에 초음파검사
를 했는데 딸이라는 걸 알고는 와보지도 않았다지."

"샤오위도 딸인데 당신은 둘도 없이 예뻐하잖아요. 당신에게 미
안한 생각이 들어요. 당신 형제 다섯이 모두 아들을 낳았는데, 장
남인 당신만 딸을 낳았잖아요. 당신은 오히려 나를 위로하면서 딸
이 애교도 많고 더 좋다고 말했어요."

"그렇잖아. 샤오위가 맘에 안 들어?"

"샤오위가 어렸을 땐 정말 힘들었어요. 그때는 우리 두 사람 월급을 합쳐봐야 백 위안이 겨우 넘었고 집도 좁아서 유모를 부를 형편도 안 됐고 당신 어머님과 우리 엄마도 건강이 좋지 않으셔서 우리가 키워야 했잖아요. 당신이 기저귀 빨래며 밤이면 기저귀 갈아주는 일이며 낮에는 식사준비까지 다 해주었어요. 그때 당신이 학교 행정처에서 일할 때였는데, 고지식할 정도로 단정해서 승진을 못했고 그래서 많이 괴로워했죠. 그러다가 다른 사람 비위 맞추는 짓 따윈 못하겠다며 사업을 하겠다고 했고 나도 동의했잖아요."

"그 몇 년 동안 정말 힘들었어. 당신한테 많이 미안해."

"처음에는 강재(鋼材) 장사를 한다면서 친구들과 동업을 했잖아요. 우린 가진 게 없어서 친척들이며 친구들한테 돈을 빌렸죠. 강재 값은 떨어지고 물건은 쌓여 있고, 정말 참담했어요. 지금 생각해보면 그때 어떻게 살았는지 모르겠어요. 집에 있을 수가 없어서 오랫동안 밖에서 피해 다녔잖아요. 당신은 숨어 지내고, 나는 숨을 곳도 없고 숨고 싶지도 않았어요. 중이 도망 가봐야 절이라는 말처럼, 나는 당신의 절이었어요. 만약 절도 없어지면 채무자들이 당신을 잡으러 다녔을 거잖아요.

그때는 채무를 못 갚아서 빚쟁이에게 살해를 당하는 사건들도 있었고, 심지어 손 하나가 얼마니 다리 하나가 얼마니 하며 값을 매겼다는 말도 떠돌았어요. 그때 당신한테 말 안 했으니까 당신은 모를 거예요. 저녁에 누가 문이라도 두드리면 머리가 거꾸로 솟는 것처럼 겁이 났어요. 나도 무서웠지만 샤오위가 놀랄까봐 얼마나 가슴을 졸였는지. 그때 겨우 스무 몇 살 밖에 안 되는 나이에 몇 년 동안 옷 하나 못 샀어요. 결혼하면서 마련한 텔레비전, 냉장고, 선풍기를 모두 빚쟁이들이 들고 나가는 바람에 집에는 가전제품 하나 없었죠.

나는 학교에서 강의도 하고 또 밖에서 과외도 하며 아침저녁으로 뛰어다니느라 목이 성할 날이 없었지만, 학교에서 강의를 주지 않을까봐 아픈 내색도 못했어요. 시내버스 타는 돈도 아까워서 자전거를 타고 다녔고요. 게다가 샤오위를 봐줄 사람이 없으니 어떻게 해요? 아이는 동료 선생님들 집을 이리저리 전전해야 했어요. 다행히 샤오위가 순하고 착하긴 했지만 다른 사람 손에 아이를 맡기는 게 어디 쉬워요? 그러니 늘 그 사람들에게 이것저것 선물하며 아이를 부탁했죠.

그때 가장 힘들었던 게 뭐였는지 알아요, 당신? 당신이 어디에 있는지조차 모른다는 거였어요. 살았는지 죽었는지도 모르고 살아야 했으니 얼마나 가슴을 졸였겠어요. 그때만 해도 전화를 놓는 데 몇 천 위안은 있어야 했는데, 전화를 놓을 형편도 아니었고. 당신도 사람들 눈이 무서워서 편지 한 통 쓸 상황이 아니었구요.

어느 날 밤에 수업이 끝나고 자전거를 타고 오는데 갑자기 비가 억수같이 쏟아지기 시작했어요. 길에는 사람 하나 안 보이는데, 지나가는 차들이 튀기는 물벼락을 고스란히 받으며 넘어지기를 수도 없이 하면서 그렇게 두 시간이 걸려서 집에 돌아왔죠. 막 옷을 갈아입고 샤오위를 데리러 가려고 하는데, 아랫집 류 아저씨가 당신한테 전화가 왔다며 불렀어요. 기억나요, 당신? 아주머니가 미국에 가 있다던 그 류 아저씨 말예요. 당신이 어떻게 지내냐고 물었고 나는 잘 지낸다며 샤오위가 재롱 피우던 이야기를 해줬잖아요. 하지만 집으로 돌아와서 샤오위가 잠든 옆에서 혼자 밤새도록 울었어요."

"그래, 그때 참 힘들었어. 다행히 다 지난 일이 되었지만. 그런데 당신 오늘 무슨 바람이 분 거야? 듣고 있으니까 마치 혁명가의 아내 같군."

"바보, 당신 들으라고 하는 거지 무슨 바람은. 오늘도 위웨가 한참 동안 나를 붙들고 하소연을 했어요. 나도 잘 모르겠어요. 두 사람 다 배울 만큼 배웠고 좋아서 결혼한 사람들인데 평온하게 잘 살지 못하고 무슨 바람인지 모르겠어요? 생각할수록 당신도 그럴까 봐 겁이 나요."

"그럴 리 있어?"

"누가 알아요? 당신 사업도 이제 자리를 잡았고 어느 정도 돈도 버는데. 돈은 고기와 같다고 당신도 그랬잖아요. 파리가 꼬인다고. 요즘 젊은 아가씨들이 꽃나비처럼 보이지만 실은 모두 파리떼들인데, 당신을 가만히 둘 리 있겠어요?"

"내가 누구야? 나는 청정한 중년의 남자라구. 절대 녹슬지 않을 테니 걱정 마. 내 눈에는 어떤 꽃나비도 우리 집의 나이 든 나비만 못해."

"듣기 좋은 말 그만 해요. 당신이 그럴수록 더 수상쩍다구요. 위줴가 마누라한테 잘하는 남자일수록 밖에서 호박씨 깔 가능성이 높다고 했어요. 이유도 없이 비싼 선물을 갖다 바치는 것도 그렇고요."

"그 사람 참 딱한 사람이네. 내가 보기엔 당신 그 양반하고 자주 만나지 않는 게 좋겠어."

쉬이의 대규모 예술품 경매회가 오전 아홉 시에 오리엔탈호텔 국제회의실에서 거행될 예정이었다.

장중펑은 오전 여덟 시경에 청전과 함께 도착했다. 너무 일찍 온 게 아닐까 내심 걱정했는데 뜻밖에도 3분의 2 가량의 좌석이 이미 사람들로 차 있었다.

장중펑이 더욱 예상치 못한 것은 경매회장에서 궁다펑을 만난 일이었다. 궁다펑이 멀찍이서 그에게 인사를 건넸다. 은은한 음악이 낮게 흐르는 실내에서 궁다펑이 커다란 소리로 인사말을 외치자 단정하게 자리잡고 있던 사람들이 모두 고개를 들어 돌아보았다.

궁다펑이 가까이 오자 장중펑이 말했다.

"신수가 아주 좋아 보이시는 걸 보니 요즘 일이 잘되고 있나봅니다."

궁다펑이 싱글거리며 말했다.

"모두 장 사장님 덕분입니다. 빅토리빌딩 건 이외에도 최근에 도로 건설을 맡아서 하고 있습니다."

"그렇습니까? 좋군요. 궁 사장께서 능력이 있으신 거지요" 하고 장중펑이 치켜세웠다.

이때 음악이 울려퍼지고, 붉은 바탕에 금색 꽃이 수놓인 치파오를 입은 긴 머리의 젊은 여자가 걸어와서 궁다펑의 팔짱을 끼며 고개를 기울여 장중펑에게 웃음을 보냈다. 장중펑은 어디에서 본 적이 있는 얼굴이라는 생각이 들었지만 생각이 나지 않았다. 그의 옆에 서있던 청전은 겉으로는 태연했지만 그의 팔을 끼고 있는 손에선 힘이 느껴졌다.

탕원과 샤오위가 티벳으로 여행을 떠난 후, 장중펑은 줄곧 청전과 함께 지냈다. 그는 탕원이 집으로 전화를 걸어올지도 모른다는 생각에 전화가 자동으로 자신의 휴대폰으로 연결되도록 해놓았다. 이미 며칠이 지나도록 집에 가보지 않았다.

청전은 장중펑에게서 떨어질 줄을 몰랐고 여기저기 그를 데리고 다녔다. 다른 사람의 눈을 아랑곳하지 않는 그녀에게 그도 다른 말을 하지 않았다. 업무상 만나는 사람이라도 긴히 할 이야기가 있는 경우가 아니라면 청전을 데리고 나갔다. 청전은 기자 출신답게 유창한 화술로 좌중을 즐거운 분위기로 이끌었다. 사회적으로 이런 경우가 흔해서 이상하게 여기는 사람도 없었다. 오히려 사람들은 아름다운 비서를 동반하지 않으면 어딘가 모자라는 사람으로 취급했다.

하지만 장중펑의 마음 한쪽에는 늘 탕원이 언젠가 뒷조사를 시킬 수도 있다고 했던 말이 가시처럼 걸려 있었다. 그에게 다정스레 붙어 앉아 있는 청전의 모습이 몰래 들이댄 카메라에 찍히기라도 하면 그는 말 그대로 죽은 목숨이었다. 그래서 그는 어디를 가든 먼저 사방을 두리번거리며 주위에 이상한 시선이 없는지 살폈다. 그러면서도 한편으로는 탕원이 그냥 해본 말일 뿐 정말로 그럴 리가 없다며 자위했다.

그 젊은 여자가 말했다.

"어머, 정말로 저를 기억 못하시나봐요?"

그제야 장중핑은 그녀가 쉬이 회사의 매니저 장샤오제라는 것을 알았다.

"미안합니다. 머리 모양도 바뀌고 안경을 끼셔서 못 알아봤습니다."

이렇게 말하며 그는 여자를 청전에게 소개했다. 두 여자들도 웃으면서 악수를 나눴다.

"그렇군요? 그러니까 궁 사장 탓이었군요. 좋은 소식이 있었는데 어떻게 연락도 없으셨습니까?"

궁다펑이 멋쩍게 웃었다.

"좀 경황이 없었거든요. 일 때문에 절차는 나중으로 미뤄됐습니다. 다음에 꼭 초청하겠습니다."

샤오제가 팔꿈치로 궁다펑을 쿡 찔렀다.

"그러고 보니 궁 사장께서도 예술품에 관심이 있었나봅니다."

"아니요. 마님 손에 끌려 나왔습니다. 내가 농사꾼 출신이라서 업그레이드를 시켜야 한다나 어쨌다나. 아주 답답해 죽겠어요. 우리 집은 3대가 미장이로 살았고 농사일은 한 적도 없는데 어째서 농사꾼이라는 건지. 그렇지만 이 사람 말도 일리가 있어요. 이런 물건들을 사놓으면 세금을 피할 수가 있거든요."

장중펑이 어째서 그러냐고 물었다. 이때 샤오제가 다시 팔꿈치로 궁다펑을 찌르며 목소리 좀 낮추라고 말했다.

"그래, 당신이 장 사장님께 말씀드리면 되겠네."

궁다펑이 말했다.

"장 사장님 아직 모르셨어요? 가르쳐드릴까요?"

샤오제가 말했다.

"정말로 모릅니다. 말씀해보시죠."

"세금을 피할 수 있느냐 여부는 골동품 구입 금액을 회사의 경영원가에 포함시킬 수 있는가에 달려 있어요. 만약 회사의 이름으로 구입하고 구입 자금도 회사의 돈이라면 회사의 회계장부에 기입하는 데 문제가 없거든요. 일단 회사의 경영원가에 포함되면 소득세를 면제받을 수 있잖아요? 그리고 만약 이게 경영시설 항목으로 들어가면 매년 감가상각이 되니까 몇 년이 못 되어 자산이 제로가 되죠. 사실 예술품이야 해가 갈수록 가치가 증대되는데 자산이 제로로 감가상각이 되면, 그때 합법적으로 개인소유로 돌릴 수 있죠. 안 그런가요, 장 사장님?"

"일리가 있군요. 근데 어떻게 이런 걸 알게 되었습니까?"

장중펑이 물었다.

"이 사람이 재정금융을 공부했잖습니까. 4년제 대학을 졸업했거든요."

궁다펑이 끼어들었다.

샤오제가 궁다펑을 툭 치면서 그만 하라고 말하고는 장중펑을
돌아보며 말했다.

"그래서 제 생각에는 이번에 쉬 사장님의 경매회가 상당히 성황
리에 진행될 것 같아요."

장중펑이 샤오제에게 어느 대학을 졸업했냐고 물었는데 뜻밖에
도 탕원이 있는 대학이었다. 장중펑은 더이상 물어볼 수가 없었다.
더 물었다가는 탕원의 제자일지도 모를 일이었다. 장중펑은 얼른
화제를 돌렸다.

"이야기를 듣고 보니 나도 몇 점 사놓을까 하는 생각이 슬슬 드
는군요."

"장 사장님께서 물건을 구입하시면 수수료가 제 몫이 되겠군요.
경매도록을 제가 보내드렸다는 사실 잊지 않으셨죠?"

샤오제가 말했다.

"쉬 사장에게 수수료를 달라고 하면 신랑이 가만히 있지 않을 텐
데요. 자기 체면을 구겼다며 볼기를 때릴지도 몰라요."

장중펑이 웃으며 말했다.

정말로 때릴 거냐고 샤오제가 묻자, "어딜 감히. 때릴 데가 어디
있다고. 마음이 아파서 못 하지" 하고 궁다펑이 말했다.

쉬이가 장중펑과 궁다펑에게 인사를 건네려고 다가왔다.

"훌륭해. 쉬 사장의 인기가 대단한걸."

장중평이 먼저 말을 건넸다.

"모두가 도와주신 덕분이지요."

이렇게 말하면서 그는 청전과 샤오제를 보며 목례를 하고 다른 손님들 쪽으로 사라졌다.

장중평은 주변을 둘러보다가 거원이 이미 도착해서 사람들 눈에 잘 띄지 않는 자리에 앉아 있는 것을 발견했다. 그녀와 함께 온 또 한 명의 여자가 있었는데 두 사람의 뒷모습이 언뜻 닮아 보였다. 나중에 그 여자가 고개를 돌렸을 때에야 매디슨카운티역의 치위라는 것을 알아보았다.

장중평은 거원에게 인사도 건네지 않았다. 이곳에서 두 사람은 서로 모르는 사이였다. 사실 두 사람은 어젯밤에 만났었다. 그때 그녀가 남편이 그에게 8분의 1이라는 말을 전해달라고 했다는 말을 했다. 장중평도 고맙다며 고개를 끄덕였다. 그는 8분의 1이라는 말이 무슨 의미인지 이미 알고 있었다. 어제 낮에 그는 성 고급법원의 사법기술실의 둥 처장과 시 중급법원 사법기술실의 펑 주임을 만나 점심식사를 같이 했다. 그 자리에서 둥 처장이 성 고급법원이 선정 평가를 이미 내렸다는 것과 경매기구의 결과에 대해 귀띔을 해주었던 것이다. 총 여덟 개 업체가 선정되었고 그중에 3D가 상위에 올랐다고 했다.

"경쟁이 아주 치열해요. 내로라하는 진추이도 물을 먹었으니까요. 왜 그런지 아십니까? 그 사람들이 2천만 위안이 넘는 경매프로젝트를 진행한 것으로 기입을 해놓았는데, 조사해보니까 입찰자가 입찰대금을 납입하지 못했고 결국 거래확인서가 자동으로 무효가 되었어요. 입찰자가 수십만 위안의 입찰보증금을 고스란히 잃어버린 거죠. 이렇게 된 걸 영업실적에 포함시켜 놓았더군요. 법원심사위원회가 허위사실을 기입한 것으로 확정하고 부결시켜버렸지요."

둥 처장이 말했다.

장중펑은 그러냐고 말하면서 한편으로 법원심사위원회의 의견이 곧 젠거의 의견이 아닌가 하는 생각을 했다. 그러고 보니 젠거의 말이 공연한 소리가 아니었다. 성 고급법원에서 그는 여전히 어느 정도의 발언권을 행사하고 있었던 것이다. 며칠 동안 젠거는 그에게 전화 한 통 하지 않았다. 자신의 입김으로 그렇게 되었다는 공치사를 늘어놓고 싶지 않았을 것이다. 3D가 선정되리라는 것은 이미 예상했던 것이었고 그리 호들갑을 떨 일도 아니었다. 거원의 전언 한마디면 그것으로 충분했다.

둥 처장이 말한 것과 같은 세부적인 내용에 대해서는 장중펑이 얼마든지 다른 경로를 통해서 들을 수 있다는 것을 젠거도 알고 있었을 것이다. 경매회사치고 나름대로 배경이 없는 회사가 있던가? 복잡하게 얽힌 관계 속에서 진추이가 누군가로부터 괘씸죄를 샀을지도 모를 일이었다.

청전이 장중펑의 귀에 대고 나직하게 말했다.

"3D는 왜 예술품 경매를 안 해요? 봐요, 이렇게 성황이잖아요."

"몇 년 전에만 해도 예술품 경매시장이 저조했거든. 작년부터 겨우 조금씩 회복되는 추세야."

"그렇군요. 정·관계 인사들 중에 이런 걸 좋아하는 사람들이 많다고 들었어요."

"세요(細腰:가는 허리)를 좋아하다 나라 안의 백성들이 모두 굶어 죽는다는 말이 있어. 여기 있는 아무 물건이라도 값이 수십만 수백만 위안이야. 공무원이 평생 먹지도 마시지도 않고 모아도 손댈 수 없는 물건도 있지. 다 그 속에 깊은 내막이 숨어 있다는 말이야."

"이런 물건들을 선물하는 것도 뇌물수수 아니에요?"

"당연히 그렇지. 하지만 적어도 돈을 바치는 것보다 고상하고 은밀하지. 물건이 마음에 안 들면 지정된 골동품상에 맡겨서 팔아달라고 하면 될 것이고. 이렇게 한 바퀴 돌면 돈이 깨끗해져서 돌아오거든. 또 한 가지 경우는 정말로 가짜라고 말하고 선물하는 거야."

"그게 무슨 말이에요?"

"사실 물건이 진짜라는 걸 모두 알고 있어. 하지만 고의로 가짜라고 말하는 거야. 이렇게 해서 수십만 위안짜리가 겨우 몇 백 몇 천 위안짜리로 변하는 거지. 이해가 돼?"

"장사꾼들이 간사하다는 말이 괜히 나온 게 아니군요."

"장사꾼들이 간사하다는 것만 알고 왜 그런지는 모르는군. 적어도 절반은 어쩔 수 없이 그렇게 되는 거야."

"그러고 보면 어떤 일이든 요령이 있나봐요. 경매회사는 이런 걸 상관하지 않아도 되니 다행이에요. 수수료만 받으면 되잖아요. 물건이 어디서 온 것인지 돈이 어디로 흘러가는지 경매회사가 관여할 일이 아니니까."

"그래. 예술품 시장이 잘되면 경매회사야 당연히 돈을 벌지. 하지만 하늘에 나는 새를 모두 잡을 수는 없는 거야. 3D는 법원 경매만 잘하면 그걸로 됐어."

경매회는 상하이 〈헤이마 예술품 경매회사〉 대표와 국가공인 경매사 리옌에 의해 진행되었다. 장중펑은 리옌을 알고 있었다. 몇 년 전에 베이징에서 국가공인 경매사 시험을 칠 때 두 사람이 같은 반에 소속되어 같은 방을 배정받았었다.

며칠 전에 쉬이가 리옌을 대접하는 자리에 장중펑을 같이 초대했고, 식사가 끝나고 장중펑이 일행을 가라오케로 안내했었다. 식사를 하는 자리에서 리옌이 농담 반 진담 반으로 자기가 화장실에 갈 시간은 있어야 하지 않겠느냐며 장중펑에게 찬조출연 형식으로 경매회 진행을 같이할 수 없겠느냐고 물었다. 그런데 그 자리에서 쉬이가 안 된다며 딱 잘랐다.

"리 사장님 모르셨군요. 이번에 장 사장님은 저의 귀빈이십니다. 제가 이미 기준을 정해드렸습니다. 2백만 위안 이하의 물건은 구매하시면 안 된다고 말입니다."

"그래요? 장 사장님께서 그만한 능력이 있으시다는 거야 저도 익히 알죠. 근데 이렇게 고상한 취미를 가지고 계실 줄은 몰랐습니다. 다음에 상하이에서 경매회가 열리면 꼭 초청장을 보내드리겠습니다."

리엔이 말했다.

"취미 삼아 하는 것뿐입니다. 리 사장님이야 보조진행자가 필요 없지 않습니까? 리 사장 방광이 튼튼하다는 건 이미 널리 알려진 사실인데요. 이 바닥에서 아는 사람은 다 아는 이야깁니다. 리 사장께서 여덟 시간 동안 경매회를 진행하면서 한번도 자리를 뜨지 않았고 심지어 생수 여덟 병을 들이켰다는 얘기는 유명합니다."

장중펑이 말했다.

"그랬지요. 하지만 벌써 2년 전 일입니다. 그때 반부패정책이 강화되면서, 상하이 감찰원이 압수한 물건 천여 점이 경매에 나왔었죠. 담배, 카메라, 비디오카메라, 손목시계, 시화와 옥기, 자기 등…… 온갖 게 다 나왔어요. 입찰자들이 말 그대로 인산인해를 이뤘는데 좌석이 모자라서 복도까지 사람들로 꽉 찼으니까요. 경매가 오후 한 시부터 저녁 아홉시까지 진행되었는데, 공교롭게도 우리 회사의 두 경매사들이 한 사람은 홍콩으로 출장을 가고 다른 한 사람은 치질을 앓고 있었지 뭡니까. 중간에 경매를 중단했다가 분위기가 식을까봐 쉴 수도 없었어요"

리엔이 말했다.

"대단하십니다."

쉬이가 감탄하며 말했다.

"이제는 안 됩니다. 2년 사이에 몸이 많이 부실해졌어요."

리엔이 아쉬운 얼굴로 말했다.

"쉬 사장이 미리 리 사장님 보신을 좀 시켜드려야겠군."

장중펑이 웃었다.

"아닙니다. 저희는 쉬 사장과의 협력을 매우 중요하게 생각해서 국가공인 경매사 두 명을 데려왔습니다. 그 친구들이 교대로 하면 됩니다."

리옌이 말했다.

쉬이가 장중펑을 힐끗 보더니 말했다.

"저희 회사의 쉬다산 경매사도 아주 잘합니다. 성에서 거행한 경매대회에서 상을 받은 적도 있지요."

"두 회사가 협력하면 못할 게 없죠. 쉬 사장, 내가 값이 얼마나 되는 물건을 구입하든 자네가 받을 수수료 상한선을 정해두었으면 하네만."

장중펑이 말했다.

"리 사장님께서 증인을 해주시면 되겠군요. 장 사장님께서 2백만 위안 물건을 구입하시더라도 저는 수수료로 10만 위안만 받기로 하지요. 어떻습니까. 이만하면 괜찮지요? 예술품 경매 수수료 관례로 보면 제가 매매 양측으로부터 10퍼센트를 받아야 하니까 절반으로 깎아드린 셈입니다."

쉬이가 흔쾌히 받아들였다.

"그렇게 고가의 물건을 사기야 하겠나? 식구들을 다 굶길 작정을 하지 않고서야. 하지만 말은 분명히 해둬야지. 상한선은 상한선이니까. 만일 내가 천만 위안 짜리 물건을 사더라도 자네는 수수료로 10만 위안만 받아야 하네. 하지만 내가 몇 만 위안 혹은 몇 십만 위안 짜리를 사더라도 정상 수수료에서 절반을 깎아줘야 해."

장중핑이 말했다.

"그러시죠. 장 사장님께서 자리를 빛내주시는 이상 안 될 게 있 겠습니까?"

쉬이가 웃으며 말했다.

"우리 사이에 계약서 같은 건 필요 없겠지?"

장중핑이 말했다.

"제 말을 안 믿으시는군요?"

쉬이가 말했다.

"리 사장님, 이렇게 해도 리 사장님께는 영향이 없겠지요?"

장중핑이 물었다.

"그야 장 사장님께서 어느 회사를 통해 나온 물건을 사느냐에 달 려 있겠지요. 만일 상하이에서 온 물건이라면 영향이 있을 테지만, 쉬 사장님이 장 사장님께 드리는 만큼의 대우를 저희도 해드리지 요. 그렇잖았다가는 상하이 사람은 쩨쩨하단 말을 듣게 될지도 모 르잖습니까?"

리엔이 농담을 던졌다.

경매가 시작되었다. 지난번 소규모 경매를 성공적으로 치른 덕 분인지 이번에도 입찰자 모집이 상당히 잘 이루어진 듯했다. 한눈 에도 쟁쟁한 실력가들이 참석했다는 것을 알 수 있었다. 경매가 순 조롭게 이루어져서 경매품 대부분이 낙찰되었고 낙찰가도 매우 높 게 결정되었다.

치바이스의 인물화 경매 때는 장내 분위기가 한층 더 고조되었다. 최초 호가가 86만 위안이었는데 최종적으로 160만 위안에 낙찰되었다. 청전이 장중펑에게 귓속말로 "진짜예요?" 하고 물었다. 장중펑이 "뭐가? 그림이 아니면 낙찰가가?"라고 되물었다. 청전이 "둘 다요"라고 말했다.

"치바이스는 꽃, 새, 풀, 곤충을 제일 잘 그렸고 그다음이 풍경이었지. 인물화는 극소수만 남겼어. 초기작을 보면 정교한 인물화도 있지만 나이가 들어서는 인물화를 거의 그리지 않았거든. 그가 그린 화조도는 거친 듯하면서 섬세하고 정교해. 시대적으로 한 획을 그을 만한 화풍을 남긴 것도 이 때문일 거야. 문인화의 거칠고 호방한 필법에 장인의 정교함과 세밀함을 접목시킨 것이지. 말하자면 간단해. 고상함과 세속적인 것이 잘 어우러져 있어서 누구나 작품을 감상할 수 있게 만들어준 거지.

여하튼 치바이스는 평생 그림을 그려서 먹고 살았어. 정력도 대단해서 나이가 7, 80세가 되어서도 자식을 얻었지. 쉬베이홍이 말 한 필을 그려서 축하해주기까지 했다더군.

방금 말한 화조도의 경우 작품이 너무 많아서 위작을 만들기 쉬운 반면에 이 인물화는 강렬하면서도 시원한 터치가 돋보이는 그림이야. 주목할 것은 제관(題款)이 백 자나 된다는 거야. 그의 작품들 가운데에서도 이런 경우는 드물다고 볼 수 있어. 전시회 때 원작을 봤는데 이게 진품일 가능성이 큰 것 같아. 사실 진품이냐 위작이냐를 판단하는 건 간단치가 않아.

조금 전에 봤어? 두 사람이 응찰번호판을 들었다 내렸다 하다가 세번째 사람이 번호판을 드니까 단번에 내렸잖아. 마치 누군가가 응찰해주기를 기다렸다는 듯이 말이지. 낙찰될 가능성이 아주 커."

"경매가 이렇게 함정이 많은 줄 몰랐어요."

"그렇게 말할 수도 없는 것이 그 함정들도 다 사람이 파는 거거든. 피해갈 수 있을 텐데도 보통은 스스로 원해서 걸리는 거야. 등 떠밀려서 함정에 빠지는 경우는 흔치 않아.

저명한 경제학자인 케인스가 내놓은 '슈퍼바보이론'이란 걸 예술품 투자에 적용시켜 이야기해보자구. 그러니까 투자자들은 예술품의 진정한 가치와는 상관없이 설령 당시에는 한푼의 가치가 없더라도 일단 거금을 들여 구입을 해놓는 거지. 왜냐하면 자기보다 더 멍청한 바보가 더 높은 가격에 그 예술품을 사갈 테니까. 수건 돌리기 놀이와 마찬가지야. 자기가 걸리지만 않고 잘 굴리면 돈을 벌 수가 있거든.

물론 얼마나 버느냐는 별개의 문제지만 말이야. 처음부터 끝까지 속은 채로 끌려다닐 수도 있어. 그런 경우는 성격에 문제가 있든지 머리가 나쁘든지 둘 중 하나겠지. 손 안 대고 코 풀려고 했으니 골탕 먹어도 싸다고 할 수도 있고. 치바이스 작품의 경우 정상적이라면 가격이 보통 수십만에서 백만 위안 정도 하니까, 만약 진품이라면 160만 위안을 줘도 밑지는 게 아니지."

류용의 작품 차례가 되자 장중핑은 응찰번호판을 들라고 청전을 툭 쳤다. 이 작품은 장중핑이 사람을 시켜 경매에 내놓은 것으로 상수이 골동품시장에서 산 대련이었다. '어찌 모든 것을 뜻대로 할 수 있으리, 다만 마음에 부끄러움이 없기를 바라노라'라고 적힌 대련이었다.

처음 구입할 때만 해도 그는 이것이 진품인지 아닌지를 단언하기 어려웠고 그래서 두 곳에서 전문가를 청해다가 감정을 받았는데 진품으로 확인된 작품이었다. 그는 이 작품을 경매에 내놓을 때 허우창핑의 부인의 명의로 수속을 진행했다. 허우창핑은 빅토리빌딩의 경매 결과에 매우 흡족해하며 "장 사장이 날 도와줘서 내가 일을 잘 마무리했네" 하고 말했었다. 사실 도움을 준 사람은 허우창핑이라는 걸 장중핑도 잘 알고 있었다. 그가 아니었다면 처음부터 빅토리빌딩 건을 따낼 수 없었을지도 몰랐다. 은혜를 입고 모른 척할 장중핑이 아니었기에 허우창핑이 은퇴한 후에 그의 아내와 아들 명의로 보험에 가입해주었다. 보험증서는 허우창핑의 아내가 받았다. 그녀도 남편과 장중핑의 관계를 잘 아는 터라 별말 없이 받았다.

후에 허우창핑이 그에게 술이나 같이 하자면서 몇 차례 전화를 걸어왔다. 도저히 시간을 내기가 어려웠던 장중핑은 이런저런 핑계로 미루다가 전화로라도 이야기하면 안 되겠느냐고 물었다. 허우창핑은 잠시 머뭇거리다가 퇴직해서 집에만 있는 것도 못할 짓이라며 허드렛일이라도 좋으니 회사에 일자리 하나만 마련해주면 안 되겠느냐고 물었다. 장중핑은 한참을 망설였지만 쉽게 그러마고 대답할 수가 없었다. 허우창핑이 자신의 일에 다소나마 도움이 되기는 하겠지만 부작용도 적잖을 것이라는 생각이 들었다. 사실 장중핑은 다른 법관들과 일대일로 연결되어 있었기 때문에 굳이 중간에 허우창핑을 내세울 이유가 없었다. 혹시 자신이 허우창핑에게 준 게 너무 적었나 하는 생각도 들었다. 하지만 이 생각은 금세 지웠다. 일 이야기를 할 때 두 사람은 구체적인 숫자를 입에 올린 적이 한번도 없었다. 장중핑은 업계의 불문율에 따라 계산을 한 것이었고 입을 닦고 모른 척하겠다는 배은망덕한 생각은 처음부터 하지 않았다.

사실 그 일이 남부법원 소관으로 경매가 진행됨으로써 허우창핑의 손에서 떠났기 때문에 장중핑이 모른 척한다 하더라도 허우창핑으로서는 뭐라고 할 수도 없었다. 뒷간 들어갈 때 마음 다르고 나올 때 마음 다르다고들 하지만 장중핑은 그렇게 할 수 없었다. 그렇게 살았다면 지금 이 자리에 올 수도 없었을 것이다.

하지만 허우창핑의 청을 받아들이면 그의 도움을 받았다는 사실을 공개적으로 인정하는 것이 되고, 거절하면 허우창핑에게 미안한 짓을 하는 꼴이 되었다. 고심 끝에 그는 류융의 작품을 선물로 주자는 생각을 하게 되었다. 사실 장중핑은 대련에 적힌 글처럼 그런 마음가짐으로 세상을 살아야 한다는 생각에 류융의 작품을 무척 아꼈다. 마침 허우창핑의 아내와 아들의 명의로 보험을 드느라 그의 아내의 신분증을 받아두었던 터라 응찰수속을 마친 것이었다.

하지만 허우창핑은 그리 오래 장중핑을 곤란하게 하지 않았다.

그의 죽음. 그것은 다소 어이없이 벌어진 일이었다. 허우창핑이 어느 날 무슨 일 때문인지 루빙의 사무실로 찾아갔는데 때마침 억울한 사정을 호소하러 온 농민 두 사람이 루빙의 사무실을 차지하고 있었다. 그들이 말로 어찌어찌 하다가 안 되니까 결국 사무실에서 난동을 피웠는데 체구가 크고 운동으로 단련된 루빙은 재빨리 몸을 피했지만 허우창핑은 불행하게도 그렇지 못했다. 그들과 부딪쳐 바닥에 심하게 넘어진 그의 입에서 피가 쏟아졌고 급히 병원으로 옮겼지만 숨을 거두고 말았다. 나중에 알고 보니 그는 오랫동안 술을 즐겨왔던 탓에 이미 위암 말기 판정을 받아놓고 있었다.

장중핑은 그가 죽은 지 일주일이 지나서야 그 소식을 들었다. 그것도 그의 아내로부터 집에 꼭 한번 다녀가라는 전갈을 받고서였다.

그가 들어섰을 때 거실에 놓인 허우창핑의 영정 앞에 향이 켜져 있었고 그의 아내는 앉으라는 말도 없이 그를 세워둔 채로 편지 한 통을 건넸다. 그녀가 담담한 시선으로 남편의 영정을 바라보며 힘없이 말했다.

"영감, 당신이 말한 대로 장 사장에게 건네주었어요."

봉투 속에 든 것을 꺼내보니 그가 보냈던 보험증서였다. 장중핑은 순간 마음이 후끈해지면서 온몸에 오한을 느꼈다. 한참이 지난 후에야 겨우 입을 열어 물었다.

"다른 말씀은 없으셨습니까?"

"우리 집 형편에 이게 있으면 좋겠지만, 이걸 받으면 가는 마음이 안 편할 것이라고, 깨끗하지가 못하다고 하셨어요."

장중펑은 무슨 말이라도 하려고 했지만 입에서 한마디도 나오지 않았다. 결국 그는 허우창핑의 영정에 절만 하고 그 집을 나왔다.

그날 저녁에 장중펑은 탕원에게 이 일을 이야기했다. 탕원은 한참이나 안쓰러워했다.

"그분을 어떤 분이라고 말해야 할까요? 자신이 곧 죽음을 맞게 될 것이라는 걸 이미 알고 있었으니까 돌려주지 않아도 되었을 텐데. 단지 깨끗한 마지막을 위해서 자기 아내와 아들에게 경제적 부담을 남기고 간 게 되어버렸군요. 당신 말을 들어보면 집안 형편이 말이 아닐 텐데 왜 그렇게 했을까요?"

"나도 이해가 잘 안 돼. 하지만 그 양반 생각을 하면 내가 때가 많이 탄 인간이라는 생각이 들어. 먹고 살 만큼만 있어도 족하세 여기고 남의 돈 한푼도 그저 안 받는 사람이 있는가 하면, 먹고 사는 데 전혀 부족한 게 없으면서도 뻔뻔하게 손을 벌리는 사람도 있고. 하지만 그 사람들이 그렇게 뻔뻔해지도록 만든 건 결국 우리야. 우리가 그들 주변을 맴돌며 그렇게 만든 거지. 하지만 내가 안 하면 다른 사람이 할 텐데 어쩌겠어. 청렴한 자는 스스로 청렴하고 탁한 자는 스스로 탁하다는 말이 있잖아. 법관들이 허우창핑 같다면 얼마나 좋겠어."

"번호판을 계속 들어요? 벌써 3만 5천 위안이에요."

"그래."

결국 8만 위안에 낙찰이 되었다. 장중펑으로서는 어쨌든 한숨 돌린 셈이었다. 이 8만 위안은 허우창핑의 아내와 아들에게 줄 돈이었다. 그녀가 받지 않으려 할 게 틀림없었지만 그는 기어코 받게 만들리라 생각했다. 그리고 그 집에 자주 들여다볼 작정도 했다.

쉬이는 영리하게도 서화작품과 도자기를 교대로 경매에 내놓았다. 이렇게 하면 무엇보다 좋은 점이 경매참가자들이 서화 애호가이든 도자기 애호가이든 상관없이 꼼짝없이 자리를 지키도록 만들 수 있다는 것이다. 자기의 관심분야가 아니면 자리를 뜨거나 소곤거리는 상황이 발생할 수 있는데 이를 방지함으로써 계속 고양된 분위기 속에서 경매를 진행할 수 있었다.

류융의 작품 경매가 끝났을 무렵 장중핑의 휴대폰이 진동음을 냈다. 메시지가 하나 도착해 있었다. 글자는 없이 두 개의 숫자가 떴다. 경매에 내놓을 청유관의 일련번호였다. 어제 거원을 만났을 때 그녀는 실수가 있으면 안 된다며 몇 번이나 번호를 잘 봐두라고 말했다. 당연히 실수할 장중핑이 아니었다. 발신자 번호를 보니 과연 거원이었다. 휴대폰을 바꾼 후에 거원과 통화를 한 적이 없었으니까 젠거가 그의 전화번호를 알려준 모양이었다.

곧 청유관이 등장할 시간이었다. 도록에 나온 예상가는 2백에서 8백만 위안이었다. 이것도 경매회사가 흔히 사용하는 수법인데, 낙찰예상가의 폭을 최대한 크게 잡는 것이다. 앞의 숫자는 거래가 성사될 수 있는 가격이고 뒤의 숫자는 일종의 암시이다. 그만한 가치가 있는 물건처럼 인식되도록 만들어서 이 두 숫자 사이의 어느 가격에 사더라도 저렴하게 구입한 것으로 느끼게 만드는 장치였다.

리옌이 180만 위안을 제시했는데 아무도 선뜻 나서지 않았다. 장중펑은 좌측 줄에 앉아 있는 치위가 무심결인 듯이 자신 쪽을 힐끔 보는 것을 느꼈다. 장중펑이 청전을 툭 건드렸다. 청전이 "응?" 하며 놀라서 장중펑을 보자 장중펑이 "번호판" 하고 말했다. 청전은 조금 망설이다가 재빨리 손에 든 번호판을 들었다. 곧이어 장중펑보다 세 줄 앞에 앉은 마른 체구의 중년 남자도 번호판을 들었다.

장중펑은 청전에게 경매회에 한번 가보자고만 했을 뿐 경매품을 구입할 것이라는 말은 하지 않았다. 한두 마디로 설명할 수 있는 일이 아니었던 것이다. 설령 말하고 싶어도 할 수가 없었다. 그의 마음 깊숙이 줄곧 도사리고 있는 불안 때문이었다. 자신과 청전의 관계가 언제까지 지속될 수 있을지, 어떤 결과를 맺을지 그 자신도 알 수가 없었던 것이다. 그는 갈수록 그녀가 좋아지는 자신을 느꼈고 그녀와 헤어진다는 생각을 해본 적도 헤어지고 싶지도 않았다. 청전의 마음도 마찬가지일 것이다.

탕원과 샤오위가 티벳으로 여행을 떠난다는 소식을 그는 일부러 청전에게 미리 말하지 않았다. 그날 밤 열두 시가 가까워오자 청전이 먼저 그에게 집에 가라며 재촉했다. 그는 한참을 뭉기적거리다가 그제야 그 소식을 알려주었고 청전은 뛸 듯이 좋아하며 그에게 달려들었다. 주먹으로 그의 가슴팍을 때리면서 왜 이제야 말하느냐며 눈물을 흘렸다.

그는 청전의 마음이 진심이 아니라고는 한번도 생각해보지 않았다. 하지만 그렇다 해서 탕원과 이혼하고 샤오위에게 부모의 이혼이라는 고통을 안겨줄 수도 없었다. 탕원에게 잘못이 있어서 그런 것도 아니었고 더욱이 샤오위에게 상처를 줄 수가 없었다. 어떻게 해야 할까. 이렇게 무한정 미루어둘 수 있을까.

탕원도 신경질적인 때가 있었다. 단지 표현방식이 비교적 복잡한 것뿐이었다. 그녀는 자주 위줴의 일을 입에 올리면서 장중핑에게도 그런 일이 있는 것 아니냐며 다그치곤 했다.

"위줴는 베개 밑에 칼을 숨겨 두었대요. 믿어져요? 남편이 바람났다는 확실한 증거가 잡히면 남편의 거기를 잘라버리겠다면서."

"뭐? 그렇다면 자기 걸 먼저 잘라야 하는 거 아냐? 아니, 자르는 게 아니라 봉해버려야겠군."

"나도 그렇게 말했죠. 하지만 위줴는 고집스레 그것과는 다르다고 했어요."

"자기는 남편에게 그렇게 해도 되고 남편은 그렇게 하면 안 된다는 거잖아. 당신이 그런 여자가 아니라서 다행이군."

"내가 그런 여자가 아니란 걸 어떻게 알아요?"

"뭐야. 그럼 당신도 베개 밑에 칼 같은 걸 숨겨뒀다는 거야?"

"첫째 난 절대로 당신에게 못할 짓은 안 해요. 둘째 만약 당신이 밖에서 허튼짓을 하면 난 베개 밑에 한 개가 아니라 두 개를 숨겨 놓을 거예요."

농담처럼 한 말이었지만 모골이 송연해지는 말이었다. 아직 모르는 상태니까 농담으로 듣고 넘길 수 있지만 실제로 발각이 되면 입이 열 개라도 할 말이 없는 일이었다. 장중펑이 갈수록 청전을 떠날 수 없게 된 것은 그날 밤 사건 이후 그녀 스스로가 이런 이야기를 피했고 함께 지낼 수만 있다면 얼마든지 이렇게 살 수 있을 것처럼 행동했기 때문이었다.

당연히 장중펑은 그렇게 생각하지 않았다. 스물네 살인 그녀가 2, 3년은 그렇게 지낼 수 있다 하더라도 그 이후에는 어떨 것인가. 그때도 여전히 이렇게 조용히 있을까. 그것이 사랑이든 아니든 어쨌든 그녀로부터 다른 기회들을 박탈하는 것이나 마찬가지였다. 결국 그녀에게 결혼이라는 결과를 안겨주지 못한다면 그것은 그녀의 젊음을 앗아가는 짓이었다. 장중펑 자신도 어떻게 해야 할지 알 수 없었다. 그저 그때 가서 생각하자며 덮어둘 뿐이었다.

몇 년 후의 일을 누가 알 수 있단 말인가. 어쩌면 어느 날 문득 청전이 더이상 자신을 사랑하지 않게 될 수도 있다. 또 어쩌면 자신이 생각지 못한 어떤 일을 당할 수도 있다. 만약 하늘이 그를 데려간다면 그것으로 모든 것이 끝난다. 그렇게 참혹한 결과까지는 아니더라도 인생의 우연이 누군가에게는 참을 수 없는 시험이 되기도 한다. 탕원이나 청전 가운데 어느 한쪽이 견디지 못하고 먼저 포기하고 물러날 수도 있다.

탕원은 늘 그렇게 변함없이 그 자리에 있을까. 그녀에게도 다른 사람이 생길 수가 있다. 백 퍼센트 그런 일이 없다고 누가 장담하겠는가. 그리고 샤오위도 곧 대학에 들어가고 무사히 사춘기를 넘기게 될 것이다. 어른이 된 후에는 이런 일을 이해해줄지도 모르고 심각한 상처로 여기지 않을 수도 있다. 그때 가서 어떻게 할 것인지 결정하면 될 것이다.

어쨌든 온갖 가능성이 존재하는 복잡한 문제인 이상 시간과 인생이 결정하도록 내버려두면 된다. 결정하지 않으면 안 될 때가 오기 전까지 굳이 결정을 하려고 기를 쓸 필요가 어디 있겠는가. 당분간 미뤄두자. 문제에 부딪히면 일단 피할 방법을 생각하고 어떻게도 피할 방법이 없을 때가 되면 그때 가서 해결책을 생각하는 것, 이것이 지금까지 그의 방식이었다.

하지만 어쨌든 청전과의 관계를 가능한 단순하게 유지해야 하고 가능하면 회사의 일을 그녀가 모르도록 해야 했다. 이렇게 하지 않으면 정말로 결정을 내려야 할 때가 되었을 때 단순하게 생각할 수가 없어질 터였다.

경매회사의 주인이라는 이름에 걸맞게 리옌은 경매에 올라온 물건마다 몇 마디의 설명을 덧붙였는데 청유관에 대해서는 이렇게 말했다.

"모양이 단아하고 정교하면서도 아랫부분이 가볍고 얇으며 푸른 빛이 은은하게 감도는 도자기입니다. '둥글기가 달의 혼이 내려온 것 같고 가볍기가 구름의 정기가 일어나는 것 같구나'라고 했던 당대말의 문인 피일휴의 시를 떠올리게 하는 물건이지요. 진품이라는 것을 분명히 말씀드리며, 능력과 안목을 모두 갖추신 분이라면 결코 놓쳐서는 안 될 물건입니다."

리옌의 부추김에 힘입어 곧바로 응찰자가 나섰다. 가격이 벌써

220만 위안까지 올라가 있었다.

"번호판을 들어요?"

청전이 물었다.

장중펑이 그녀의 귀에 대고 속삭였다.

"들어. 당신 팔이 견뎌줄지 걱정인걸."

청전이 웃으며 그의 허벅지를 꼬집고는 손에 든 번호판을 들어올렸다.

260만 위안이 넘어서자 응찰자들이 하나둘 물러나고 남은 사람은 청전과 앞에 앉은 야윈 체구의 중년 남자뿐이었다.

"계속 들어요?"

청전이 물었다. 장중펑이 들라고 말하자, "그렇지만 벌써 260만 위안이라구요. 어떻게 된 거예요? 당신이 내놓은 물건 아니에요? 아니면 다른 사람하고 짜고 속임수를 쓰는 거예요?" 하고 청전이 알 수 없다는 눈으로 물었다.

장중펑은 긍정도 부정도 하지 않았다. 현장에 있던 텔레비전 기자들의 카메라가 앞에 앉은 야윈 중년 남자와 장중펑과 청전을 번갈아가며 비추었다. 장중펑은 기자들의 출현에 무척 신경 쓰였다. 편집을 거쳐 텔레비전 전파라도 타게 되면 어쩐단 말인가. 법원이나 경매업계의 사람들 입에 오르내리게 될 것이고 공연한 의혹을 불러일으킬 수 있었다. 지난 몇 년 간 3D가 드러나지 않게 일해왔던 노력들이 헛수고가 될지도 몰랐다.

탕원이 지금 티벳에 가 있기는 했지만 만일 그와 청전이 가깝게 앉아 있는 모습을 탕원의 친구들이 보고 장중핑을 알아보기라도 하면 어쩐단 말인가. 쓸데없는 말들이 탕원의 귀에 들어가기라도 하면 여간 성가신 일이 아니었다. 왜 애초에 이런 상황을 생각하지 못했단 말인가.

장중핑은 자신도 모르게 두 손을 삼각형 모양으로 모으고 얼굴을 감쌌다.

"번호판을 들고 곧바로 5백만을 불러. 어서."

그는 이렇게 값을 훌쩍 올려서라도 입찰경쟁을 신속히 끝내고 싶었다. 5백만. 거원이 매디슨카운티역에서 메뉴판 위에 연필로 썼던 숫자이자 업계의 불문율에 따라 샹수이 법인주식 경매가 끝나면 젠거에게 지불해야 할 돈이었다. 아무튼 이미 적지 않은 가격이었지만, 다시 더 올라간다면 그것은 거원의 말대로 그 도자기가 지닌 본래의 가치였다.

청전이 그를 힐끔 보더니 재빨리 한 손으로 번호판을 들면서 동시에 다른 한 손으로는 손가락 다섯 개를 펴보였다. 리엔이 5백만 위안이라고 외치면서 장내의 다른 참가자들에게 박수를 보내달라고 요청했다. 장중핑은 자신도 모르게 '망할 자식. 누가 박수 받고 싶다고 했어'라는 욕지거리를 내뱉었다. 그는 카메라를 피하기 위해 두 손도 모자라서 이제 아예 경매도록으로 얼굴을 가렸다. 지금 자신과 경쟁을 벌이는 그 남자가 언제 포기할지 모른다는 생각이 들자 긴장으로 등줄기가 뻐근해왔다.

다행이 리엔의 방망이 소리와 함께 경매가 종료되었다. 168호번호판을 들고 있던 청전이 660만 위안의 가격으로 청유관을 낙찰받았다.

쉬이의 회사직원이 낙찰확인서를 가져와서 서명을 해달라고 했을 때, 장중펑은 청전에게 대신 서명하고 어서 자리를 뜨자고 귓속말을 했다.

기자들이 여전히 복도에서 대기하고 있다가 장중펑에게 이것저것 질문을 했지만 그는 손으로 카메라를 가리고 일절 대답하지 않았다. 그중에 청전을 알아보는 기자도 있었지만, 그녀는 장중펑의 태도를 보며 웃음으로 인사를 건네고는 총총히 뒤를 따라와 엘리베이터에 올랐다.

후에 다섯 개의 방송국이 그 경매회에 관한 소식을 보도했는데, 세 곳에서 청전의 얼굴이 나왔고 장중펑의 얼굴이 나온 프로그램은 한 곳뿐이었다. 다행히도 손으로 얼굴의 3분의 2를 가리고 있는 모습이어서 얼핏 봐서는 알아보기가 어려웠다.

집으로 돌아오자 청전이 경매도록을 펼쳐들고 장중펑에게 물었다.

"요변(窯變)이란 게 뭐예요?"

"도자기를 구운 다음 가마를 열었을 때 예상치 못한 형태나 유색이 나타나기 마련인데 그런 걸 모두 요변이라고 해. 그러니까 도자기를 굽는 과정에서 발생하는 거지. 도자기를 굽는 온도는 천2백도 고온을 유지해야 한다는데, 가마 안에서 무슨 일이 일어날지 아무도 예측할 수가 없지 않겠어? 인간의 힘으로 그렇게 만들어진 것이 아닌 어떤 신비하고 예측할 수없는 힘에 의해 그렇게 된다고들 생각하지."

"도자기를 굽는 가마를 이 사회에 비유할 수 있겠어요. 그렇죠?"

"무슨 말이 하고 싶은 거야?"

"그러니까 모든 게 그럴 수 있다는 말이에요."

장중펑이 힐끗 쳐다보자 청전이 웃으며 화제를 바꾸었다.

"그 항아리가 그렇게 마음에 들었어요? 당신보다 더 큰 바보가 있을 것이라고 생각하는 거 아니에요? 연못이 딸린 별장을 사고도 남을 돈인데."

"우리 꼬마는 사업상의 일은 몰라도 돼요."

제27장

남자는 돈이 있으면 나쁜 남자가 되고,
여자는 나쁜 여자가 되면 돈이 생긴다.

충린은 신임 동구법원장으로 임명받지 못했다. 그렇다고 다른 두 명의 경쟁자 중 한 명이 그 자리를 차지한 것도 아니었다. 서구 법원에서 온 상무부원장이 그 자리의 주인이 된 것이다. 장중펑은 우연한 기회에 시 중급법원 사법기술실 펑 주임의 입을 통해 그 소식을 듣고 전혀 예상치 못한 결과에 적이 놀랐다.

장중펑은 펑 주임과 헤어진 후 곧바로 충린에게 전화를 걸었다.

"이미 뉴스거리도 아니야. 이틀 전에 벌써 알고 있었어."

"그럼 좀 일찍 알려주지 그랬어?"

"말하면 뭐하겠나. 임명이라도 되었다면 친구들과 자리를 마련할 수도 있었겠지만, 떨려나온 지금 모여서 뭐하려고. 내 신세타령이나 들으려고?"

"그럼 우리 둘만 만나지."

"그러자구. 근데 이틀 후에나 될 것 같아. 지금 선전으로 출장을

와 있거든."

사흘 후 장중핑과 충린이 만났다. 충린은 차오를 데려오지 않았
고 장중핑도 청전을 데려가지 않았다. 그들은 호텔로 가지 않고,
샹수이 강변을 따라 아스팔트길이 끝날 때까지 줄곧 달렸다.

"어떻게 이렇게 된 거야?"

장중핑이 입을 열었다.

"이렇게 못 될 건 뭐겠어. 정치도 사업처럼 모든 가능성이 존재
하는걸."

"어쨌든 의외야. 서구법원의 그 상무부원장 뒤를 봐주는 사람이
있었던 거야?"

"무슨 그런 바보 같은 질문이 있어? 반(半) 등급 승진을 했는데
배경이 없었느냐고 묻는 거야?"

"자네는? 자네에게 이유를 설명해주는 사람이 없었어?"

"무슨 설명? 누가 설명을 해주겠어? 자네가 모르나보군. 자네가
맡았던 빅토리빌딩 경매 건으로 누가 나를 고발했어. 내가 법률을
부당하게 적용시켜 판결을 내렸다면서 시와 성의 인민대표자회의
에다가 찌른 거지."

"그 안건은 이미 종결이 되었잖아?"

"그래. 문제는 조사를 했는데 아무 문제될 만한 꺼리를 찾아내지
못했다는 거야."

장중핑은 할 말이 없었다. 이런 일은 정치에도 있고 사업에도 있
는 일이었다. 마흔이 훌쩍 넘은 나이의 두 사람이 짐작하고도 남을

음모였다. 그는 한숨을 내쉬며 충린의 어깨를 토닥였다.

"이 난관만 잘 넘기면 된다고 생각했었는데 이제 어쩌겠어? 받아들이는 수밖에. 나를 위로할 필요 없어. 정말이네. 그럴 필요 없어."

장중핑은 강둑에 차를 세웠다. 올해에는 큰 홍수가 없었다. 눈을 들어 보니 머잖은 곳에 새로 세워진 교각이 마치 거인의 다리처럼 거친 샹수이 강의 물살을 받으며 우뚝 서있었다. 누렇게 굽이치는 강물 옆으로 무성하게 자란 잡초와 잔 나뭇가지들이 뒤엉킨 채로 펼쳐져 있었다. 장중핑은 발아래에서 조약돌 하나를 주워서 팔을 휘둘러 강물 속으로 던졌다. 조약돌은 거의 물방울을 일으키지 않고 그대로 강물 속으로 퐁당 떨어져 잠겼다.

충린이 웃었다.

"허리 조심해야지."

장중핑도 손을 툭툭 털며 웃었다.

"기분이 우울해. 조건으로 보면 자네만 한 인물이 없는데."

"법관을 오래하다 보면 모든 게 눈에 보여. 생각해봐. 사건을 심리할 때면 어쩔 수 없이 피고의 입장에서 문제를 봐야 하고 동시에 원고의 입장에서 문제를 봐야 해. 무슨 일이든 다 나름대로 이유가 있거든. 희망을 갖고 최선을 다했으면 그것으로 족하다고 생각해야지."

"그럼 결과는?"

장중핑이 물었다.

"결과는 어느 한 사람이나 어느 한쪽의 힘만으로 좌우할 수 있는 게 아니잖아. 물론 결과가 중요한 일들이 있기는 하지. 자네가 하는 사업도 그렇고 우리 법관들이 하는 심리도 그렇고 결과가 없으면 어쩌겠어? 하지만 결과보다는 과정이 중요한 일도 있다는 말이야. 연애가 그래. 자넨 이 방면에 경험이 많으니까 잘 알겠군. 생각해봐. 그렇잖은가? 자네가 만난 그 많은 여자들이 모두 결과를 요구했다면 자네가 어떻게 견뎠겠어? 자네가 결과를 줄 수는 있고? 몸을 몇 개로 쪼개기라도 할 거야?"

"자네 말은 과학적이지 못해. 때로는 결과가 없는 것도 일종의 결과야. 무언의 결과라는 거지."

"그러니까 중요한 건 지금이라는 거야. 과거는 이미 흘러갔고 다시 생각해도 아무 소용이 없어. 다가올 일도 아직 온 게 아니니까 생각할 필요가 없지. 현재만이 소중히 여길 만한 가치가 있어."

"그럼 현재 자네는 어떻게 할 생각인가?"

"첫째는 강물에 뛰어드는 짓은 하지 않을 거야. 둘째는 앞으로도 계속 살아야지."

"하나마나 한 말이군."

"그렇게 오랜 세월을 지내왔는데 아직 나를 모르겠나? 나는 무슨 일이든 늘 이렇게 해왔어. 희망을 품되 환상을 품지 않는다. 희망이란 게 뭔가? 희망이 곧 인생의 의미야. 인생 자체는 본래 아무 의미가 없어. 우리가 희망을 가질 때 비로소 의미가 부여되는 거지. 큰 희망은 인생 최대의 목표야. 마치 버스의 종착역처럼, 작은 희망들은 인생의 단계적인 목표지. 마치 버스가 지나가는 정류장들처럼. 큰 희망이 없으면 사람은 가야 할 방향을 잃고 말아. 작은 희망이 없으면 언제 어느 곳에서 버스를 내려야 할지 모르게 되고.

하지만 모든 희망이 다 실현될 수 있을까? 그건 불가능해. 사람의 일생에 만약 만 개의 작은 희망이 있다면 90퍼센트의 사람들은 그중에 겨우 천 개를 실현하고 나머지 9천 개는 물거품이 되고 말아. 이게 인생이야. 아무리 위대한 영웅, 아무리 성공한 사람이라도 모든 희망을 실현시킬 수는 없어. 삶이 어느 한 사람을 위해 마련된 생일 케이크는 아니니까.

삶의 어느 때, 어느 순간이든 우리의 목표와 일치하지 않는 힘이 있게 마련이고, 이 힘은 볼 수도 만질 수도 없어서 때로는 공공연하게 우리와 대항하는가 하면 때로는 더없이 친밀한 모습으로 나타나지만 결정적인 순간에 우리를 방해하지.

자네의 두 손은 자네의 것이지만 그것들을 마음대로 할 수가 있나? 대개의 경우 가능하지. 하지만 중풍이 들거나 마비가 되면 더 이상 마음대로 할 수가 없어. 자네가 두 손을 마음대로 할 수 있다 하더라도 그것은 제한적이야. 방금 그랬지 않나? 자네가 힘껏 돌멩이를 들어서 강물로 던졌지만 기껏해야 20미터야. 강물 가운데까지 던져넣을 수도 없고 강 너머로는 더더욱 불가능해.

저 나무들을 봐. 땅에 뿌리박고 있는 동안에는 무성하게 잎을 드리우고 있었겠지만 비바람이 한번 몰아치고 나니까 물살에 쓸려서 떠내려가는 신세가 되어버렸잖아. 저게 저들의 운명이고 또 대다

수 인간들의 운명이야."

장중핑이 웃음을 지으며 말했다.

"우리 법관나리께서 철학자가 되셨군. 이렇게 철학적인 말을 하다니 말이야."

"살아보니까 그렇다는 거지. 내 말 아직 안 끝났어. 그러니까 내가 정말 하고 싶은 말은 자네가 수많은 인생들 중의 하나인 이상 절대 자신은 다를 것이라고 과신하지 말라는 거야. 자네가 자신이 다르다고 생각하지 않을 때 자네를 이길 수 있는 게 없을 거라는 말이야."

"문제는 사람이 때로 자신은 남과 다르다고 생각하지 않을 수가 없다는 거야. 게다가 다른 사람도 자네가 마치 대단한 인물이라도 되는 것처럼 남과 다르다고 생각하면 어떻게 하나?"

"어떻게 하냐고? 강변에 와서 돌멩이 던지기 놀이나 하는 거지. 우리는 누구나 등에 보이지 않는 보따리를 지고 있어. 그 안에 목표니, 책임감이니, 도덕의식이니 하는 온갖 욕망과 잡념들이 든 보따리 말이야. 이 보이지 않는 보따리는 늘어나기도 하고 줄어들기도 해. 그래서 우린 끊임없이 물건을 주워 담을 수도 있고 또 끊임없이 안에 든 것들을 꺼내버릴 수도 있지.

여기에 깔려서 죽거나 눌리다 못해 곱사등이가 되는 사람들이 있는가 하면, 여전히 허리를 꼿꼿이 세우고 당당하게 버티는 사람들도 있어. 왜 그렇다고 생각하나? 그건 등에 진 보따리에 온갖 것들을 주워 담는 것과 꺼내버리는 것의 차이지. 전적으로 다른 차이 말일세. 들고 있을 수도 있고 내려놓을 수도 있는 거야. 그러니 자기 스스로 어느 쪽이든 길을 찾아야지. 자네가 올라갈 때는 올라가게 해주고 내려갈 때는 내려오게 해주는 길.

내 전처 기억하지? 꽃처럼 예뻤던 여자. 내가 얼마나 그녀를 사랑하고 아꼈는지는 자네도 알 거야. 우리가 결혼했을 때 나는 마음속으로 맹세했어. 그녀를 위해 살고 그녀를 위해 죽겠다고 말이야. 그런데 결과가 어떻게 됐어? 그런 일이 벌어지고 말았잖아. 그때 나는 정말로 칼을 들고 가서 그 두 연놈을 죽이고 싶었어. 하지만 지금 생각해보면 어떤지 알아? 그런 생각들이 더없이 유치해 보여. 그러니 나 때문에 너무 걱정하지 마. 전혀 대단한 일이라고 생각하지 않아. 정말일세."

"그렇다면 다행이고. 그래, 다행이야."

"이제 원점으로 돌아가서, 법원장이 되려는 희망은 허사가 되고 말았으니까 새로운 희망으로 빈자리를 메워야지. 자네가 전화를 하지 않으면 내가 전화를 하겠네. 자네도 알겠지만 줄곧 결혼을 재촉해왔잖아. 여자들을 만나서 이리저리 재봤지만 실상 그게 그거야. 차오도 그만하면 괜찮고, 자꾸 미루는 것도 그래서 준비하고 있어."

"잘됐군. 언제 할 생각인가?"

"국경일을 전후해서쯤. 내 말은 그게 아니고 차오에게 유치원을 그만두게 하고 레스토랑을 열어줄 생각이란 거야."

"레스토랑? 상당히 힘든 일인데 차오 씨가 해낼 수 있을까?"

"나도 그 점이 걱정이 돼서 마음을 정하지 못했었어. 곱게 자란 여자라 고생을 모르는데, 아침부터 저녁 늦게까지 일을 할 수 있을지 걱정이 돼서. 이번에 법원장 자리에 물먹고 나니까 오히려 결심이 서더라고. 내 말에 차오는 무척 들떠 있어."

"그럼 된 거지. 레스토랑이라는 것도 도와주는 사람이 있어야 해. 그것도 관계와 인맥으로 먹고 사는 장사니까. 맛이 크게 떨어지지 않고 가격이 지나치게 비싸지만 않으면 손해는 절대 안 볼 거야. 자네가 도와주고, 또 우리 회사가 매년 접대비로 적어도 백만 위안은 지출하니까 그중의 얼마 정도는 그곳에서 쓰면 되고."

"아니면 자네가 아예 지분참여를 하든지?"

"지분참여는 관둬. 형제간일수록 계산은 분명히 하라는 말이 있지만, 정말로 그렇게 계산을 분명히 해야 할 상황을 만드는 건 좋지 않아. 그러다 보면 끝이 좋기가 어려우니까."

"나도 그 문제를 생각해봤어. 관리방식을 철저하게 세우고, 사전에 룰을 분명히 정해놓는다면 무슨 큰 문제는 없을 거야. 차오가 걱정이 돼서 그래. 그렇다고 내가 나서기도 그렇고."

"문제는 나도 그럴 만한 여력이 없다는 거야."

"경매가 자네 눈을 너무 높여놓은 모양이군. 레스토랑으로 버는 돈은 눈에 안 찬다는 거지?"

"그건 아니야. 자네에게 말하지 않은 일이 있는데, 청전이 이미 한참 전에 방송국 일을 그만뒀어. 살림만 하며 아내로 살고 싶어 했거든. 자네 모를 거야. 지난번에 마작을 하고 돌아가서 한바탕 난리가 났는데 하마터면 탕원이 알아차릴 뻔했어.

지금은 오히려 너무 고분고분하게 내 눈치를 봐서 내가 미안한 마음이 들 정도야. 내가 자네 레스토랑에 지분참여를 하게 되면 탕원이 모를 수가 없잖아. 청전이 지금 하는 일이 없으니까 자기도 거들고 싶다고 나서면 어떻게 해? 문을 열기도 전에 나 때문에 복잡해질 텐데, 이러고야 일이 되겠어?"

"듣고 보니 그건 그렇군. 됐어. 그럼 자네를 끌어들이겠다는 생각은 접고 나 혼자 해봐야지."

"레스토랑은 규모가 크지 않으니 결국 가족경영이 될 거야. 지분이 단순할수록 좋지. 그 사람의 방식을 배우면 좋을 것 같군. 성 정부건물 후문 쪽에 〈샹릴라〉라는 중국식 레스토랑 있지? 제법 장사가 잘되는 집인데, 손님의 대부분은 VIP카드를 소지하고 있다더군. 이 카드가 있다고 해서 가격할인을 받을 수 있는 건 아니고, 오히려 손님이 그 레스토랑에서 돈을 주고 구입해야 해. 20만, 50만, 80만 위안 이런 식으로 말이야. 사용할 때마다 금액을 제하는 거지. 이 카드를 누가 구입하는지는 설명하지 않아도 알겠지? 꼬리를 잡힐 염려가 없어. 그쪽에서 돈을 받아주었으니 이쪽에서도 그쪽의 것을 팔아주는 식이지."

"샹릴라, 나도 가본 적이 있어. 처음에는 샹그릴라를 잘못 적은 줄 알았는데 당신을 생각한다는 뜻이라더군. 당신의 뭐를 생각하겠어? 당신의 돈을 생각한다는 거겠지. 그런 식으로 하다가는 조만간 문제가 생길 거야."

"다른 곳에서 문제가 생길지는 모르겠지만, 그건 문제가 될 게 없어. 모두가 엄연히 알고도 묵인하고 있는데, 뭐."

"그건 그렇고, 지금 세 곳을 봐두었어. 언제 시간을 내서 자네도 같이 가봤으면 좋겠어. 경영고문 노릇을 좀 해줘. 지금 나한테 있는 자금으로는 많이 부족한데, 자네가 얼마라도 도와줄 수 있는지 모르겠군. 백만 위안을 해줄 수 있으면 좋겠는데. 자금 안전은 염려하지 않아도 돼."

"그래. 조만간 마련해줄 수 있을지는 모르겠지만. 요즘 우선 5, 6 백을 내놔야 하는 일을 하나 추진중이라서. 자네도 알다시피 돈을 전부 탕원이 관리하는데 일단 그쪽으로 들어가면 꺼내올 수가 없어."

"자네 집사람 대단하군."

"작은 액수는 상관없어. 전에는 안 그랬는데, 요즘 그 사람 친구 중에 남편을 두고 바람을 피우는 사람이 있는 모양이야. 그래서인지 부쩍 의심이 많아졌어. 청전의 일도 있고 그래선지 뭔가 이상하다는 느낌이 드는 것 같아. 돈이 좋아서 그러는 게 아니라 가정을 지키기 위해서, 내가 변심하는 걸 미연에 방지하기 위해서 그러는 것이라더군."

"탕 교수도 참. 지금까지는 뭘 하고 있었던 거야? 그래도 여전히 자기 남편은 모범적인 남편이라고 생각하겠지."

"말도 마. 전에는 정말로 그렇게 생각했는데, 지금은 어떻게 생각할지, 글쎄. 근데 나를 알아주는 다른 여자가 있다고 해서 내가 모범적이 아니라는 말이야? 그렇게 볼 수는 없지."

"자네의 애정사는 자네가 알아서 해. 자네도 툭하면 입에 달고 다녔잖아. 사람마다 살아가는 방식이 있다고. 그렇다면 난들 방법이 있겠어? 자네 집사람인들 방법이 있겠어? 자네나 청전 씨도 마찬가지고. 돈 문제는 일단 먼저 자네에게 말해둔 거니까, 돈이 나오거든 미리 말해줘."

장중핑이 "그래" 하고 말했다.

"방금 자네가 5, 6백이 들어가는 일이 있다고 한 것 말이야. 주식에 투자한 건 아니지?"

"자라 보고 놀란 가슴 솥뚜껑 보고도 놀란다더니, 주식이 어때서 그러나? 내가 말해주지. 주식이 맞아. 지금 주식이 곤두박질치고 있는 것은 사실이지만, 향후 몇 년 동안 중국의 수식은 논을 벌 좋은 기회가 돼줄 거야. 자네 같은 법관들도 주의해서 보는 게 좋아. 그곳이 경제범죄나 뇌물수수의 다발지역이 될 테니까."

"근데 그런 말을 한 적이 없잖아?"

"그래. 전에는 아는 게 없었으니까. 근데 최근에 좀 알게 되었어. 안심해. 그래도 계속 법원 사람들도 만나고 경매일도 할 거야. 젠거가 쥐고 있는 안건도 그렇고."

"그럼 됐네. 최근에 그 친구가 성 고급법원 부법원장이 될 거라는 소문이 짜해."

"그래? 난 금시초문이야."

"음. 근데 경매에 왜 그렇게 많은 돈을 걸어야 하는 거야?"

충린의 물음에 장중펑은 웃기만 할 뿐 대답하지 않았다.

"줄을 잘 잡아야 해. 중간에 무슨 실수라도 하지 말고."

"자네의 법원을 못 믿어서 그러나 아니면 젠거를 못 믿어서 그러나?"

"그게 아니고, 이건 어쩐지 정상이 아니라는 느낌이 들어서 그래. 몇 년간 자네 일이 비교적 순조로웠지만 언제나 그렇진 않을 거야. 자네도 그렇고 다른 사람도 다치면 안 되니까."

"안심해도 돼."

젠거와 장중펑이 미리 염두에 두었던 각본대로 성 고급법원의 경매 중개기관 공개 선정 작업이 확정되고 곧 샹수이 법인주식 경매가 절차에 들어가게 되었다. 성 고급법원 상무위원회는 젠거에게 이 일에 대한 권한을 일임하기로 결의했다. 젠거가 당초에 말한 것처럼 경매평가를 일괄 담당할 기관이 집행국에 설치된 것이다. 경매평가업무를 위탁해야 하는 경우, 사법기술실과 법원감찰실이 임시로 인력을 파견하여 업무진행을 감독하게 되었다.

하지만 전체적인 선정 작업은 여전히 다소간의 우여곡절을 피하기 어려웠다. 선정된 경매평가기관이 같은 업계의 유력 업체가 아니냐며 의혹을 제기하는 사람이 있는가 하면, 한 부법원장은 아예 절차를 하나 더 만들어 이미 선정된 중개기구를 언론에 공시하자는 의견을 내놓기도 했다.

젠거는 장중펑에게 이런 제안들은 공연한 트집에 불과하다고 말했다. 기율위원회와 감찰실의 직접적인 참여하에서, 절차는 물론이고 결과도 전적으로 공개적이고 합법적으로 진행되고 있는데, 언론에 공시하고 의견을 수렴하자는 의견을 내는 것은 자신이 하는 일에 대한 불신을 드러내는 것이나 다름없다는 것이었다. 어떤 문제가 제기되기라도 하면 처음부터 다시 하자고 들 텐데, 이것은 이미 선정된 기구를 또 하나의 불합리한 기구로 보는 것이 아니냐는 거였다.

젠거는 보스도 전적으로 자신의 의견에 동의하고 있지만 내부에서 알력이 발생하는 것을 막기 위해 우선 양보하자는 쪽이라고 했다. 법원장이 지금 최고급법원에서 파견한 방문단의 일원으로 영국을 방문중인데 열흘 후에 돌아온다고 했다.

장중펑은 지난번에 쉬이의 회사가 진행한 예술품 경매에 참여할 때, 다른 입찰자들처럼 신분증 제출이나 입찰보증금 납부 수속을 밟지 않았다. 쉬이가 자리를 빛내달라는 의미로 그에게 직접 번호판을 가져다주었던 것이다. 이튿날 쉬이는 직접 3D로 입찰신청서와 논의했던 내용을 정리한 서류를 가지고 왔다. 장중펑은 쉬이의 의중을 알고 있었다. 쉬이는 그가 낙찰받은 사실을 번복할까봐 염려가 되어 온 것이었다.

"보십시오. 제가 사장님께 족히 4, 50만 위안은 적게 받은 셈입니다. 사장님께서 제가 사장님의 신세를 졌다고 말씀하셨는데, 이번에 이렇게 빚을 청산한 셈이 되겠지요?"

"말도 말게. 집에 돌아가서 집사람한테 연못이 딸린 별장을 한 채 사고도 남을 돈이라며 정신이 어떻게 된 거 아니냐고 한바탕 욕을 먹었네. 자네와 상의해서 도로 무를 수 없느냐고 묻더라니까."

장중펑이 손사래를 치며 말했다.

"설마 장 사장님처럼 신중하신 분이 말을 바꾸실 리는 없겠지요? 이 바닥에서 사장님의 가치가 얼마인지 설마 제가 모르겠습니까? 적어도 1, 2천만 위안은 족히 나가실걸요. 죄송합니다. 그냥 농담을 한 겁니다."

비록 웃는 얼굴로 한 말이었지만 그의 이 말은 농담 속의 진담이었다. 예술품 경매는 부동산을 사고파는 것과는 달라서 낙찰을 받아놓고도 후에 계약을 이행하지 않는 사례가 흔히 있었다. 이전에 쉬이가 3D에서 일할 때에도 종종 이런 일이 있었고, 그렇게 되면 결국 낙찰이 유야무야 된다는 것을 쉬이는 잘 알고 있었던 것이다.

다만 그때 3D가 했던 경매는 대부분 1, 2천 위안만 공탁하면 경매에 참여할 수 있었고, 낙찰가도 몇 만 위안 안팎이어서 경매의 사전절차도 그리 까다롭지가 않았다. 나중에 낙찰자가 마음이 변해서 1, 2천 위안의 보증금을 포기하더라도 낙찰대금을 내지 않겠다고 버티기도 했고, 이쪽에서 자꾸 독촉하면 경매물건이 가짜라느니 하며 생떼를 쓰는 일도 있었다. 이렇게 되어도 몇 천 위안 때문에 몇 만 위안을 들여 소송을 할 수는 없는 노릇이었기 때문에 별도리가 없었다.

처음에 장중펑은 쉬이의 예술품 경매가 샹수이 법인주식 경매와 사흘 간격으로 맞물려 있어 다행이라고 생각했다. 만일 후자가 순조롭게 이루어지면 후하이양이 입찰보증금을 신속히 입금해줄 것이고 이렇게 되면 청유관 낙찰대금을 지불하는 데 전혀 문제가 없을 터였기 때문이다.

만일 상수이 법인주식 경매가 돌발상황이 발생하면, 예를 들어 후하이양도 3D가 찾아낸 제3의 인물도 아닌 다른 인물이 낙찰을 받게 되면, 3D는 결과적으로 경매수수료를 받을 수가 없고 젠거도 당연히 장중펑으로부터 아무것도 받지 못하게 될 것이다. 그렇게 되면 쉬이에게 솔직하게 상황을 털어놓고 없었던 일로 해달라고 요청하는 일이 남는다. 쉬이의 입장에서 이것은 돈을 좀 적게 버는 것에 지나지 않는 일이었다. 더욱이 쉬이가 장중펑의 청을 들어주지 않을 수도 없는 것이 장중펑은 그 경매에서 자신이 직접 수속을 한 것도, 거래확인서에 서명을 한 것도 아니기 때문이었다.

660만 위안, 여기에 10만 위안의 경매수수료를 더해서 모두 670만 위안이라는 거금을 지금으로서는 지불할 방법이 없었다. 쉬이가 말한 것처럼 최근 몇 년 동안 3D는 법원 경매를 해왔고 그를 통해 벌어들인 경매수수료만도 수천만 위안은 족히 되었다.

하지만 사업은 혼자 할 수 있는 것이 아니다. 그가 암암리에 갖가지 명의와 형식으로 지출한 돈, 여기에다가 정상적으로 지출한 돈을 합하면 허리가 휘고도 남을 액수가 흘러나갔다. 남은 자금은 대부분 회사 명의의 부동산, 자동차 그리고 탕원의 은행계좌로 들어갔다. 그가 상수이 강변에서 충린에게 말했듯이 탕원의 수중에 들어간 돈은 그가 꺼내올 수가 없었다. 그의 개인 계좌에는 1, 2십만 위안 정도가 전부였다. 탕원에게 돈을 융통해달라고 말해보았지만 번번이 거절당했다.

"당신이 회사일에 관여하지 말라고 했잖아요. 당신 말대로 난 상관 안 해요. 나한테 돈을 맡겼을 때 회사에서 필요한 비용은 충분히 남겨뒀을 테니까요. 돈을 돌려달라고 하면, 정말로 당신이 변심한 게 아닐까 그런 생각이 든단 말이에요.

남자는 돈이 있으면 나쁜 남자가 된다면서요. 근데 여자가 나쁜 여자가 되면 돈이 생긴다죠? 이건 일종의 제로섬 게임이에요. 나쁜 여자들의 돈이 어디서 왔겠어요? 하늘에서 떨어졌겠어요? 전부 나쁜 남자들이 준 거잖아요. 밖에는 여자들이 널리고 널렸어요. 좋은 여자도 있고 나쁜 여자도 많은데, 내가 어떻게 일일이 신경 쓸 수가 있겠어요?

이 돈은 내가 당신과 샤오위를 위해 대신 관리하는 거니까 다른 생각은 하지 마세요."

장중펑은 쉬이가 찾아올 것이라고 짐작하고 있었지만 이렇게 빨리 찾아올 줄은 생각지 못했다. 670만 위안은 결코 적은 액수가 아닌데, 만일 샹수이 법인주식 경매가 뜻대로 되지 않으면 어디에서 돈을 마련한단 말인가. 독촉한다고 내놓을 수 있는 액수던가.

쉬이는 지금 장중펑으로 하여금 경매수속을 정식으로 밟게 하지 않은 일을 틀림없이 후회하고 있을 것이다. 만일 장중펑이 정말로 낙찰대금을 지불하지 않겠다고 해도 쉬이로서는 그를 상대로 소송을 할 수도 없었다. 입찰수속을 밟지 않은 것은 입찰자의 자격이 애초부터 없다는 뜻이었고 당연히 입찰행위도 무효였기 때문이다.

까놓고 말해서 쉬이에게도 책임이 있었기 때문에 다른 입찰자들이 그를 고발할 수도 있었다. 하지만 쉬이가 번호판을 직접 장중평에게 갖다준 것도 이해할 수 있는 일이었다. 장중평이 6, 7백만 위안이나 나가는 물건을 구입하리라고 그가 생각이나 했겠는가.

"장 사장님, 시간이 좀 지났긴 합니다만 이 두 가지 수속을 처리하는 게 어떻겠습니까?"

"지금 수속을 해도 문제될 건 없지. 근데 쉬 사장, 이번 경매회의 자본금이 얼마나 되나? 두 회사가 분담하면 각각 10만 정도이겠지?"

"왜 그러십니까?"

"별 건 아니고, 자네도 기억하고 있을 테지? 처음에 자네가 내게 참석해달라고 간곡하게 요청하지 않았나?"

"그렇습니다. 사장님도 그렇고 저도 그렇고 그때는 결과가 이렇게 좋으리라고는 생각하지 못했었지요."

"하지만 나는 앞으로도 예술품 경매는 하지 않을 생각이네."

"그렇습니까? 어쩐지 저는 이해가 안 됩니다. 이번 경매의 낙찰가가 모두 얼마인지 아십니까? 2,850만 위안입니다. 두 회사가 반씩 나누게 될 테지만, 상하이 쪽에서도 상당히 만족스러워하고 있습니다. 거래 양측으로부터 10퍼센트씩 수수료를 받는다고 계산하면, 2천만 위안 상당의 법원 경매를 따낸 것과 같습니다. 리베이트를 줄 필요도 없고 무슨 관리비를 낼 필요도 없다는 것까지 감안하면 실제로는 4, 5천만 위안 정도의 법원 경매를 따낸 것이나 마찬가지입니다. 당연히 이 정도는 장 사장님껜 푼돈이겠지만 말입니다."

"과장이 좀 심하군. 그건 누구에게든 큰돈이네."

"그럼 방금 하신 말씀이 무슨 뜻인지요?"

"쉬 사장이 이 일을 좀 도와줘야겠어. 솔직히 말하지. 그 청유관의 진짜 구입자는 내가 아니네."

"장 사장님이 아니라구요?"

"맞네. 생각해보게, 내가 6, 7백만 위안이나 되는 돈을 마련할 형편이 되었다면 자네의 경매회에 참여할 게 아니라 아예 우리 회사가 직접 경매회를 계획했을 거야. 위탁자에게서 받는 수수료 수입만도 6, 70만 위안은 될 테니까. 안 그런가? 청유관 하나만으로도 경매자본금은 빠질 텐데, 내가 이만한 계산을 안 했겠나? 자기 회사가 진행하는 경매회에는 입찰할 수 없다는 것을 자네도 모르진 않겠지?"

"그때 저도 사장님께서 그렇게 적극적으로 응찰하시는 것을 보고 의외였습니다."

"자네가 돈 버는 걸 시샘이나 할 내가 아니네. 사실 자네에게 이런 말을 할 필요도 없었는데 중간에 생각지 못한 일이 생겨서 말이네."

"사장님께 낙찰을 받아달라고 했던 사람이 마음이 변했습니까?"

"긴장하지 말게나. 그런 일은 아니니까. 그 사람이 이틀 이내로 타이베이에서 돌아오기로 했는데, 공교롭게도 어젯밤에 전화가 와서 장모가 돌아가셨다는 거야."

"그렇습니까? 무슨 텔레비전 드라마 같군요. 다른 문제는 없겠지요?"

"없을 거야. 내가 어린애도 아니고 그 사람이 확실하게 권한을 위탁해준 것도 아닌데 경매회에서 번호판을 들었겠나? 자칫 잘못했다가는 고의로 자네 일을 그르치려고 그랬다는 소리를 듣게 될 텐데."

"그렇죠. 물건이 낙찰되었으니 경매회사가 당연히 돈을 내놓으라고 할 것이고, 돈을 못 받으면 소송을 걸 수도 있으니까요. 결국 낙찰자가 얽혀들지 않을 수가 없지요."

"소송은 오히려 겁나지 않아. 적어도 자네가 나를 상대로 소송을 하리라고는 생각지 않으니까. 안 그런가?"

"당연히 그런 일이 있어서는 절대로 안 되지요."

"내가 분명히 말하네만 이번 거래와 대금지불은 전혀 문제가 없네. 내가 없는 소리를 하겠나? 내가 그 친구를 그저 돕는 건 아니네. 담뱃값 정도는 받고 한다는 말일세. 자네는 영리한 사람이니 무슨 말인지 알아들을 거야. 이렇게 하면 어떻겠나? 자네가 안심할 수 있도록 우선 내가 수수료의 절반을 지불하고, 나중에 그 사람이 돌아오면 대금을 전액 지불하고 물건을 가져가는 걸로 말이야. 만일 그가 정말로 번복하면 내가 건넨 5만 위안을 돌려받지 않는 걸로 하지."

쉬이가 잠시 생각하더니 말했다.

"수수료를 일시불로 주실 수 있습니까? 많은 금액이 아니니까요."

"그 돈은 내가 지불하는 것인데 그렇게 재촉할 필요는 없지 않겠나?"

"좋습니다. 그럼 제가 한발 물러서죠. 근데 사장님께서 이 일에 대해 각서를 써주실 수 있겠습니까?"

"각서도 내 입장에서는 좀 그렇구만. 아닌 말로 사람 일이란 게 모르는 법인데, 그 사람이 정말로 차 사고나 비행기 사고라도 당해서 비명에 가기라도 하면 중간에 낀 나는 뭐가 되나? 지금 자네가 나를 찾아왔네만 나로서는 신용을 담보로 할 수밖에 없네. 종이 나부랭이에 뭘 써달라고 하는 건 나를 몰아붙이는 걸세. 만일 자네가 나를 상대로 소송을 한다면 우리 두 사람은 정말로 등을 돌리게 되겠지. 난 그렇게 복잡하게 만들 필요가 없다고 생각하네. 그 사람 장모가 죽어서 늦어지게 됐지만 그래봐야 며칠이나 되겠나? 기껏해야 4, 5일 정도겠지. 자네가 정한 낙찰대금 납부 기한은 두 주 정도지 않은가. 어떤가, 영 말이 안 될 소리는 아닌 것 같은데."

"그럼 수수료 확인서는 만들지 않아도 됩니까?"

"마찬가지네. 당분간 확인서에 서명하는 건 미뤄두세. 내가 쉬사장이 수수료를 더 달라고 할까봐 걱정하겠나? 5만 위안은 자네가 급하지 않으면 그때 일시불로 지불하겠네. 그때 내 개인카드로 지불해줄 수도 있고."

"사장님께 물건을 사달라고 위탁하신 분이 계약금도 지불하지 않은 건 아니겠지요? 장 사장님께서 중간에서 돈을 얼마나 받으시든 사장님 능력이시니 제가 관여할 바는 아닙니다만 5만 위안은 먼저 지불해주시면 좋겠습니다."

"그래도 되지. 지불인 이름은 공란으로 해서 대금영수증을 준비해주게. 나중에 그 사람에게 일괄 결제하도록 해야 하니까. 괜찮겠나?"

"요즘 타이완에 태풍도 오고 지진도 있었다고 하던데, 그분이 무사히 와야 할 텐데요."

제 28장

똑똑한 여자 하나를 똑똑한 남자 열이 못 당한다.

그 타이완 친구가 돌아왔냐며 쉬이가 전화를 걸어왔다.

"아직이네. 쉬 사장, 이미 5만 위안을 받았고 대금지불 기한이 다 된 것도 아닌데 조급할 건 없지 않겠나?"

"조급해서가 아니고 그냥 여쭤본 겁니다."

사실 더 조급한 쪽은 장중펑이었다. 타이완 친구라는 인물은 당연히 그가 쉬이를 설득하기 위해 만들어낸 가공의 인물이었다. 지난번에 젠거가 법원장이 영국 출장에서 돌아오는 대로 경매중재기구 선정 건을 마무리하고, 상수이 법인주식 경매도 곧바로 절차에 들어갈 것이라고 했기 때문에 그로서는 어쩔 수 없이 시간을 벌기 위해 지어낸 전술이었다.

장중펑은 이 일이 기약 없이 연기되는 것이 아닌가 하는 생각이 들었지만 그렇다고 달리 방법도 없었다. 그는 불안을 떨쳐버리지 못하고 젠거를 만나야겠다고 생각했다. 두 사람이 만나서 세부적인 내용들을 면밀히 재점검해야 할 필요가 있었다. 어떤 의외의 결과나 실수도 용납되지 않았다.

두 사람은 늘 만나던 곳에서 만났다.

"그 입찰자가 정말로 믿을 만한 사람인가?"

"문제 없습니다. 요 며칠은 하루가 멀다 하고 전화를 걸어오고 있거든요. 언제든 달려올 준비가 되어 있다면서요."

"자네가 그 사람을 어느 정도나 뜻대로 할 수 있겠나?"

"무슨 문제를 걱정하고 하는 말씀인지요?"

"이런 문제를 생각해봤는지 모르겠군. 여덟 개 업체 가운데 어느 업체든 입찰신청을 받을 수가 있는데, 그렇다면 그 사람이 다른 업체들을 찾아가서 조건을 협상하면 어떻게 되느냐는 거야. 수수료를 적게 받겠다든가 아니면 아예 받지 않겠다든가 하는 회사가 있다면, 그 사람으로선 구미가 당기지 않겠나?"

이 문제는 장중펑도 이미 생각했던 것이었고, 그와 젠거가 머리를 맞대고 짜낸 계획의 허점이기도 했다. 장중펑은 지금 젠거가 이 일을 꺼낸 이상 먼저 그의 의견을 들어봐야겠다고 생각했다.

"저도 걱정했던 문제입니다. 근데, 글쎄요. 설마…… 그럴 리가 있겠습니까?"

"자네 말을 들으니 자네도 이 문제에 대해 확신이 없나보군. 그럴 리가 있겠냐고? 어느 쪽이 그럴 리가 없다는 건가? 자네의 그 입찰자 말인가 아니면 다른 경매회사들 말인가? 우선 경매회사들은 충분히 그럴 수 있네.

자네 회사 3D를 예로 들어보자구. 만약 자네가 사전에 이 입찰자를 찾지 못하고 있는데 다른 입찰자가 자네를 찾아와서 자네 회사를 통해 입찰을 할 테니 자네에게 수수료를 인하해달라거나 수수료를 면제해달라는 조건을 제시한다면 자넨 어떻게 하겠나? 자넨 동의할 걸세. 왜냐하면 적어도 경매를 위탁한 측으로부터 수수료를 받을 수가 있을 테니까. 놓치기엔 아까운 기회이지. 다른 회사를 위해 좋은 일을 하기로 마음먹지 않고서야 마다할 이유가 없지.

그 친구가 이렇게 할지 안 할지는 전적으로 그가 어느 정도나 상도를 중시하는 인물인가에 달려 있네. 하지만 이 상도라는 건 눈에 보이는 게 아니지. 그러니까 자네와 그 양반과의 관계가 자네와 나의 관계처럼 믿을 만하냐고 묻는 거네."

장중펑은 그의 말이 충분히 일리가 있다고 생각했다. 그런 일은 얼마든지 있을 수 있었다. 자신과 후하이양의 관계는 사업상의 관계, 거래 관계에 불과했다. 무슨 근거로 후하이양을 백 퍼센트 신뢰한단 말인가. 후하이양인들 전적으로 자신을 신뢰하겠는가. 어느 쪽이나 입장은 마찬가지였다.

게다가 이것은 신뢰도의 문제만은 아니었다. 경매회사들이 입찰자가 생트집을 잡으며 문제를 일으킬까봐 걱정할 필요가 없었던 이유는 경매회사가 한 경매물건의 유일한 매각통로였기 때문이다. 지금은 상황이 바뀌어서 이런 통로가 여덟 개가 생긴 셈이었고 매입자라면 당연히 각 업체의 수수료를 비교하지 않을 수가 없다. 그도 그럴 것이 수수료가 결코 만만치 않아서 낙찰가의 5퍼센트로 계산해도 천만 위안이 넘었다. 사업하는 사람이 이런 계산을 하지 않을 리가 만무했다. 이런 가능성의 존재는 젠거와 그가 짜낸 계획으로는 막기 힘든 구멍이 틀림없었다.

장중펑이 한숨을 토하며 말했다.

"이런 비교를 하지 못하도록 막기 위해서는 비교할 수 있는 기회 자체를 차단해야겠지요."

"자네 말은 경매위탁서가 3D에게만 떨어지도록 만들어야 한다는 말인가?"

젠거는 그의 대답을 기다리지 않고 손사래를 치며 말을 이었다.

"전에도 그러지 않았지만 지금은 더더욱 그럴 수가 없네. 만약 그렇게 하면 다른 업체들이 며칠의 시간 여유도 주지 않는다고 불만을 제기할 테고 그건 제 죽을 구덩이를 파는 짓이나 마찬가지일세."

"하지만 형님이 방금 말씀하신 문제는 현실적으로 충분히 일어날 수 있는 일입니다. 그 친구가 여덟 개 업체가 있다는 걸 알게 된다면 다른 업체를 찾아가지 않을 리가 없습니다. 누구라도 그렇게 할 테니 탓할 수도 없는 노릇입니다. 우리가 기대치를 낮춰서 그 양반에게는 수수료를 받지 않을 각오를 한다면 모를까."

"서두를 건 없어. 받을 수 있다면 받아야지 굳이 나서서 안 받겠다고 할 이유는 없지. 지난번에 우리가 얘기했듯이, 대어가 낚싯바늘을 확실하게 물도록 우선 연못에 놓아줘야 해."

"그러고 보니 생각해둔 방법이 있으시군요?"

젠거는 얼굴에 짐짓 웃음을 머금더니 상의하는 어투로 자신의
생각을 털어놓았다.

"이렇게 하면 어떻겠나? 자네 회사에게만 경매위탁을 맡길 수는
없지만 그 친구가 잠시 동안 이렇게 알고 있도록 만들 수는 있네.
우리 법원이 3D에 경매위탁서한을 보내는 거지. 자네가 그 친구와
자리를 마련하면 내가 그 친구가 보는 앞에서 위탁서한을 자네에
게 건네는 거야. 그러면 자네는 물밑작업을 잘해서 그 친구가 신문
에서 경매공고를 보기 전에 입찰보증금을 3D 계좌로 입금하도록
만들게. 이렇게 하면 여덟 개 업체의 경매공고가 났을 때 우선은
그가 못 보고 넘어가면 좋겠지만 행여 본다 하더라도 다른 경매회
사에 의뢰할 테니 입찰보증금을 되돌려달라고 하기는 어려울 거
야.

자네도 그 친구에게 입찰자들 간에 경쟁이 심해서 자네를 전적
으로 믿고 협력하지 않으면 이번 건을 따낼 수 없다고 넌지시 주지
시키게. 왔다 갔다 해봐야 일만 더 복잡해진다는 걸 알게 만드는
거지. 이 과정에서 내가 나설 필요가 있으면 다시 분위기를 만들
고, 어떤가?"

장중펑은 잠시 생각하다가 말문을 열었다.

"지금으로선 이것이 유일하게 현실적인 방법인 것 같습니다. 그
양반이 좀 호락호락한 게 아니거든요. 주역도 좀 아는 것 같고. 그
러니 조금이라도 미심쩍은 기색을 보여서는 안 됩니다. 참, 입찰보

증금은 얼마를 걸어야 합니까?"

"처음에 1만 위안으로 할까 생각했지만, 다른 입찰자들의 자금력을 압박하려면 2천만 위안은 되어야 하지 않을까 생각하네."

"엄청난 금액이군요. 그 양반이 신문에서 입찰공고를 보지도 않고 그만한 큰돈을 선뜻 내놓으려고 할지 모르겠습니다."

"그럼 자네 생각에는 얼마로 하는 게 적당할 것 같은가?"

"만약 그 양반이 다른 행동을 못하도록 만드는 게 목적이라면 우선 몇 백만 위안 정도만 걸도록 해도 될 겁니다."

"내 생각엔 1천만 위안 이하로 내리지 않는 게 좋을 것 같은데. 그 양반이 조급해하는 만큼 그만한 자금은 그리 큰 문제가 안 될 걸세. 적으면 오히려 일이 틀어질 수가 있어. 그 양반이 자네 말처럼 그렇게 빈틈없지만은 않을 거야. 사람은 누구나 약점이 있으니까. 이 일은 일단 이렇게 하는 걸로 하지. 그때가 되면 상황을 봐서 다시 이야기하세. 어떤가?"

"예. 형님이 말씀하신 경매위탁서한을 언제 준비할 수 있겠습니까?"

"서둘러야겠지. 보스가 며칠 있으면 돌아오니까. 아무튼 서두르자구."

"그럼 그 양반에게 내일 만나자고 해야겠군요?"

"그러지."

장중펑에게서 전화를 받은 이튿날 후하이양이 바로 달려왔다. 오후 다섯 시경, 장중펑은 후하이양이 묵고 있는 호텔에 도착했다.

방으로 들어가기 전에 그는 젠거에게 전화를 걸었고, 젠거는 "음" 하고 대답하고는 전화를 끊었다. 장중펑이 방에 들어간 지 1, 2분이나 되었을까. 그로부터 전화가 걸려왔다. 그는 장중펑에게 지금 뭘 하느냐고 물었고, 장중펑은 친구와 저녁식사를 하려고 하는데 시간이 되면 같이 하자고 말했다. 그가 다시 어떤 친구냐고 물었고, 장중펑은 "그러고 보니 제가 형님에게 몇 번 얘기했죠. 후 사장님이라고 증권과 건강 약주 사업을 하시는 분인데 기억하시는지 모르겠습니다" 하고 말했다. 그는 이렇게 말하면서 후하이양에게 고개를 끄덕여 보였다. 젠거가 짐짓 망설이는 듯 뜸을 들이다가 말했다.

"그래도 괜찮겠나?"

장중펑이 후하이양을 바라보자 그가 고개를 끄덕여 보였다.

"이쪽이야 상관없지만, 형님이 괜찮으실지 모르겠군요."

젠거는 잠시 말이 없다가 입을 열었다.

"그렇게 하지. 이쪽으로 와주면 좋겠는데. 곧바로 사무실로 올라오게."

3D 앞으로 내려온 위탁경매서한은 성 고급법원에서 사용되는 얇은 소가죽 봉투에 담겨 있었는데, 젠거가 집행국 사무실에서 후하이양이 보는 앞에서 장중펑에게 건네주었다. 장중펑은 서류를 꺼내어 자세히 읽어보더니 대뜸 후하이양에게 내밀었다. 후하이양이 읽어보고 도로 장중펑에게 서류를 건네주는 걸 가만히 지켜보던 젠거가 입을 열었다.

"보름 이내에 마무리하는 데 무리가 있겠나?"

장중펑이 후하이양을 바라보자 그가 말했다.

"보름, 신속히 처리할수록 정보가 새나가지 않겠지요."

후하이양이 의자에 앉은 채로 장중펑 쪽으로 몸을 기울이며 물었다.

"장 사장, 회사 계좌가 그대로겠지요? 내일 출근하는 대로 입찰보증금을 입금시키겠습니다. 얼마지요?"

"관례에 따라 2천만 위안입니다. 하지만 신문에 경매공고가 나는 걸 보신 후 입금시켜도 됩니다."

젠거가 웃으며 끼어들었다.

"입찰보증금을 미리 거는 것은 입찰에 대한 의지가 그만큼 강하다는 것이고 또 이쪽의 자금력을 보여주는 게 되겠지요. 3D나 법원 쪽을 그만큼 안심시킬 수가 있어요. 안 그렇습니까? 후 사장님?"

후하이양이 그렇다고 대답하자 장중펑이 말했다.

"그럼 두 분의 뜻대로 하겠습니다."

젠거가 다시 말했다.

"처음에 얼마나 할지, 일시불로 할지 분납할지는 두 분께서 상의를 하시지요."

"괜찮으시면 지금 정하는 걸로 하지요. 우선 1천만 위안을 넣는 걸로 하면 어떻겠습니까?"

장중펑이 물었다.

"법원이 요구하는 것은 두 가지뿐입니다. 합법성과 안전이죠."

젠거가 후하이양을 향해 말하고는 다시 장중펑을 보며 말을 이었다.

"자네도 알겠지만, 전반부는 상당히 까다로워서 순조롭지가 않을 거야. 중요한 단계에서 행여 무슨 실수라도 있으면 안 돼. 내가 자네에게 상황이 어떤지 말했듯이 착오가 없도록 만전을 기해야 할 거야. 후 사장님과 자네가 잘 아는 사이라니까 자네가 딴생각을 할 리는 없겠지만. 아닐 말로 후 사장님께서 번호판을 한번 들었다 내리면 몇 백만 위안이 왔다 갔다 하니까 명심하게. 그리고 무슨 경매회사지? 자네도 알 텐데, 부법원장의 조카가 주주로 있다는 회사에서 이 일에 눈독을 단단히 들이고 있는 모양이야."

"그래요?"

장중펑이 말했다.

"여기 계신 두 분만 알고 계세요. 밖에 나가서 이야기하시면 안 됩니다. 그 회사에게 호텔 경매를 맡기려고 준비중에 있습니다. 안 그랬다가는 이번 경매 건을 먹겠다고 달려들지도 모르거든요. 명심하세요. 이 이야기는 여기서 들은 걸로 끝입니다."

젠거가 말했다.

"안심하십시오, 국장님. 사업을 하는 사람은 공연히 말썽이 불거지는 걸 무엇보다 두려워합니다. 입찰보증금 1천만 위안은 내일 출근하는 대로 처리하겠습니다."

후하이양이 말했다.

"제가 형님에게 말씀드렸지만, 후 사장님같이 큰일을 하는 분들은 정확히 판단을 내린 일에 대해서는 망설이는 법이 없죠."

장중펑이 말했다.

"그것도 몇 년 동안 주식을 하면서 생긴 버릇입니다. 주식시장에서는 몇 분 몇 초를 사이에 두고 상황이 완전히 달라질 수가 있거든요."

후하이양이 말했다.

"기회가 있으면 후 사장님께 한 수 배워야겠습니다."

젠거가 너스레를 떨었다.

저녁을 먹은 후, 후하이양이 한턱 내겠다며 자리를 옮기자고 했다.

"이곳에서는 손님이신데 그럴 순 없지요."

"우리 둘 사이에 그런 구분을 할 필요가 있습니까? 다 마찬가지인걸요."

후하이양의 말에 젠거가 대답했다.

"그럼 두 분이서 가시지요. 저는 오늘밤에 다른 일이 좀 있습니다."

이렇게 해서 자리를 옮기자는 제안은 없었던 일이 되었다. 후하이양이 택시로 호텔로 돌아가겠다고 했지만 장중펑과 젠거가 그럴 수는 없다면서 그를 호텔까지 데려다주었다. 차에 두 사람만 남게 되자 젠거가 입을 열었다.

"무슨 문제가 생기지는 않겠지?"

"그래야죠. 사실 오늘 일은 그 양반을 속인 것이지만, 그 양반이 낙찰을 받기만 하면 양쪽 모두에게 좋은 일이니까요."

젠거가 매디슨카운티역에서 거윈을 만나기로 했다며 그곳으로 가자고 했다. 차가 거의 도착할 무렵 그가 거윈에게 전화를 걸어서 올라가고 싶지 않으니까 길에 나와 기다리라고 말했다. 장중평의 차가 도착하자 거윈도 마침 나오고 있었다. 젠거가 차창을 내리고 손을 내밀어 흔들었고, 거윈도 두어 걸음 앞으로 나왔다. 장중평은 조용히 차를 거윈 가까이에 멈추었다.

"형수님, 안녕하십니까?"

장중평은 인사를 건네고는 젠거를 보며 물었다.

"약속을 했나보군요?"

젠거가 그렇다고 대답했다.

"곧바로 갈 거예요?"

거윈이 물었다.

"곧바로 가지. 이 친구에게 데려다달라고 하지, 뭐."

젠거가 대답했다.

젠거가 지시하는 대로 장중평은 성 위원회 후원 쪽으로 차를 몰았다. 그는 충린이 며칠 전에 젠거가 부법원장으로 승진할지도 모른다고 했던 말을 떠올리며 아마 그 일과 관련이 있는 모양이라고 생각했다. 그는 물어볼까 하다가 젠거가 줄곧 아무 말 없이 앉아 있었기 때문에 입을 닫았다. 차를 멈춘 후 그가 물었다.

"차를 여기 두고 갈까요?"

젠거가 손사래를 치더니 거윈 쪽을 보며 말했다.

"당신이 먼저 내려. 이 친구하고 할 말이 좀 있어."

거윈이 고맙다는 인사를 하고 차에서 내리자, 그가 말했다.

"무슨 일이 있으면 곧바로 내게 알려주게. 나도 집사람을 통해서 자네에게 연락을 할 테니."

장중펑이 그렇게 하겠다고 대답하자 그가 다시 말했다.

"그리고 그 경매위탁서한은 내게 돌려주게. 밖에서 알게 되면 안 좋아."

장중펑은 다시 그렇게 하겠다고 말했다.

장중펑은 청전에게 갔다.

"당신 방금 전화했죠?"

"아니."

청전이 그를 집 전화기 쪽으로 데려가더니 발신번호 표시기에 찍힌 번호를 보여주었다.

"이 번호로 벌써 세 번이나 왔어요. 받으면 아무 말도 하지 않고. 그래서 내가 도로 걸어보았는데 전화기가 줄곧 꺼져 있어요."

"전화번호를 적어뒀다가 공중전화로 한번 걸어봐."

"벌써 해봤어요. 장 보러 가는 길에 걸어봤는데 여전히 꺼져 있었어요. 혹시 그분 아닐까요?"

"누구? 우리 집사람? 그럴 리가 없어. 지금 박사시험에 떨어져서 그럴 정신도 없는걸. 다른 이상한 낌새도 없고. 그 사람은 아닐 거야."

"그렇지만 그분이 아니라면, 그럼 대체 누굴까요?"

1천만 위안이 곧바로 3D의 계좌에 입금되었다. 후하이양이 3D 경리부에서 입금영수증을 발급받고는 장중펑의 사무실로 들어오더니 경매공고가 났느냐고 물었다. 장중펑은 일찌감치 이런 질문을 예상하고 대답을 생각해놓고 있었다.

"아직입니다. 류 국장이 있는 집행국에서 얼마 전에 문건을 보내왔는데, 법인주식 경매공고는 반드시 전국적으로 발행되는 증권 관련 신문에 내야 한다고 되어 있더군요. 그래서 지금 신문사를 알아보는 중입니다."

"증권 쪽이라면 제가 아는 사람이 좀 있는데, 알아봐드릴까요?"

장중펑이 펄쩍 뛰며 말했다.

"절대로 그건 안 됩니다. 류 국장 말이 후 사장님께선 샹수이 주식을 사들일 준비를 하고 계시는 분이니까 일거수일투족이 신중해야 한다고, 당분간은 모두 몸을 낮추고 있어야 한다고 했습니다. 제 생각에도 그 양반 말이 맞습니다. 후 사장님께서 나서시면 그쪽 사람들이 자연히 이 일과 후 사장님을 연관 지을 테고 다른 주식시장에서 미리 사들이기라도 하면 골치 아파집니다."

"그렇군요. 류 국장이란 분이 그것까지 생각하다니 뜻밖입니다. 일을 좀 신속하게 처리했으면 합니다. 시간을 끌다가 문제가 불거질 수 있을 테니까요. 지난번에 우리가 나눴던 이야기 기억하십니까? 글자풀이로 나왔던 두 점괘 말입니다."

"기억하지요. 이번 일이 수월치 않은 것은 사실이지만, 저와 류 국장이 함께 나서고 있으니 후 사장께서는 마음을 놓으셔도 됩니다."

"초면이었지만 류 국장에게서 아주 좋은 인상을 받았습니다. 어제 그 양반이 했던 말을 새겨들었습니다. 만일 장 사장께서 제게 주신 평가서에서 제안했던 가격에 낙찰을 받게 되면, 약정대로 수수료를 드리는 것 외에 두 분께 따로 생각을 해드리겠습니다."

"저야 상관없지만 류 국장 쪽이 어떨지……. 그때 가서 다시 얘기 하시지요."

"그러면 우선 돌아가 있을까요?"

"후 사장님께서 마음을 놓지 못할 일이 없으시다면, 제 생각에는 그래도 될 것 같습니다. 여기 계시면 아는 분들을 만나지 않을 수가 없을 테고, 후 사장님처럼 하나같이 대단한 분들이실 테니 조심을 하셔야 합니다."

"맞는 말씀입니다. 이미 이쪽에서는 이 일에 대해 말들이 나오고 있습니다."

"그래요? 이상할 것도 없지요. 제 쪽에서 서둘러야겠군요."

"부탁드립니다. 아, 그 경매위탁서한의 복사본을 받을 수 있겠습니까? 회사의 자금을 지출하는 근거가 있어야 해서요."

장중펑은 그가 이런 요구를 하리라고는 생각지 못했지만 단번에 거절해서는 안 된다는 생각이 들었다. 그는 태연한 표정으로 그러자고 대답하고는 샤오예를 부르면서 일어나서 비서실로 나왔다.

경매위탁서는 장중평의 손에 들어 온지 몇 시간 만에 도로 젠거에게 돌아갔다. 그 몇 시간 동안에도 줄곧 젠거와 같이 있느라 복사를 할 겨를이 없었다. 후하이양에게 보여주기 위해 급조된 것이었던 만큼 처음부터 세상 구경을 할 수 있는 서류가 아니었던 것이다. 하지만 그는 당장이라도 후하이양에게 보여줄 것처럼 샤오예를 불렀다. 다시 돌아온 그는 혼잣말을 하듯 말했다.

"후 사장님, 죄송합니다. 직원이 베이징으로 출장을 가면서 원본을 가져갔다는군요. 꼭 필요하시다면 류 국장에게 전화를 해서 한 부를 더 달라고 할까요? 당장 필요한 건 아니시죠? 위탁서 사본은 일반적으로 외부에 돌릴 수가 없습니다. 다른 사람들이 보고 내부적으로 무슨 거래가 있었던 것이 아니냐고 의심이라도 하게 되면 골치 아파지니까요. 경매공고가 나가고 나서 몇 부를 복사해서 드리면 어떻겠습니까?"

"그래도 됩니다."

"혹시 마음이 안 놓여서 그러시는 건 아니겠지요? 후 사장님께서 내신 것은 입찰보증금이고, 저희 쪽에서도 그렇게 영수증을 발급해드렸습니다. 이런 말씀을 드리기는 뭣하지만, 행여 일이 뜻대로 안 되더라도 한 푼도 빼지 않고 돌려드릴 겁니다."

"장 사장께서 오해하신 것 같습니다. 그냥 말씀드려본 것이지 딴 뜻이 있어서가 아닙니다. 이 일은 다시 거론하지 맙시다. 경매공고가 나가고 나서 곧바로 저한테 알려주십시오. 제가 방금 말씀드린 일은 괜찮으시면 류 국장에게 한번 알아나 봐주시면 됩니다."

"우선 일부터 성사시켜놓고 봐야 하니까, 나중에 다시 이야기하기로 하지요."

3D 계좌에 1천만 위안이 들어왔다는 소식이 곧 쉬이의 귀에 들어갔다. 이 일은 장중평을 몹시 불쾌하게 만들었다. 누가 정보를 물어다 날랐는지 알 수가 없었다. 하지만 그 자리에서 화를 낼 수는 없었기에 그는 일단 일을 마무리한 다음에 내사를 해보리라 마음먹었다.

슝 부장이 입을 놀렸을 가능성은 크지 않았다. 늘 입이 무거운 사람이었다. 게다가 쉬이가 회사를 떠난 다음에 들어왔기 때문에 두 사람은 면식조차 없었다. 만약 샤오예라면 이참에 해고해버려야겠다고 생각했다. 해야 할 말과 해서는 안 될 말을 분간할 줄 모르는 인간은 언제든 일을 그르칠 수가 있었다.

쉬이가 매디슨카운티역에서 차나 하자며 전화를 걸어왔지만, 장중평은 일 때문에 밖에 나와 있다며 거절했다. 전화기 너머에서 쉬이가 웃으며 말했다.

"지금 회사에 계시다는 거 알고 있습니다. 제가 지금 사장님 자가용 옆에 서있습니다."

"자네 '황시런(현대 중국의 가무극 「백모녀(白毛女)」에 나오는 악덕 지주)'보다 더 하군."

쉬이는 작은 내빈객실 1인용 소파에 앉아서 장중평 쪽으로 몸을 약간 기울인 채 장중평의 조롱 섞인 농담에도 아랑곳하지 않고 히죽 웃었다.

"저도 아주 죽겠습니다. 위탁인이 워낙 재촉을 해야지요."

"위탁인이 자네를 재촉한다고? 그 청유관을 경매에 내놓은 사람을 말하는 건가?"

"그 사람이 아니면 누구겠습니까?"

시치미를 떼는 쉬이에게 장중펑은 다른 대꾸할 말이 없었다. 젠거가 무슨 일이 있으면 거원을 통해서 연락하자고 말했었다. 그는 지금까지 한번도 청유관에 대해 언급하지 않았고 거원도 상수이 법인주식 경매에 대해 아는 체하지 않았다. 두 사람은 마치 나란히 달리는 철로처럼 서로의 일에 일절 관여하지 않았다. 이것은 세 사람이 묵시적으로 아는 사실이기도 했다.

만일 거원이 청유관의 대금에 관해 다른 생각이 있었다면 얼마든지 장중펑에게 직접 말할 수 있는 일이었고 쉬이를 통할 이유가 없었다. 하지만 쉬이의 묘한 웃음도 그렇고 차를 마시자며 말한 장소가 거원과 자주 갔던 곳이라는 점은 영 개운치가 않았다. 우연의 일치일까 아니면 어떤 의도가 깔린 것일까. 설마 거원이 정말로 그렇게 독촉을 했을까. 그렇다고 쉬이에게 이런저런 말을 물어볼 수도 없었다. 쉬이가 지금 넘겨짚고 말하는 건지도 모를 일이었다.

쉬이가 정말로 경매위탁인과 낙찰인의 관계를 알고 있다면, 머잖아 진행될 상수이 법인주식 경매와 연관지어 생각할 테고 상황이 어떻게 돌아가고 있는지 어렵잖게 추측해낼 것이다.

유일하게 그를 안심시키는 사실이 있다면 쉬이의 회사가 설립된 지 얼마 되지 않은 탓에 성 고급법원과 닿는 선이 없었고 앞으로도 당분간은 그를 위협하지 못할 것이라는 점이었다. 하지만 거원이 일을 이렇게 만든 것이라면?

장중펑은 거원이 독촉했을 가능성은 극히 적다고 생각했다. 만약 그녀가 정말로 그랬다면 그건 젠거의 의중일 것이다. 샹수이 법인주식 경매는 그와 젠거가 후하이양을 앞에 두고 꾸민 연극일 뿐 실제로 경매절차에 들어간 일은 아니라고 해야 정확했다. 따라서 후하이양이 비록 1천만 위안을 보증금으로 내놓기는 했지만 여전히 첫 단추도 꿰지 못하고 있는 상황이었다. 후하이양이 이 사실을 알 턱이 없었지만 지금으로서는 아무것도 속단할 수 없다는 것을 장중펑 자신이 더 잘 알고 있었다.

우선 여덟 개 경매회사의 선정이 영국 출장에서 돌아온 법원장으로부터 최종적으로 결재를 받아야 했다. 둘째는 샹수이 법인주식 경매 건도 법원장이나 법원상임위원회 심지어 법원심사위원회가 모두 젠거의 방안을 받아들이고, 그 후에 여덟 개 업체의 명의로 경매공고를 내야만 확정될 수 있었다. 셋째는 낙찰자가 최종적으로 후하이양이 되어야만 했다. 이런 것들이 결정되기 전까지는 모든 것이 눈에는 보이되 손에 잡지 못한 새였고, 젠거의 말을 빌자면 물에 놓아준 물고기였다. 지금은 아직 낚시대회가 시작조차 되지 않은 단계였다. 설령 낚시대회가 시작된다 하더라도 다른 회사가 3D보다 앞질러 다른 대어를 낚아올릴 가능성을 배제할 수 없었다.

지피지기해야 백전백승한다고 했던가. 장중펑이 젠거와 머리를 맞대고 일을 어떻게 몰고 갈지 계획을 세웠듯, 다른 회사들도 성고급법원의 법원장이든 부법원장이든 아니면 모 유력인사든 누구하고라도 마찬가지로 그럴 수 있지 않겠는가. 장중펑은 여전히 갈길이 멀다는 것, 눈앞에 놓인 일들 하나하나에 예상치 못한 상황이 발생할 수 있다는 것, 그리고 그로 인해 일이 어그러져버릴 수 있다는 사실을 상기했다.

후하이양도 두 개의 점괘를 말하며 매사에 신중해야 한다고 당부하지 않았던가. 이 일을 놓고 얻은 점괘를 두고 그는 물항아리가 우물 입구 가까이 올라오기는 했지만 아직 바깥으로 완전히 끌어올린 것은 아니므로 항아리가 깨지거나 옆으로 쏟아지지 않도록 주의해야 한다고 했다.

주역을 굳게 믿는 후하이양이 신통력이 있다는 그의 외숙이 봐준 점괘를 잊었을 리가 없었다. 그가 건 입찰보증금 또한 결코 적은 액수가 아니었다. 지금 그 돈은 숫자의 형태로 얌전히 3D의 은행계좌에 들어있었다. 이것은 적어도 한 가지 사실을 말해주었다. 후하이양이 이 일에 대해 큰 희망을 걸고 있고, 젠거와 장중펑이 일을 성사시켜줄 것이라고 믿는다는 사실이었다. 그렇지 않다면 그가 이렇게까지 적극적으로 나올 리 만무했다.

경매법에 근거해서 따지자면, 후하이양이 경매공고가 나오기도 전에 입찰보증금을 건 것은 이미 위탁자와 입찰자 사이에 모종의 내통이 있었다는 의심을 사고도 남을 일이었다. 장중펑은 이것이 무엇을 의미하는지 알았지만 목적 달성을 위해서는 어쩔 수 없었다. 바로 후하이양이 다른 회사가 아닌 자신들이 드리운 낚싯바늘을 물도록 만들기 위해서였다.

입찰보증금으로 1천만 위안을 건 것에 대해 후하이양이 언급한 위험 이외에 자금의 안전 문제를 걱정할 필요는 없었다. 만약 샹수이 법인주식의 경매를 3D가 따내지 못하거나 그가 낙찰을 받지 못하는 경우에는 3D가 무조건 그 돈을 돌려줘야 했다.

하지만 장중펑이 이 돈을 유용한다면 상황은 달라진다.

이전에 3D의 장부 외 지출은 매 건의 경매가 끝난 후에 손에 들어온 자금을 가지고 진행하는 은밀한 2차 분배였다. 장중펑의 입장에서 그것은 이미 약속한 대가를 지불하는 것이었다. 그의 친구들은 뒤에 가서 그가 딴소리를 할지도 모른다는 걱정 같은 것은 하지 않았다. 그의 손에 경매가 떨어지기도 전에 이미 서로가 친구 이상으로 가까워져 있었기 때문이기도 하고 경매라는 것이 언제든 돌발변수가 나타날 수 있는 일이었기 때문이다. 특히 피집행인이 갖가지 인맥이나 방법을 동원하여 경매를 중지시킬 수가 있었다. 경매는 사업이면서도 단순히 사업이라고만은 할 수 없는 일이었고, 다음에 다시 그 일을 하지 않을 요량이라면 모르되 돈을 손에 쥔 다음에 오리발을 내밀 수도, 또 내밀 엄두를 낼 수도 없었다.

샹수이 법인주식 경매는 상황이 달랐다. 3D가 만약 최종적으로 승자가 된다면 표면적으로는 전적으로 공정한 경쟁의 결과였다. 모든 것이 공개적이고 공정한 절차와 취지에 따라 진행되었기 때문에 누구도 감히 성 고급법원의 집행국 국장과 3D 사이에 뒷거래가 있었으리라고 의혹을 품지 못했고 드러내놓을 수 있는 뚜렷한 증거를 잡을 수는 더더욱 없었다. 의심을 할 수는 있겠지만 의심만으로 누군가를 단죄할 수는 없는 일 아니겠는가.

상대가 나를 의심하면 나도 상대를 걸고 넘어지면 될 일이었다. 지금 세상에서 뒤가 구리지 않은 사람이 몇이나 되겠는가. 이런 부류의 인간이 없지는 않겠지만, 문제는 있든 없든 우선 상대의 바지를 끌어내려야 한다는 것이다. 하지만 상수이 법인주식의 경매는 온 천하에 공개된 일인데, 무슨 수로 상대의 바지를 끌어내린단 말인가.

이런 상황에서 젠거가 자신의 아내를 쉬이의 회사로 보내어 신분을 노출시킬 리가 있겠는가. 생각이 여기에 미치자 그의 마음이 조금이나마 가라앉았다. 그는 쉬이가 자신에게 장난을 치는 거라는 생각을 거의 굳혀가고 있었다.

쉬이는 3D가 청유관 매각대금을 지불할 만한 능력이 있다는 것을 알면서도 군이 찾아와서 대금지불을 독촉하고 있다. 상수이 법인주식 건을 결국 성사시키지 못하더라도 거원에게 낙찰대금을 지불하지 않을 수는 없다. 어떻게 얼마나 지불해야 할까. 자신의 신분을 노출시키지 않기 위해 거원은 위탁자가 지불해야 할 경매수수료를 쉬이가 제하게 할 것이다. 10퍼센트로 계산해도 60만 위안이 넘는 금액이니 쉬이는 가만히 앉아서 돈을 챙길 수가 있다.

이런 계산속을 그저 받아들여야 하는 장중펑으로서는 자칫 닭 쫓던 개 지붕 쳐다보는 격이 될 수도 있었다. 일이 정말로 이 지경이 된다면 벙어리 냉가슴 앓는다는 말은 바로 그를 두고 하는 말이 될 것이다. 잘못 하다가는 젠거의 노여움을 살 수도 있고 거윈의 비위를 건드리는 것만으로도 이제 이 바닥에서 먹고 살기 어려워질 수도 있다.

장중펑은 문을 열고 샤오예를 불렀다.

그는 샤오예에게 쉬이 앞에 놓인 잔에 물을 부으라는 손짓을 했다. 그는 마치 두 사람이 하는 짓을 훤히 안다고 말하기라도 하듯 약간의 간격을 두고 샤오예와 쉬이를 번갈아 보았다. 하지만 샤오예의 행동이 그녀에 대한 그의 의심을 단번에 지워버렸다. 샤오예는 장중펑의 시선이 자신을 아래위로 훑고 지나가는 것을 느끼자 대놓고 말했다.

"왜 그러세요, 사장님?"

장중펑은 내심 멈칫하며 "아, 아니. 오늘 입은 옷이 유난히 예쁘군. 그렇지 않소, 쉬 사장?" 하고 말했다.

"예, 미인이잖습니까" 하고 쉬이가 받았다.

샤오예의 얼굴이 홍조를 띠었다.

"벌써 사흘째 이 옷을 입은걸요, 사장님."

장중펑은 그제야 그녀가 후하이양이 보증금을 보내온 사실조차 모른다는 생각이 들었다. 회사 재무담당자인 슝 부장에게 이 일에 대해 직원들을 포함해서 누구에게도 알려서는 안 된다고 특별히 지시를 해두었던 것이다. 설마 쉬이가 은행으로부터 소식을 들었을까.

샤오예가 나가자 장중핑이 말했다.

"쉬 사장, 누가 자네에게 내 금고로 돈이 들어왔다고 가르쳐주던가?"

"알려고 한다면 길이야 여러 갈래가 있지 않겠습니까, 사장님. 그러니 묻지 마십시오. 사실 사장님께서 대금기일이 아직 이틀 정도 남았다는 이유로 미루셔도 저로선 방법이 없지요. 이런 말씀을 드리긴 그렇지만, 저야말로 독촉을 받고 있습니다. 믿기지 않으시면 그분에게 직접 사장님을 찾아가서 말해보라고 하겠습니다. 그러면 제가 사장님에게 거짓말을 한다는 오해는 사지 않겠죠."

"그럼 오후에 나한테 연락하라고 하게."

장중핑은 자신의 체면을 봐서 청유관의 경매위탁인의 이름을 말하지 않는 쉬이에게 내심 고마운 생각이 들기도 했다. 하지만 달리 생각하면, 머리 돌아가는 게 빠른 이 애송이가 자신이 나갈 구멍을 만들고 있는 건지도 알 수 없었다. 거원이 오후에 정말로 전화를 걸어오는지 두고 보면 알 일이었다.

뜻밖에도 오후 세 시경에 거원이 정말로 그에게 전화를 걸어와서 매디슨카운티역에서 만나자고 했다. 전화가 걸려왔을 때 그는 청전의 침대에서 낮잠을 자고 있었는데 청전이 민감하게 누구냐고 물었다.

"친구야."

장중핑이 말했다.

"여자친구?"

"쓸데없는 소리. 일 관계로 아는 사람이야."

"나도 같이 가요."

"안 돼."

"갈 거예요."

"정말로 안 된다니까."

"차에서 안 내리고 차 안에서 기다릴게요. 그러면 되죠?"

"정말 대책이 없게 만드는군."

장중펑이 매디슨카운티역으로 들어서자 여종업원이 곧바로 그를 룸으로 안내했다. 그녀는 가느다란 손가락을 오므려 두 번 노크를 하고는 안쪽의 대답을 기다리지 않은 채 곧바로 장중펑을 안으로 들이고 조용히 문을 닫았다.

거원은 창가에 서서 조용히 밖을 응시하고 있었다. 그가 안으로 들어설 때까지 그녀는 고개도 돌리지 않았다.

"형수님, 안녕하십니까?"

거원이 천천히 고개를 돌렸고 그제야 그는 자신이 착각했다는 것을 알았다. 그녀는 거원이 아니라 매디슨카운티역의 사장인 치위였다.

치위는 웃음을 머금으며 테이블 아래에서 고풍스러운 의자를 꺼내어 손짓으로 그에게 앉으라고 권했다. 장중펑이 자리에 앉으며 말했다.

"죄송합니다. 저는 거원 형수님인 줄 알았습니다."

치위는 여전히 웃음기를 거두지 않으며 장중펑의 맞은편에 앉아

나직한 목소리로 말했다.

"거원은 제 친동생이에요. 제가 엄마의 성을 사용하는 것뿐이죠."

"아, 그랬군요. 형수님이 곧 도착하겠지요?"

"제 동생은 오지 않을 거예요."

"여기서 만나기로 약속을 했습니다."

"제가 대신에 약속을 잡아달라고 했어요."

장중펑이 웃으며 물었다.

"무슨 일로?"

"그 청유관은 제가 시대의 빛을 통해 경매수속을 한 거예요."

"물건도 사장님 것인가요?"

"제 것이기도 하고 제 동생 것이기도 하죠. 장 사장님께는 달라질 게 없을 텐데요?"

장중펑은 웃으며 치위의 질문에 대답하지 않았다. 엄밀히 말해서 물건이 거원의 것이냐 치위의 것이냐에 따라 차이가 있었다. 만약 젠거와의 거래가 아니었다면 그가 미치지 않고서야 그렇게 많은 돈을 주고 그 항아리를 샀겠는가. 그는 거원과 젠거의 주도면밀함에 내심 탄복하고 있었다. 이렇게 되면 누가 보더라도 그가 청유관을 매입한 것은 일종의 시장행위에 불과했다. 비싸게 샀다느니 손해 보고 샀다느니 하는 말은 하나마나 한 소리였다.

뇌물수수라는 게 무엇인가. 국가공무원이 직무상의 권한을 이용하여 타인으로부터 재물을 구하거나 불법적으로 재물을 받고 그

사람에게 이익을 가져다주는 행위이다. 치위가 공무원인가. 그녀
가 타인으로부터 재물을 구할 수 있는가. 모두 아니다. 치위는 경
매회사에 예술품의 경매를 위탁했고, 샹수이 법인주식 경매와는
전혀 관련이 없으므로 절대적으로 안전한 인물이었다. 젠거도 안
전했고 따라서 장중핑 자신도 안전했다. 왜냐하면 그와 젠거간에
어떠한 물질적인 거래도 없었으니까. 감쪽같다고밖에는 달리 할
말이 없었다.

"시대의 빛 쉬 사장이 사장님과 형수님의 관계를 알고 있습니
까?"

"장 사장님 생각에는 어떠세요?"

치위가 웃으며 물었다.

"쉬 사장 말이 사장님의 독촉이 대단하다고 하던데, 그렇습니
까?"

장중핑도 웃으며 물었다.

"장 사장님 영리한 분이시잖아요. 또 쉬 사장은 3D 출신이고. 쉬
사장이 누가 가서 독촉할 필요가 있는 사람이라고 생각하세요?"

짧게 오가는 대화 속에서 장중핑은 치위를 새삼스런 눈으로 다
시 보지 않을 수 없었다. 의문문으로 대화하기를 좋아하는 그녀의
화법은 마치 상대가 스스로 짐작하고 헤아리기를 바라는 듯한 의
미심장한 느낌을 담고 있었다.

장중핑은 다른 문제에 생각이 옮겨갔다. 샹수이 법인주식의 경
매를 진행하는 데 있어 그 자신의 안전은 젠거와 긴밀하게 연관되

어 있었다. 실제로는 그렇지만 외부에서 이런 말이 나오면 근거 없
는 소리로 받아치면 그만이다. 장중펑이 뜻하지 않은 실수를 하더
라도 뇌물을 줬을 거라는 의혹을 사는 게 고작일 것이다. 젠거가
자신의 뇌물수수 의혹을 피할 수 있다면 장중펑의 뇌물증뢰 의혹
도 자연히 피할 수 있을 터였다.

하지만 젠거가 자신과 이해관계가 없음을 명백하게 밝힌다 해도
다른 문제가 남아 있었다. 매수인인 자신과 쉬이 회사의 관계 그리
고 쉬이 회사와 위탁자인 치위의 관계로 문제의 성격이 변할 수 있
었다. 쉬이가 주관하는 경매회에서 청유관을 매입한 이상 당연히
낙찰대금을 지불해야 했다. 기율위원회나 감찰원의 입장에서는 그
가 실제로 청유관을 구입했든 안 했든 상관할 바가 아니었다. 그들
이 관심을 가지는 것은 오직 경매법과 계약법이다.

샹수이 법인주식의 경매가 예정대로 순조롭게 끝이 난다면 아무
것도 문제될 것이 없었다. 하지만 도중에 예상치 못한 일이 벌어져
서 3D가 샹수이 법인주식 경매로부터 아무것도 얻지 못한다면? 그
렇게 되면 이미 치위에게 지불한 낙찰대금은 어떻게 되는가. 거래
를 취소하고 모든 것을 원상태로 돌리겠는가. 무슨 근거로 어떻게
원상태로 돌리는가.

이런 문제를 장중펑은 이미 일찌감치 생각해왔다. 억지스럽더라
도 애초에 입찰수속을 밟지 않았다는 점을 이용해서 손해의 일부
를 쉬이의 회사에게 지불해야 할 5만 위안에 떠넘기는 수밖에 없었
다. 이것이 장중펑이 정한 마지노선이었다. 이렇게 하지 않고 쉬이

에게 대금을 지불하면 자신은 다른 사람의 도마 위에 놓인 생선 꼴이 되고 말 것이다.

예술품 경매가 샹수이 법인주식 경매 후에 있었다면 이런 문제가 없었을 것을 하필이면 그전에 진행된 것이 문제였다. 본래 그와 젠거가 공동으로 한 가지 문제에만 집중하면 되었지만, 지금은 한 가지 문제가 더 불거져서 두 사람의 관계를 복잡하게 만들었다.

어쨌든 샹수이 법인주식의 경매는 아직 미확정 상태였고, 우물 물은 이제 길어올려지는 중이었다. 물이 아직 우물 입구로 나오지 않은 상태에서 돈을 지불하는 것은 그의 사업 규칙에 어긋나는 행동이었다. 장중펑은 이 돈을 지불해서는 안 된다는 생각을 분명히 하면서도 어떻게 입을 열어야 할지 알 수 없었다. 이 문제를 설명하기 위해서는 샹수이 법인주식의 경매를 언급하지 않을 수 없었던 것이다.

젠거가 거원에게 이 문제를 말했는지 알 수도 없거니와 지금껏 자신과 거원간에 이런 이야기를 한 적도 없었다. 다만 젠거가 치위에게 말했을 리는 없다고 짐작할 뿐이었다. 그가 나서서 치위에게 그간의 일을 말한다는 것은 너무 경솔한 짓이었다. 당연히 그로서는 말할 수 없었다.

치위가 직접 장중펑에게 차를 만들어주었다. 그는 치위의 가늘고 긴 손가락을 물끄러미 보며 거원과 닮았다는 생각을 했다.

그는 치위가 어떻게 나오는지 봐야겠다고 마음을 정했다. 치위가 고개를 들며 그를 보고 미소를 지었다.

"장 사장님은 영리한 분이시니 제가 이리로 모신 이유도 짐작하실 거예요. 거원을 대신해서 제가 이 일을 맡았습니다. 어떻게 말해야 할까요? 거원은 장 사장님께 입을 여는 걸 곤란해하지만, 먼저 청유관 낙찰대금을 받았으면 하고 있습니다. 그러니까 2차 시장(신주발행시장이 아닌 기관투자자를 거친 주식이 거래되는 시장)에서 상수이 A주(A주식시장에서 거래되는 상수이 주식)를 매입하고 싶어 합니다. 지배주주가 바뀌고 자산의 구조조정이 성공적으로 이뤄지면 주가가 올라갈 것이 분명하니까요. 경매회사가 공시되고 나면 때가 늦을 수 있죠. 그리고 제부에 관한 일인데, 소문을 들으셨는지 모르겠군요? 사실 제부의 능력으로 보나 이력으로 보나 일찌감치 그렇게 되어야 했지만 지금의 사회가 무슨 일에든 돈을 요구하니까요. 제 말뜻을 이해하시겠죠?"

장중펑은 그녀의 말을 완전히 알아들었다는 표시로 고개를 끄덕였다. 치위는 영리하게도 시종일관 의문문 내지 반어법을 사용하며, 아무 반응을 보이지 않고 앉아 있는 것이 상당히 예의 없는 행동이라고 느끼도록 만들었다.

장중펑은 잠시 묵묵히 있다가 입을 열었다.

"사장님이 형수님의 언니이시고 또 이 일을 위탁받았다고 말씀하시니까 저도 솔직하게 말씀드리겠습니다. 거원 씨의 입장에서 얼마에 주식을 사들이느냐 하는 것이 문제라면, 제 입장에서는 위험부담이 너무 크다는 문제가 있습니다."

"위험 부담이라면? 제부와 함께 이 일을 추진하고 계시잖아요?

그런데 그렇게 분명하게 선을 그을 필요가 있을까요?"

"어떻게 말씀드려야 할까요? 제가 걱정하는 것은 저와 형님의 관계가 아닙니다. 우리는 형제나 다름이 없고 젠거를 제 친형이나 마찬가지로 여기고 있습니다. 제가 걱정하는 것은 우리가 함께 추진하는 그 일입니다. 형님이나 형수님이 사장님께 이 일에 대해 얘기를 했는지 모르는 상황이라 자세히 말씀 드릴 수가 없습니다. 지금으로서는 최종적으로 그 일을 따낼 수 있을지 백 퍼센트 확신할 수가 없습니다. 사장님께서 제3자의 시각에서 제 입장을 생각해주셨으면 합니다. 제가 청유관의 낙찰대금 문제를 연기하는 것에 대해 어떻게 생각하십니까?"

"음, 장 사장님의 말씀도 전혀 일리가 없는 건 아니에요. 하지만 저는 이렇게 생각합니다. 만일 제부가 강한 확신이 없었다면 이 일을 거론했을까요? 장 사장님께서 미리 돈을 지불한 상태에서 일이 잘못되면 장 사장님께서 적잖이 손해를 입게 될 텐데, 제부가 그 정도도 계산하지 않았을까요? 돈 벌기가 어려운 요즘에 경매회사는 그래도 형편이 조금 나은 편이라던데? 거위을 통해 듣기로는 몇 년 동안 성 고급법원에서 수천만 위안은 버신 걸로 알고 있습니다."

"그렇게 많기야 하겠습니까?"

"다른 뜻은 없습니다. 제게 제3자의 입장에서 문제를 생각해봐 달라고 하셨으니 제 생각을 그대로 말씀드리는 겁니다. 장 사장님의 생각은 확실한 이익을 보장할 수 없으니 절대로 움직이지 않겠다는 뜻으로 들립니다. 서둘지 마시고 제 말을 끝까지 들어주세요. 방금 하신 말씀처럼 장 사장님과 제부가 친형제나 다름없는 관계라는 건 네 것 내 것 가리지 않고 서로를 신뢰한다는 뜻일 테지요. 입장을 바꿔놓고 생각하면, 장 사장님께서도 이런저런 걱정이 많으신데 거원이라고 걱정이 없겠어요? 까놓고 말씀드리죠. 장 사장님께서 일을 끝낸 후 약속대로 이행을 하지 않으면 어쩌나 하는 걱정은 공연한 것일까요?"

장중펑이 얼른 말을 받았다.

"어째서죠? 저와 형님이 한두 번 일한 것도 아니고 이 정도의 신뢰도 없었다면 같이 일을 했겠습니까?"

"말이 그렇다는 거죠. 장 사장님, 제 동생 부부의 일인데 제가 전혀 모르겠습니까? 그 일을 맡으면 장 사장님께서 적게는 1천만 위안에서 많게는 2천만 위안까지도 버실 수 있다고 들었어요. 눈독을 들이는 사람이 적지 않겠지요.

당연히 저야 제3자지만 옆에서 보는 사람이 더 냉정하게 본다는 말이 있잖아요. 제가 틀린 말을 하더라도 너무 언짢아하지 않으셨으면 합니다.

앞으로 경매위탁이 지금과는 다소 달라질 것이라고 들었습니다. 큰 문제가 없다면 제부가 부법원장으로 승진을 할 거고, 그렇게 되면 집행업무를 계속 관장하게 될지도 확실치 않다고 하더군요.

음, 이런 상황에서, 어떻게 말하면 될까요? 제 말은 장 사장님을 말하는 게 아니라, 경매업무를 추진하는 과정에서 제부의 영향력이 줄어들 것이라고 생각하는 경매회사가 분명 있을 거라는 말입니다. 두 사람간의 약속을 장 사장님께서 본의 아니게 이행할 수가 없다 하더라도 제 동생네가 장 사장님을 어찌 하겠어요? 제 말뜻이 잘 전해졌는지 모르겠군요?"

장중펑은 누가 말했는지는 기억나지 않지만 여자와는 절대로 거래를 해서는 안 된다, 똑똑한 여자 하나를 똑똑한 남자 열이 못 당한다는 말을 들었던 기억이 나서 웃었다.

장중펑은 치위 혹은 거윈이(설마 류융젠은 아니겠지?) 상수이 법인주식 경매가 끝난 후 자신이 약속을 이행하지 않거나 일부만 이행하려고 들까봐 걱정하고 있다는 것을 알았다. 그러니 거윈이 치위를 앞에 내세웠을 터였다. 장중펑과 치위 사이는 무슨 친분이랄 것도 없이 겨우 10여 분 전에 그녀가 거윈의 언니라는 것을 안 것이 전부였다.

치위가 나서면서 너절한 말들이 적잖이 오갔다. 치위가 거윈을 대신해서 심중을 전달함으로써 장중펑은 피하기 어려운 문제를 하나 떠안게 되었다. 가슴에 손을 얹고 자신을 믿어달라고 맹세하는 행동 따위는 이제 아무 소용이 없었다. 지극히 현실적이고 피해 갈 수 없는 문제였다. 장중펑은 재빨리 머리를 굴렸지만 이것이 거윈이 단독으로 하는 일인지 아니면 젠거의 의중에 따른 일인지 알 수가 없었다.

치위가 보일 듯 말 듯한 미소를 띠며 장중펑을 바라보고 있었다. 그 미소는 더이상 이 문제를 고민할 시간이 없다고 말했지만, 중요한 것은 어떻게 이 문제를 처리해야 하느냐였다.

"사장님이나 형수님이 제가 나중에 딴소리를 하면 어떻게 하느냐는 걱정을 하시지만 그럴 리가 있겠습니까? 이미 낙찰을 받아놓고 대금을 지불하지 않는다면 고소를 당할 일이 아닙니까?"

"시대의 빛과 입찰계약을 한 사람이 장 사장님이 아니시죠? 혹시 처음부터 무슨 다른 생각이 있으셨던 것은 아닌가요? 영리하신 분이니 이 문제를 분명히 말씀해주실 수 있겠죠?"

그러니까 이 여자는 모든 것을 알고 있었던 것이다. 하지만 그렇더라도 그녀가 거론한 문제를 설명하기는 곤란했다. 그는 잠시 생각하다가 입을 열었다.

"아니면, 이렇게 하면 어떻겠습니까? 제가 돈을 지불하죠. 하지만 쉬이의 회사 계좌가 아닌 저와 사장님 혹은 저와 형수님의 공동 명의로 된 계좌를 만들어서 그곳에 입금해두었다가 상수이 법인주식 경매가 끝나고 나면 그때 돈을 시대의 빛 계좌로 이체하는 겁니다. 만일 일을 따내지 못하면 저는 그 돈을 다른 사람에게 돌려줘야 합니다. 어떻습니까?"

치위의 얼굴에서 미소가 가셨다. 그녀는 한참동안 장중핑을 응시하다가 천천히 입을 열었다.

"굳이 그렇게 할 필요가 있나요? 오히려 일을 어렵게 만드는 게 아닐까요? 돈이 계좌를 오가는 내역이 고스란히 컴퓨터 기록에 남을 텐데요. 또 시간이 지체되기라도 하면 제때에 주식을 매입하지 못할 수도 있구요."

"그것도 문제될 게 없습니다. 주가차액으로 인한 손실이 생기면 제가 모두 부담하겠습니다."

치위가 한숨을 내쉬며 웃었다.

"우리 모습이 지나치게 사무적이라는 생각이 드는군요. 대단한 분이세요. 이렇게까지 말씀하시는데 제가 어쩌겠어요? 제가 임무를 완수하지 못했으니 거윈이 알아서 하도록 해야겠군요. 그렇죠, 장 사장님?"

장중펑은 어떻게 대답해야 좋을지 몰라서 잠시 치위를 쳐다보다가 웃었다.

차로 돌아오자 청전이 말했다.

"무슨 일이에요? 얼굴이 좀 어두워 보여요."

"응."

"무슨 일인데요? 나한테 말하면 안 되는 일이에요?"

"당신한테 말할 수 있었으면 좋겠군."

"그럼 말해요. 혹시 알아요? 내가 좋은 아이디어를 생각해낼지."

하지만 장중펑은 그 일에 관해 청전에게 말하지 않았다. 잠시 생각에 잠겼던 그는 청전에게 한 가지 임무를 맡겼다. 젠거가 정말로 부법원장으로 승진하는지 여부를 외조부에게 알아봐달라는 것이었다. 곧바로 외조부에게 전화를 걸려는 청전을 말리며 장중펑이 말했다.

"찾아가서 직접 뵙고 말씀드려."

"알았어요. 당신 모르죠? 지난번에 충린 씨에게 도움이 되지 못해서 외할아버지께서 얼마나 안타까워하셨다구요."

"외조부님의 말씀이 예전처럼 통할 리가 없을 테니, 내심 마음이 상하셨을 거야."

"2년 전에 비하면 많이 좋아지셨어요. 막 퇴직하셨을 때만 해도 큰병이라도 나시는 줄 알았어요. 그 모습이…… 지금의 당신 표정 같았어요. 당신, 아무 일 없는 거죠?"

청전이 천천히 몸을 돌려 그의 어깨에 머리를 기댔다. 그녀는 장중평의 얼굴을 살피며 나직히 말했다.

"당신 그거 알아요? 내가 얼마나 당신을 사랑하는지."

장중평은 손가락으로 그녀의 머리카락을 가만히 쓰다듬으며 한숨을 쉬었다. 그러고는 웃으며 말했다.

"골치 아픈 회사일은 당신에게 말하고 싶지 않아. 왜냐하면 당신을 사랑하니까. 나 때문에 당신까지 걱정하게 만들고 싶지 않으니까."

"알아요. 하지만 어두운 표정을 보고 있으면 아무 도움도 되지 못하는 내가 너무 속상해요."

"사실 어떤 때는 정말로 당신에게 털어놓고 이야기하고 싶어. 내 마음 이해할 수 있지?"

"음."

"나를 믿어. 이 일을 잘 해결할 테니까."

"당신 대단하다는 거 알아요. 사랑해요."

제29장

> 결혼과 가정은 유리병과 같다. 얼마나 단단한지
> 알아보기 위해 내리치는 순간 유리병은 깨지고 없다.

별일 없이 이틀이 지났다. 이제 쉬이의 독촉 전화도 울리지 않았다. 치위와 거원, 젠거 쪽에서도 소식이 없었다.

시 중급법원 기술실 펑 주임의 아들이 원하던 대로 대학에 합격했다. 사은회가 내일 사천음식 전문점인 〈바수부이〉에서 열린다는 소식을 충린을 통해 들었지만 장중펑은 가야 할지 말아야 할지 마음을 정하지 못하고 있었다.

"가지 말게. 중급법원에 아는 사람도 많은데 얼굴 비춰서 좋을 거 없어. 그냥 축하금이나 보내."

장중펑도 충린과 같은 생각이었다. 법원 사람들이 장중펑과 펑 주임이 가까운 사이라는 것을 알아서 앞으로 좋을 게 없었다. 하지만 펑 주임과 한발 더 가까워질 수 있는 이 기회를 놓칠 장중펑이 아니었다. 두 사람간의 의중이 통하면 되지 굳이 다른 사람 눈에 띌 필요가 없었다. 당연히 보내야 할 축하금이었지만 그렇다고 사무실로 보낼 수는 없었다.

시 중급법원의 새 청사가 얼마 전에 완공되어 내부 인테리어 공사가 끝나지 않은 터라 펑 주임은 아직 개인사무실이 없었다. 행여 봉투를 건네다가 그가 받지 않겠다고 마다하면 옥신각신하는 모습이 직원들 눈에 띌 수도 있는 일이었다.

그의 아들이 순조롭게 대학교에 들어갈 수 있게 된 데는 장중펑의 공이 컸다는 것을 펑 주임이 누구보다 잘 알고 있었다. 그래서 그는 기회가 있을 때마다 교육위원회에 있는 장중펑의 동창생을 위해 자리를 마련하고 싶다고 말해왔다. 이런 사정이 있었기에 펑 주임이 축하금을 받지 않겠다고 할 게 분명했다. 그래서 장중펑은 외부에서 만나는 게 좋겠다는 생각을 했다.

그가 사무실에 있는지 확인하기 위해 장중펑은 그의 사무실로 전화를 했다. 펑 주임이 받으면 아무 말 없이 전화를 끊을 생각이었다. 전화가 한참 울려도 받는 사람이 없자 장중펑은 그가 외부에 있다고 판단하고 휴대폰을 이용해서 전화를 걸었다. 아니나 다를까 그는 친자확인 소송 건으로 성 인민병원에 있었다. 장중펑이 만났으면 좋겠다는 말을 하자 당장 응답이 돌아왔다.

"그러지요. 이쪽으로 오시는 게 어떻겠습니까, 마침 둥 처장님도 여기 계시고."

그가 말하는 둥 처장은 성 고급법원 사법기술처의 책임자였다. 둥 처장도 함께 있다면 축하금을 전달하기는 어려워지겠지만 이 기회에 둥 처장을 만나두는 것도 나쁘지 않았다. 성 고급법원 쪽의 상황을 알아볼 수도 있었다.

장중펑이 둥 처장과 펑 주임을 청한 곳은 〈편작〉이라는 음식점이었다. 성 인민병원 맞은편에 위치했는데 마침 손님들로 북적여서 하마터면 별실을 잡지 못할 뻔했다.

"이 음식점 주인이 대단한 양반인가 봅니다. 편작의 직업까지 바꿔놓았으니 말입니다(음식점 이름이 전국시대의 명의 편작의 이름을 따서 지은 것을 두고 하는 말)."

장중펑이 먼저 입을 열었다.

"요즘 사람들이 그런 것까지 생각했겠습니까. 돈벌이만 잘되면 그만일 텐데요."

펑 주임이 말을 받았다.

"이 음식점은 이름을 무엇으로 했든 장사가 잘되었을 겁니다. 드나드는 손님들 면면을 보세요."

둥 처장이 거들었다.

장중펑은 분위기를 돋울 요량으로 화제를 바꾸었다.

"제가 방금 전에 받은 문자인데 한번 들어보세요. 추운 겨울날 어린 애가 길가에 서있길래 지나가는 행인이 여기서 뭐 하느냐고 물었답니다. 그러자 아이가 '아빠랑 엄마랑 싸우고 있어요' 하고 대답했답니다. 행인이 다시 '거참 안됐구나. 아빤 어디 계시냐' 하고 다시 물었는데 아이가 뭐라고 대답했는지 아십니까? '지금 그것 때문에 싸우고 계세요!'"

좌중에 웃음이 일었다.

"사회가 변하면서 인간관계도 많이 변했어요. 요즘 들어 친자확인 소송이 부쩍 많아지는 것도 다 개혁개방으로 남녀가 만날 기회가 많아지고, 그러다 보니 문제가 생기는 거죠."

둥 처장이 말했다.

펑 주임도 맞장구를 쳤다.

"그러게 말입니다. 요즘 남녀 사이가 예전 같지 않습니다. 부부도 겉으로는 멀쩡해 보여도 거의가 동상이몽입니다. 그러면서도 자기 핏줄 문제 앞에서는 또 달라지거든요. 그래도 열에 아홉은 돈 때문에 문제가 불거지죠."

둥 처장이 잠깐 화장실에 다녀온다며 자리를 비운 사이에 장중펑이 재빨리 준비해온 봉투를 펑 주임에게 건넸다.

"아이고, 인사를 드려야 할 사람은 전데."

"별말씀을 다 하십니다. 사은회에도 가야 하는데 내일 시간이 안 될 것 같아서요."

"그래도 이렇게까지."

"우리끼리 그런 걸 따질 필요가 있겠습니까? 받아두십시오."

"그야 그렇지요. 이 신세를 꼭 갚아야 하는데 언젠가는 기회가 생기겠죠."

"네, 잘 부탁드립니다."

둥 처장이 들어오기 전에 펑 주임은 얼른 봉투를 서류가방 안에 넣었다. 펑 주임의 가방이 바뀐 듯했다. 이전에 무슨 브랜드였는지 기억나지 않았지만 듀퐁으로 바뀌어 있었다.

등 처장이 들어와서 앉자 장중펑이 말했다.

"펑 주임님께서는 모르시겠지만 이번에 성 고급법원에서 저희 회사를 선정해준 데에는 등 처장님 도움이 크셨습니다."

사실 이 말은 세 사람이 앉은 자리에서 이미 한 이야기였다. 그렇더라도 칭찬을 두 번 듣는다 해서 싫어할 사람은 없을 터였다. 3D가 이번에 거둔 성과를 등 처장 덕분으로 돌려놓으면 앞으로 일하는 데 도움이 될 것은 두말할 나위가 없었다.

"제가 말씀드리지 않았습니까. 고급법원에서 영향력이 있으신 분이라구요. 친구로 생각하시면 보고만 있지 않으시지요."

펑 주임이 맞장구를 쳤다.

"그건 다 3D가 능력이 있었기 때문이지요."

등 처장이 말했다.

"아닙니다. 등 처장님께서 도와주셨기 때문이지요. 진추이가 능력이 없어서 탈락했겠습니까?"

장중펑의 말에 등 처장이 말했다.

"음, 하긴 그렇습니다. 안타까운 일이지요."

이 말을 들은 장중펑은 더이상 진추이의 이름을 거론하지 않았다. 등 처장과 진추이가 어떤 관계인지 알 수 없는 일이 아니던가. 내심 아차 하는 순간이었다.

"결과가 언제 발표됩니까? 아마도 법원장님께서 영국에서 돌아오셔야겠지요?"

장중펑이 말을 돌렸다.

"법원장님께선 며칠 전에 돌아오셨습니다. 아마 며칠 내로 발표가 날 겁니다."

"그렇습니까? 발표가 나면 제가 따로 두 분을 모시겠습니다, 괜찮으시겠지요?"

두 사람 모두 그럴 필요까지는 없다고 손사래를 치면서 그때 가서 보자고 말했다.

인사치레를 마친 후 장중핑은 계산을 하기 용이한 위치에 자리를 잡았다. 그는 왼쪽에 앉은 둥 처장에게 주문을 부탁했다. 둥 처장이 음식 주문을 할 줄 모른다며 사양하자 이번에는 오른쪽에 앉은 평 주임에게 메뉴를 건넸다. 평 주임은 입으로는 사양하면서도 메뉴판을 받아들고는 이리저리 뒤적이다가 메뉴판을 다시 장중핑에게 건넸다.

"저도 잘 모르겠습니다. 장 사장님께서 그냥 알아서 간단하게 주문하세요. 아, 참. 조금 후에 인민병원 과장으로 있는 제 동창이 한 명 올 겁니다."

장중핑은 아무 음식이나 주문하면 안 되겠다는 생각이 들었다.

식사가 끝나고 장중핑이 자리를 옮기자고 제안했다.

"오늘은 여기서 접읍시다. 장 사장님, 대접 잘 받았습니다. 오후에 사무실로 들어가봐야 해서요."

둥 처장이 말했다.

"아니면 발 마사지라도 받으러 가시지요?"

평 주임이 이렇게 말하자 평 주임의 동창인 쑨 과장이 말했다.

"다녀들 오시지요. 저는 가서 좀 쉬어야겠습니다. 요 며칠 잠을 제대로 못 자서 말입니다."

결국 장중펑은 둥 처장과 펑 주임을 차로 데려다주고 난 후 회사로 들어갔다. 사무실에 들어서자마자 그는 청전에게 전화를 걸었다. 청전은 외할아버지가 현직 부부장(우리나라 차관직에 해당)을 통해 알아본 결과 류 국장이 부법원장으로 승진하는 것이 확실하다고 말했다.

장중펑은 머릿속을 좀 정리해야겠다고 생각했다.

법원장이 영국에서 돌아온 지 이틀이나 되었는데 왜 아직 소식이 없는 것일까. 이틀 동안 조용한 것이 어쩐지 이상하지 않은가. 장중펑은 치위와 나누었던 말들을 하나하나 되짚어보았다. 그는 분명히 시종일관 솔직한 태도를 지켰고 잔꾀를 부리려는 생각은 아예 하지 않았다. 하지만 치위가 거원에게 어떻게 말했는지는 알 수 없는 노릇이었다. 치위는 확실히 수완이 뛰어난 여자였고, 그런 부류의 인간은 남녀를 불문하고 스스로를 대단하다고 여기는 경향이 있는 법이었다.

혹시 거원이 부풀려 말하지 않았을까. 심기가 불편해진 거원이 또 젠거에게 뭐라고 한 것은 아닐까. 말이란 여러 입을 거치다보면 원래의 뜻과 멀어지는 법이다. 젠거가 아내와 처형 그리고 업무로 맺어진 친구, 이 셋 중에서 누구의 말에 더 귀를 기울일지는 굳이 설명할 필요가 없다. 그게 아니라면 왜 아직 아무 소식이 없는 걸까.

이런 의구심이 들자 장중펑은 마음을 진정시킬 수가 없었다. 되도록 좋은 쪽으로 생각하는 수밖에 도리가 없었다. 그가 연락하지 않는 것은 이쪽의 연락을 기다리기 때문인지도 모른다.

청유관 경매와 샹수이 법인주식이 연관된 상황에서 그가 먼저 연락을 해오면 지나치게 속물적으로 보일 것이라고 생각한 거겠지. 부법원장이 될 사람이 그렇게 소심한 모습을 보이고 싶지는 않으리라.

그가 소심한 게 아니라면 반대로 내가 너무 소심한 걸까. 만약 젠거와의 관계를 일종의 거래로 본다면 두 사람은 불평등관계이다. 젠거는 선택의 여지라도 있지만 나에게는 없다. 현재 3D를 포함해서 선정된 경매회사가 여덟 업체인데, 나머지 일곱 개 업체 중에 그와 다리를 놓고 싶어하지 않는 업체가 있겠는가. 장중펑 자신도 이전에 그와 자리를 마련하려고 얼마나 애를 썼던가. 그와 밥한 끼 먹기 위해서 베이징에 있는 반장까지 동원하지 않았던가.

치위와 이야기를 나누는 동안 정말로 지나치게 계산적인 태도를 보인 걸까. 치위가 그렇게 느꼈다면 거원과 젠거의 귀에도 들어갔을 것이다. 그렇게 되면 나는 꼴 좋게 나가떨어질 수도 있다. 그건 내가 젠거를 믿지 못한다는 의미가 될 수 있다. 우선은 자신이 젠거가 이번 일을 제대로 못 해낼까봐 믿지 못하고 있고, 또 변수가 생기면 돈을 돌려받지 못할까봐 불안해하는 것으로 해석될 수 있다. 이번 일만 해도 경매를 통해 물건을 구입한 이상 거원이 낙찰금을 돌려주지 않는다 하더라도 할 말이 없다. 이런 일에서 가장

중요한 것은 믿음이다. 우리는 처음부터 같은 배를 탄 운명공동체가 아니던가. 양쪽이 서로를 믿지 못하고 각자 계산속을 차리다가는 일이 어떻게 되겠는가.

지금 문제는 거원이나 젠거가 치위의 말만을 믿을 것이라는 점이다. 혹시라도 치위가 신뢰에 문제가 생긴 원인을 장중핑 탓으로 돌린다면, 이 말을 듣고 젠거는 어떻게 생각할까. 그가 불쾌해하기라도 하는 날이면 일은 심각해진다.

어찌되었든 상수이 법인주식 경매의 위탁권이 여전히 젠거의 수중에 있고, 비록 후하이양이 1천만 위안이라는 보증금을 걸어놓기는 했지만 너는 아직 변죽도 못 울리고 있다. 다시 말해서 젠거가 너에 대해 마음이 변해서 도중에 말을 바꿔 타려고 마음만 먹는다면 얼마든지 그럴 수가 있다. 너에게는 일말의 협상의 여지도 없다. 젠거가 이미 후하이양의 존재를 알고 있는 마당에 너와의 협력을 없었던 일로 하고 얼마든지 그를 다른 고분고분한 경매회사에 소개해줄 수도 있다. 그 경매회사는 젠거의 발바닥이라도 핥는 시늉을 하며 비위를 맞추려고 안간힘을 쓸 테지.

이렇게 될 가능성이 존재할까. 가능성이 존재하든 안 하든 칼자루는 젠거의 손에 쥐어져 있다. 젠거가 이렇게 하려고 마음먹는다면 네가 막을 수나 있는가.

법원 경매의 수수료는 이것저것 모두 계산하더라도 낙찰가에 근거해서 위탁자와 낙찰자 양측으로부터 각각 5퍼센트를 받을 수 있다. 만일 낙찰가가 2억 위안이면 수수료가 2천 만 위안이 된다. 설마 이런 기회가 언제나 찾아온다고 생각하는 것은 아니겠지.

장중펑은 이어서 후하이양의 점괘, 물 항아리 비유를 떠올렸다. 장중펑 너는 기껏해야 두레박줄을 던지는 사람이다. 그렇다면 젠거는? 젠거야말로 물을 담고 있는 항아리이다. 항아리가 없이 어떻게 물을 담겠는가. 그렇게 되면 너는 물을 바라볼 수는 있어도 마실 수는 없다. 두레박줄을 던질 사람은 얼마든지 있다. 아닌 말로 길에 널렸다.

항아리. 청자 항아리. 네 스스로 두레박줄을 던지는 사람이 되겠다고 마음먹은 이상 너의 태도가 무엇보다 중요하다. 자칫 잘못하다가는 항아리가 기울어지거나 깨어진다. 그건 네게 만사가 수포로 돌아가고 마는 것이 아닌가.

항아리. 청자 항아리. 이것은 우연의 일치인가, 하늘의 뜻인가. 젠거가 전혀 움직임이 없는 것은 너의 태도를 지켜보기 위해서가 아닐까. 지난번에 후하이양이 올라왔을 때 네게 조심하라고 말했던 것은 이런 일 때문이 아닐까. 후하이양처럼 유능한 인물이 왜 네 주변을 맴돌겠는가. 네 뒤에 젠거가 있기 때문이 아닌가. 젠거야말로 열쇠이다. 어쩌자고 어리석게 젠거와 가격 흥정을 하려고 드는가.

장중펑은 자신이 큰 실수를 저지를 뻔했다는 데 생각이 미치자 자신도 모르게 등줄기가 서늘해졌다. 완전히 돌이킬 수 없는 지경이 되기 전에 어떻게 해서든 속히 바로잡아야 했다.

하지만 그는 시종일관 불안한 느낌을 떨칠 수가 없었다. 젠거가 무슨 생각인지도 모르지 않는가. 만일 정말 무슨 문제라도 생기면…….

탕원에게 의견을 물어볼까. 하지만 어떻게 무슨 말을 할 수가 있단 말인가.

등 처장을 만나서 넌지시 물어보면 될까. 그가 너와 무슨 관계라고 너에게 사실대로 말해주겠는가. 그가 말이라도 옮기는 날에는 더 많은 경쟁상대를 불러들이게 될 게 아닌가. 그렇게 되면 상황이 더욱 복잡해질 뿐이다.

아니면 젠거에게 직접 전화를 해볼까. 치위가 중간에서 오가는 것보다는 그와 만나서 솔직하게 이야기를 하는 게 낫지 않을까.

오후에 회사로 오는 길에 장중핑은 젠거의 집으로 전화를 걸었다. 아무도 받지 않았다. 그의 사무실로 전화를 걸어보았지만 여전히 아무도 받지 않았다. 장중핑은 그가 출근하는 모양이라고 생각했다.

오후 세 시가 넘어갈 무렵, 그는 젠거의 사무실로 전화를 걸었다.

"전화 받기 괜찮으세요?"

"음."

"만날 시간이 있겠습니까?"

"아니."

"그 일은……."

"음……. 무슨 문제가 있나?"

"문제가 없겠지요?"

"무슨 문제가 있겠나?"

젠거와의 통화시간은 30초도 채 못 되었다. 그가 한 말을 다 합쳐도 다섯 마디가 고작이었다. 그나마 의미를 담고 있는 말은 마지막 두 마디였다. 그 말은 무슨 의미일까. 이미 문제가 없어졌다는 말인가 아니면 내게 무슨 다른 생각을 갖게 되었다는 말인가.

어떻게 한다…….

돈을 보내야 할까? 일단 돈을 보내고 나면, 그것은 물속에 돈을 던지는 것이나 마찬가지일 것이다. 게다가 물속이 아니라 구덩이일지도 모른다. 그냥 구덩이가 아니라 무덤이 될 수도 있는 구덩이!

어떻게 한다…….

하지만 정말로 무슨 위험이 있다면 젠거가 저렇게 태연할 리가 없지 않은가. 태연하다는 것은 위험이 없다는 의미가 아닌가.

어떻게 한다…….

장중펑은 주머니에 손을 넣어 동전 하나를 끄집어냈다. 두 손에 동전을 받쳐 들고 눈을 감고 동서남북 사방을 향해 절을 했다. 그리고 동전을 손바닥에 쥐고 흔들어 공중으로 던졌다. 동전이 또그르르 소리를 내며 그의 책상 위에 굴러 떨어졌다. 그가 마음속으로 바라던 앞면이었다.

다시 던져보았지만 여전히 앞면이었다. 또다시 던졌지만 여전히 앞면이었다.

그는 긴 한숨을 한번 내쉬고 결심을 했다. 어차피 닥칠 일이라면 피할 수 없다. 이것이 만약 위험이라면 감수할 수밖에. 이 세상에 백 퍼센트 보장할 수 있는 일이 어디 있는가. 젠거가 너에게 빚을 질 수는 있어도 너는 그에게 빚을 질 수 없다. 젠거가 네게 빚을 진다 한들 걱정할 게 무엇인가. 그가 몇 배로 네게 돌려줄 것이고 그에게는 그만한 능력이 있다. 긍정적으로 생각해. 네 돈이 계좌에 들어가자마자 샹수이 법인주식 경매도 시작될 것이다. 어떻든 지금 젠거의 심기를 불편하게 만들거나 너의 진심을 의심하도록 만들어서는 안 된다. 절대로. 그렇다면 거원에게 전화를 하자.

거원에게 전화를 걸자 통화중이었다. 몇 분 후 다시 걸었다. 거원이 받았다.

"형수님, 그 일을 처리했다는 말씀을 드리려고 전화드렸습니다."

"그래요?"

"네. 요 며칠 주식시장이 맥을 못 추는 것 같던데 기회가 좋습니다."

"언니가 장 사장님께 거북한 말을 한 건 아니죠?"

"아닙니다. 무슨 말씀을요. 형님께 말씀 좀 전해주십시오."

"그럼요, 장 사장님……. 애쓰셨어요."

장중핑은 치위에게도 전화를 하려다 관두었다. 태도가 모든 것을 결정하는 법이다. 돈을 보낸 것은 젠거와 거원에게 허리를 굽힌 것을 의미한다. 치위의 비위까지 맞출 필요는 없다. 그나마 이 정도 체면은 유지해야지. 장중핑은 슝 부장을 불러서 쉬이의 회사로 돈을 입금하라고 지시했다.

"언제 입금이 되지?"

"같은 시내에서는 곧바로 됩니다."

전화를 끊은 후 탕원이 한참 동안 멍하게 소파에 앉아 있었다. 장중핑이 왜 그러느냐고 묻자 그녀가 "저우 교수 그 사람, 사람도 아니에요" 하고 말했다.

"왜 그래, 또 위줴 씨 집에 무슨 일이 생긴 거야?"

"저우 교수가 자기 학교 대학원에 다니는 여학생을 집에 데려와서 자다가 위줴한테 들켰나봐요."

이런 화제에 예민할 수밖에 없는 장중핑이 짐짓 놀라는 체하며 말했다.

"그래?"

"위줴가 딸애랑 친정에 갔었는데 본래는 내일 오기로 했지만 하루 앞당겨서 왔대요. 딸애가 모든 걸 본 거죠. 애가 문을 박차고 뛰어나갔는데 아무리 기다려도 집에 들어오지 않아서 지금 천지사방으로 전화를 하며 찾는 중이래요."

"어쩌다 그 지경이 된 거야? 저우 교수가 채팅으로 연애를 한다는 걸 위줴 씨도 알고 있었잖아. 설마 고의로 저우 교수에게 딴 짓을 할 기회를 주고 현장을 붙잡으려고 했던 건 아니겠지? 바보가 아니고야 어떻게 아이까지 끌어들이겠어? 정말 머리가 돈 게 아니고서야."

"위췌는 그 정도로 바보도 아니고 그렇게 독하지도 못해요. 걔가
이혼을 해야 할지 말아야 할지를 놓고 고민할 때 무엇보다 걱정한
게 아이였어요. 절대 그럴 리가 없어요. 이런 일이 아이의 마음에
얼마나 큰 상처를 주는데. 딸애에게 영향을 줄까봐 지금껏 애써 숨
기고 있었다구요. 당신은 절대로 밖에서 이런 짓 하고 다니면 안
돼요."

"당신은 왜 툭하면 나를 끌고 들어가는 거야? 지겹지도 않아?"

"나한테 발각되는 날에는, 당신 각오해요."

"요즘 당신 왜 그러는 거야? 마치 다른 사람이 된 것 같아."

"당신이 변한 거겠죠."

"그래, 됐어. 말을 말아야지. 내가 말했잖아. 결혼과 가정은 마치
유리병과 같다고. 유리병이 단단한지 알아보려고 망치로 때리거나
바닥에 떨어뜨릴 수는 없다는 말도 몰라? 유리병이 얼마나 단단한
지 당신이 깨닫는 순간, 그 유리병은 깨지고 없다고."

"나를 가르치려 들지 말고 당신 자신이나 돌아봐요."

"내가 뭘 어쨌다는 거야, 응?"

"말은 그렇게 하겠죠."

이때 전화가 울렸고 탕원이 받았다. 손에 수화기를 든 채로 그녀
가 영문 모를 눈빛으로 장중펑을 뚫어져라 보더니 잔뜩 볼멘소리
로 "받아요"라고 말했다.

"누군데?"

"내가 어떻게 알아요? 여자예요."

토요일과 일요일에 장중핑은 청전이 전화를 걸어올까봐 아예 휴대폰을 꺼놓았다. 장중핑의 뇌리로 청전이 집 전화번호를 알고 있는데 무슨 일이라도 벌어진 걸까, 마침 탕원이 받았으니 다행이군, 하는 생각이 빠르게 스쳤다. 만일 청전이라면 둘러대기가 좋을 터였다. 탕원이 전화를 받았다는 것은 장중핑이 통화하기 불편하다는 것을 말해주는 것이나 마찬가지였다.

전화기 저편의 여자가 말했다.

"휴대폰이 꺼져 있어서요."

장중핑은 청전은 아니라는 생각에 내심 한숨을 놓으면서도 상대가 누구인지 알 수가 없었다. 그는 탕원이 옆에서 뚫어져라 쳐다보는 것을 보며 아예 스피커폰 버튼을 눌렀다.

"누구십니까?"

전화기 너머의 여자가 말했다.

"저 차오예요. 잠깐 오셔야겠어요."

장중핑이 다시 탕원을 힐끗 보며 일부러 물었다.

"누가 절 찾습니까? 충린입니까?"

"네, 어서 좀 오세요. 급한 일이에요."

"그 친구 지금 어딨습니까?"

"쥔위에호텔 4층 찻집으로 가서서…… 저한테 다시 전화 주세요."

장중핑이 수화기를 내려놓자마자 탕원이 물었다.

"무슨 일이에요?"

"이야기하는 거 당신도 다 들었잖아."

"전화한 여자는 누구예요?"

"충린 애인이야."

"충린 그 사람도 틀려먹었어요."

"오늘 도대체 당신 왜 그래?"

"당신들이 밖에서 무슨 짓을 하고 다니는지 어떻게 알아요?"

"무슨 짓이라니? 처자식 먹여 살리려고 뛰어다니지."

"나도 같이 가요."

"당신이 왜 가?"

"당신이 도대체 어떻게 처자식을 먹여 살리는지 보려구요."

"그래 그래. 알았으니까 어서 준비해."

탕원은 외출 준비를 다 하고선 안 가겠다고 했다. 그녀는 장중펑 옆으로 와서 그의 손을 잡으며 말했다.

"내가 당신을 많이 성가시게 하죠?"

장중펑이 피식 웃었다.

"오늘은 좀 그래. 99점밖에 못 주겠는걸. 평상시에는 그런 대로 괜찮아."

"요즘 어떻게 된 건지 모르겠어요. 만사가 귀찮다는 생각이 들어요. 갱년기가 앞당겨 온 건 아니겠죠?"

장중펑은 탕원이 무척 성가시다고 생각하면서도 자기가 조급해하면 그녀가 더 보챈다는 것을 알기에 웃으며 말했다.

"아니야. 샤오위하고 같이 길에 나가면 두 사람이 자매인 줄 알걸. 특히 뒤에서 보면 구분이 안 가지."

"입에 발린 소리 좀 그만해요."

그녀가 다시 한숨을 쉬며 침울하게 그를 바라보았다.

"당신 정말로 우리 가정을 소중히 지켜줘야 해요. 알았죠?"

"그래. 당신 나를 못 믿어?"

"믿어요. 어떻게 당신을 안 믿어요. 혼자 가세요. 당신 내 말 꼭 기억해요."

장중펑은 쥔위에호텔 4층 찻집에 도착해서 차오의 휴대폰으로 전화를 걸었다. 충린이 곧바로 내려왔다. 그는 장중펑이 앉아 있는 입구 쪽 자리로 오지 않고 장중펑에게 이쪽으로 오라는 시늉을 하며 제일 구석진 테이블로 가서 앉았다. 충린은 다가온 종업원에게 "차를 마시려는 게 아니라 잠시 이야기 몇 마디만 나누고 일어설 거요" 하고 말했다. 종업원이 입을 오므리고 웃더니 몸을 돌려 저쪽으로 사라졌다.

충린은 자리에 앉아서 휴대폰을 끄더니 다시 배터리를 뽑았다. 그는 장중펑에게도 자기가 하는 대로 하라는 눈짓을 했다. 장중펑은 무슨 영문인지도 모른 채 고분고분하게 시키는 대로 했다.

충린이 아무도 없는 주위를 한번 둘러보더니 손가락으로 탁자 위에 젠거의 이름을 썼다. 장중펑은 알았다는 의미로 고개를 끄덕였다.

그제야 충린이 잔뜩 목소리를 낮춰서 말했다.

"쌍규 처분(정부에서 공무원들을 상대로 지정된 시간, 지정된 장소에서 조사를 받도록 하는 제도인데 사실상의 연금)을 받았어."

장중핑은 순식간에 머릿속이 하얗게 질려왔다.

그는 한참동안 충린을 노려보다가 목이 조이는 것 같은 음성으로 물었다.

"정말이야?"

"지금 내가 자네한테 그런 농담을 하겠나?"

"어떻게 된 거야? 바로 얼마 전까지만 해도 부법원장으로 승진할 거라고 했잖아."

"부법원장이 되려고 하지 않았다면 이런 일이 없었을지도 모르지."

"정확한 소식이야? 언제 그렇게 됐어?"

"정확한 소식통이야. 어젯밤에 법원상무회의가 있다는 통지를 받고 들어갔는데, 법원 정문을 들어서자마자 체포되었다더군."

"어떻게 그런 일이. 어떻게 그런 일이!"

"그렇게 말할 것도 아냐. 이미 오래전부터 찍혔다더군. 그 양반이 체포되기 전에 어디 있었는지 알아? 애인하고, 그것도 대학교 3학년짜리하고 같이 있었다나? 집도 사주고."

장중핑은 입을 벌린 채 아무 말도 하지 않았다.

"자네가 지난번에 그 양반하고 무슨 일을 같이 한다고 하지 않았나? 어떻게 됐어? 당장 그만둬."

"어떻게 하면 좋은가. 벌써 돈을 보냈어. 6백만 위안을 보냈다고."

장중펑은 이렇게 말하며 고개를 더이상 들고 있기 힘들다는 듯이 푹 떨어뜨리더니 두 손으로 감쌌다.

"무슨 돈을 보냈다는 거야?"

장중펑이 간단하게 그간의 일을 이야기했다.

"영리한 고양이가 밤눈 어둡다더니 어쩌다 그렇게 된 거야?"

장중펑은 한숨을 내쉬며 고개를 흔들었다.

한참 후 장중펑이 입을 열었다.

"무슨 일로 그렇게 되었는지 아나?"

"아직 잘 모르겠어. 십중팔구 뇌물 문제일 거야."

"뭔가 오해가 있었던 건 아니겠지?"

"그 양반 같은 간부직급에 대해 추측만으로 결정을 내렸을 리가 없어."

장중펑이 넋을 놓고 앉아 있는 것을 본 충린이 말했다.

"그 일이 이제 물 건너 가겠군. 적어도 한동안은 보류되겠지. 그 양반이 빠지면 일이 진척되기 어려울 테니까. 성 〈고속도로유한공사〉가 샹수이 법인투자와 줄곧 접촉을 하면서 구조조정을 준비하고 있었거든."

"왜 그런 말을 지금껏 한마디도 안 해준 거야?"

"지난번에 강변에서 내가 일러줬잖아. 잊었군. 당시에 자네는 자신감에 차 있었어."

장중펑은 "어떻게 이런 일이. 어떻게 이런 일이!"라는 말만 연신 되뇌었다.

"만일 정말로 뇌물 문제라면 머잖아 그 양반 집을 압수수색하고 은행계좌도 동결시킬 거야. 감찰원 사람들, 정말 지독해. 쥐구멍 속에 든 증거도 찾아내니까."

장중펑은 아기새가 모이를 쪼듯이 고개를 끄덕이며 입으로는 "그렇겠지"라고 중얼거렸다. 당장 3D 앞에 떨어진 불은 계좌이체 한 자금을 유보시키는 일이었다. 장중펑은 재빨리 휴대폰 배터리를 끼우고 슝 부장에게 전화를 걸어서 그 돈을 이체했는지 물었다. 슝 부장은 장중펑의 목소리에서 아무 이상한 낌새를 못 느꼈는지 그날로 보냈으니 안심하라고 말했다. 장중펑은 다시 쉬이의 휴대폰으로 전화를 걸었는데 꺼져 있어서 사무실로 전화를 걸었지만 아무도 받지 않았다. 쉬이와 통화를 한들 무엇이 달라지겠는가. 만일 치위의 계좌로 이체했다면 깨알만 한 희망이라도 남아 있었다.

만약 거위의 계좌로 보냈다면 참담했다. 남편이 쌍규 처분을 받고 모든 은행계좌가 동결될 게 틀림없는 마당이니 그녀도 어쩌면 이미 감금되어 있는지도 몰랐다.

"최근 몇 년 동안의 모든 업무 내역을 하나하나 분명하게 정리해 둬. 재정 장부도 그렇고. 류 국장이 뇌물 문제로 그렇게 된 게 분명하다면 결국 자네 회사까지 불똥이 튈 게 틀림없어. 전화를 할 때도 조심하고. 자네하고 나야 아무 일도 없지만 지금이 때가 때이니만큼 급한 일이 아니면 되도록 연락을 하지 않기로 하세. 그리고 지난번에 우리가 강변에서 얘기했던 그 일 말인데……."

이렇게 말하며 충린이 자신의 한쪽 손바닥을 장중핑을 향해 벌려 보였다.

"다시는 입에 꺼내지 말게. 알았나?"

"알았어."

장중핑이 말했다.

"몇 번이나 자네에게 말했지만, 돈이 많은 게 좋은 것만은 아니야. 벌 수 없는 돈이면 안 벌면 돼. 평소에 그렇게 신중하던 사람이 이번엔 어쩌다가 일을 이렇게 만들었나? 그만 하지. 몸조심하게."

충린이 총총히 사라진 후 장중핑은 한동안 정신을 놓고 앉아 있었다. 일이 이 지경이 되리라고는 그는 꿈에도 생각지 못했다.

종업원이 다시 와서 무얼 마시겠느냐고 물었고, 그는 고개를 저으며 일어섰다.

밖은 밝은 햇살이 눈부셨지만, 햇살은 머리조차 들기 힘들 만큼 무겁게 그를 내리눌렀다. 그는 발걸음을 떼기도 힘겨웠다. 길가 신문판매대 옆에 있는 공중전화가 그의 눈에 들어왔다. 그는 걸어가서 사방을 둘러보고는 젠거의 휴대폰으로 전화를 걸어보았다. 꺼져 있었다. 다시 거원의 휴대폰을 걸었지만 역시 꺼져 있었다. 그는 손에 잡히는 대로 신문을 하나 사서 어렵사리 몸을 가누어 자신의 차로 돌아왔다.

차에 올라탔지만 그는 여전히 정신을 수습할 수가 없었다.

젠거. 이체해버린 돈. 후하이양. 샹수이 법인주식. 청자 항아리. 우물. 흩어짐.

자신의 점괘로 나왔던 '환(渙)'. 흩어짐. 앞으로 자신으로부터 흩어지고 말 것이 무엇일까. 다시 무엇이 금산에 물이 흘러넘치도록 만들어줄까.

장중평은 천천히 청전에게로 차를 몰았다.

그는 열쇠로 문을 열고 들어갔다. 침대에서 자고 있던 청전은 그가 온 것을 알고 좋아서 어쩔 줄 몰라했다. 침대에서 뛰어내려와 그에게 달려온 그녀는 그제야 상황이 심상치 않다는 것을 느꼈다. 두 손으로 장중평의 얼굴을 감싸며 낮은 목소리로 물었다.

"왜 그래요? 여보, 무슨 일이에요?"

장중평은 웃어 보이려고 했지만 웃음을 지을 수가 없었다.

"쩬거, 며칠 전에 당신 외조부께 알아봐달라고 했던 그 사람, 쌍규 처분을 받았어."

"네? 어쩌다가요?"

"말하자면 길어. 외조부께 성 기율위원회나 감찰원에 아는 사람이 없는지 다시 여쭤보고 이 일이 사실인지 물어봐줘."

"알았어요. 직접 가서 물어볼까요, 아니면 전화를 할까요?"

"전화해봐."

청전이 전화를 하자, 그녀의 외조부가 손녀에게 농담을 던졌다.

"이 할애비를 네 통신원으로 삼을 생각이구나. 기다려봐라. 알아보마."

"한 시간, 아니 30분 안에 알아봐줘야 돼요. 아셨죠? 할아버지."

그녀의 외조부가 알았다고 하며 전화를 끊었다. 장중평은 긴 한숨을 토하며 침대머리에 기대앉았다. 그리고 천천히 젠거와의 관계, 함께 상수이 법인주식 경매를 진행해왔던 그간의 일을 청전에게 털어놓았다.

이때 전화벨이 울렸다.

청전이 받자마자 "할아버지, 할아버지"하고 불렀지만 전화기 너머에서는 아무 말도 없었다. 그녀가 고개를 기울여 발신전화표시를 보더니 전화기를 내려놓고 장중평을 바라보았다.

"내가 했던 말 기억하죠? 또 그 전화예요."

잠시 후 다시 전화가 울렸다. 청전이 가서 확인했더니 역시 방금 걸려온 그 전화번호였다. 청전이 수화기를 들었지만 수화기 저편은 여전히 고집스럽게 침묵을 지키고 있었다. 청전이 장중평을 바라보며 수화기에다 대고 말했다.

"여보세요. 누구세요? 말씀을 하세요."

아무 말도 없었다. 청전이 수화기를 내려놓았다.

수화기를 내려놓기가 무섭게 다시 전화가 울렸다. 역시 그 전화번호였다.

"당신이 받아봐요."

장중평이 망설이자 청전이 말했다.

"받아봐요."

"여보세요. 왜 말씀을 안 하십니까? 누구세요?"

장중평이 수화기에 대고 말했다.

전화기 너머의 사람이 입을 열었다. 한 마디. 단 한 마디로 충분했다. 전화기 너머의 목소리는 탕원이었다.

"당신이군요."

장중펑은 자신도 모르게 전화를 끊었다.

"누구예요?"

"그 사람."

"누구 말예요? 교수님? 당신 아내?"

장중펑이 고개를 끄덕였다. 장중펑의 기억에 청전이 탕원을 "당신 아내"라고 말한 것은 이번이 처음이었다. 그는 고개를 들어 청전을 보았다. 전화가 다시 울렸다. 여전히 탕원이었다. 장중펑은 얼어붙은 듯이 전화기를 바라보고 있었다.

"내가 받을까요, 당신이 받을래요?"

"당신이 받아."

청전이 불안한 눈길로 전화기를 바라보다 전화를 받았다. 청전이 입을 떼기도 전에 탕원이 먼저 말했다.

"문 앞에 있어요. 문 좀 열어줄래요?"

"누구세요?"

"문을 열어보면 알게 되겠죠? 아가씨는 나를 몰라도 그 안에 나를 아는 사람이 있을 거예요."

청전이 가만히 전화기를 내려놓고 장중펑을 뚫어져라 쳐다보았다.

그리고 까치발로 문 쪽으로 가서는 현관문 구멍으로 밖을 내다보았다. 정말로 문 앞에 여자가 서서 초인종을 누르고 있었다. 현관문 구멍 속에 비친 탕원의 몸이 요술거울에 비춘 것처럼 울렁거렸다.

방으로 돌아온 청전은 침대를 정리하더니 거울에 자신의 모습을 비춰 보았다.

"어떻게 해요?"

장중핑이 고개를 저었다.

"가서 문을 열어요. 밖에서 문을 두드려대며 소란을 피울 거예요."

"하지만……."

"하지만 같은 건 없어요. 아니면 다른 방법이 있어요?"

장중핑은 목으로 침을 삼키더니 손바닥으로 얼굴을 한번 문질렀다. 그는 방에서 나와서 거실을 지나 문으로 걸어갔다. 다리가 굳어져서 줄에 매달린 나무인형이 되어버린 것 같았다.

이때, 청전이 나직하게 그를 불렀다. 그는 걸음을 멈추고 천천히 몸을 돌려 청전을 바라보았다. 청전도 그를 바라보았다. 1초, 2초, 3초. 청전이 걸어오더니 그에게 안기며 고개를 들어 올려다보았다. 장중핑은 그녀가 무슨 말을 하려나보다고 생각했지만 그녀는 아무 말도 하지 않았다.

그녀가 한 손을 그의 머리 뒤로 가져가더니 그의 머리를 천천히 자신의 도톰하고 촉촉한 입술 위로 끌어당겼다. 길고 오랜 입맞춤. 그리고 그녀는 두 손으로 그의 얼굴을 감싸 쥐고 긴 속눈썹이 그늘을 드리우고 있는 빛나는 눈으로 한참을 바라보았다. 두 사람은 무슨 말인가를 하고 싶었지만 아무 말도 하지 않았다.

다시 초인종이 울렸다.

청전이 문을 열라는 듯 손으로 장중펑의 허리를 툭툭 쳤다.

장중펑이 다시 몸을 돌려 현관문 쪽으로 걸어가서 구멍으로 밖을 내다보았다. 틀림없이, 문밖에 있는 사람은 탕원이었다. 그녀의 손에는 후하이양이 한국에서 가져온 그 핸드백이 들려 있었다.

그는 고개를 돌리지 않고도 뒤에서 청전이 자신을 쳐다보고 있다는 것을 알고 있었다. 시간이 1초……, 2초……, 흘러갔다. 30초쯤이 지난 후 그는 깊은 숨을 들이마셨다가 내쉬었다. 그리고 손목에 힘을 주어 천천히 문을 열었다…….

우리가 꼭 알아야 할 중국 기업의 은밀한 이야기

《꽌시 전쟁》의 독자들을 위해 이 책의 옮긴이로서 해두고 싶은 말이 있다. 이 책에 나오듯 중국에서 기업을 경영하는 일이 정말 그렇게 은밀하고 비밀스런 막후의 전쟁일까? 나는 기업을 경영하는 사람이 아니고 더구나 중국에서 기업을 경영해본 적도 없기 때문에 이 질문에 대답할 자격이 눈곱만치도 없다. 다만 이 작품이 결코 중국 전체의 기업 풍토를 대변하지는 않을 것이라는 사실과 그럼에도 불구하고 이 소설이 절대 허무맹랑한 픽션만은 아니라는 점을 강조하고 싶다. 왜냐하면 이 소설은 지은이의 경력이 바로 이 작품의 이야기 틀을 이룬 자전소설이기 때문이다.

이 책을 번역하기 전에 작가에 관해 알아볼 요량으로 인터넷을 뒤졌다. 작가는 대학을 졸업하고 한 학교의 행정처에서 몇 년간 일한 후, 사업에 뛰어들어 경매회사를 세워 수천만 위안을 소유한 자산가로 성공한 사업가였으며, 그 와중에 틈틈이 몇 권의 소설을 발표한 다양한 경력의 소유자였다. 《꽌시 전쟁》도 그 몇 권의 소설들 중의 한 권인 셈이다. 그러니까 이 작품은 주인공 '장중핑'이 바로 지은이라고 해도 좋을 만큼 작가의 생생한 체험을 바탕으로 쓴 소설이다. 때문에 나는 이 소설이 비록 중국 전 기업의 풍토를 대변한다고는 할 수 없지만 적어도 그 단면을 적나라하게 보여주기에 부족함이 없다고 생각한다.

중국에서는 《꽌시 전쟁》이 책으로 출간되기 전에 이미 신문 연재소설로 인기리에 연재되었고, 이후 다시 인터넷소설로 두 차례나 발표되었으므로 이미 상당히 많은 독자들이 이 책을 읽었다. 그럼에도 불구하고 이 작품이 단행본으로 출간되었을 때, 일년 만에 20여 쇄를 거듭할 만큼 폭발적인 관심과 호응을 불러일으켰다는 사실은 무엇을 말하겠는가. 이 작품이 소설로서의 재미는 물론, 현재 중국의 중요한 무언가를 정확하게 보여주는 키워드를 가지고 있다는 말이 아닐까.

독자가 읽어보면 알게 되겠지만 이 책은 무척 재미있다. 잠시도 손에서 놓고 싶지 않을 만큼 흥미진진하다. 나는 원고지 3천 매에 가까운, 결코 적지 않은 분량의 이 작품을 번역하면서 단언컨대 전혀 지루하지 않았다. 오히려 옮긴이가 아닌 독자가 되어 번역을 했다고 해도 과언이 아닐 정도였다. 처음에는 주인공 장중핑의 주도면밀함에 혀를 내두르고, 냉정하고 이기적인 그의 인간성에 분노가 일다가도 어느 순간 무너져가는 그의 삶에 연민을 느끼며 이끌려오다 보니 번역이 끝나 있었다고 말하면 믿겠는가.

한국 독자의 관점에서 말할 때, 《꽌시 전쟁》은 한 권의 소설로서 가져야 할 재미는 물론, 중국에서 비즈니스 활동을 하는 수많은 한국인들이 반드시 알아야 할 중국에 대한 조언을 담은 정보서로서도 손색이 없다. 더욱이 결코 흔치 않은 중국의 기업소설이라는 사실만으로도 충분히 구미가 당기지 않는가.

2007년 12월 말

옮긴이 한정은